Basics Öffentliches Recht

Band 1

Verfassungsrecht / Staatshaftungsrecht

Hemmer/Wüst/Mielke/Kudlich/Grieger

Januar 2010

Juristisches Repetitorium hemmer

examenstypisch - anspruchsvoll - umfassend

Augsburg
Wüst/Skusa/Mielke/Quirling
Mergentheimer Str. 44
97082 Würzburg
Tel.: (0931) 79 78 2-30
Fax: (0931) 79 78 2-34
www.hemmer.de/augsburg

Bayreuth
Daxhammer
Matzenhecke 23
97204 Höchberg
Tel.: (0931) 400 337
Fax: (0931) 404 3109
www.hemmer.de/bayreuth

Berlin-Dahlem
Gast
Schumannstraße 18
10117 Berlin
Tel.: (030) 240 45 738
Fax: (030) 240 47 671
www.hemmer.de/berlin-dahlem

Berlin-Mitte
Gast
Schumannstraße 18
10117 Berlin
Tel.: (030) 240 45 738
Fax: (030) 240 47 671
www.hemmer.de/berlin-mitte

Bielefeld
Knoll/Sperl
Hinter dem Zehnthofe 18a
38173 Sickte
Tel.: (05305) 91 25 77
Fax: (05305) 91 25 88
www.hemmer.de/bielefeld

Bochum
Schlömer/Sperl
Salzstr. 14/15
48143 Münster
Tel.: (0251) 67 49 89 70
Fax: (0251) 67 49 89 71
www.hemmer.de/bochum

Bonn
Ronneberg/Christensen/Clobes
Leonardusstr. 24c
53175 Bonn
Tel.: (0228) 23 90 71
Fax: (0228) 23 90 71
www.hemmer.de/bonn

Bremen
Kulke/Berberich
Mergentheimer Str. 44
97082 Würzburg
Tel.: (0931) 79 78 230
Fax: (0931) 79 78 234
www.hemmer.de/bremen

Dresden
Stock
Zweinaundorfer Str. 2
04318 Leipzig
Tel.: (0341) 6 88 44 90
Fax: (0341) 6 88 44 96
www.hemmer.de/dresden

Düsseldorf
Ronneberg/Christensen/Clobes
Leonardusstr. 24c
53175 Bonn
Tel.: (0228) 23 90 71
Fax: (0228) 23 90 71
www.hemmer.de/duesseldorf

Erlangen
Grieger/Tyroller
Mergentheimer Str. 44
97082 Würzburg
Tel.: (0931) 79 78 2-30
Fax: (0931) 79 78 2-34
www.hemmer.de/erlangen

Frankfurt/M.
Geron
Dreifaltigkeitsweg 49
53489 Sinzig
Tel.: (02642) 61 44
Fax: (02642) 61 44
www.hemmer.de/frankfurt

Frankfurt/O.
Neugebauer/ Vieth
Holzmarkt 4a
15230 Frankfurt/O.
Tel.: (0335) 52 29 87
Fax: (0335) 52 37 88
www.hemmer.de/frankfurtoder

Freiburg
Behler/Rausch
Rohrbacher Str. 3
69115 Heidelberg
Tel.: (06221) 40 02 72
Fax: (06221) 65 33 30
www.hemmer.de/freiburg

Gießen
Knoll/Sperl
Hinter dem Zehnthofe 18a
38173 Sickte
Tel.: (05305) 91 25 77
Fax: (05305) 91 25 88
www.hemmer.de/giessen

Göttingen
Sperl/Schlömer
Kirchhofgärten 22
74635 Kupferzell
Tel.: (07944) 94 11 05
Fax: (07944) 94 11 08
www.hemmer.de/goettingen

Greifswald
Burke/Lück
Buchbinderstr. 17
18055 Rostock
Tel.: (0381) 3 77 74 00
Fax: (0381) 3 77 74 01
www.hemmer.de/greifswald

Halle
Luke
Arndtstr. 1
04275 Leipzig
Tel.: (0177) 3 34 26 51
Fax: (0341) 4 62 68 79
www.hemmer.de/halle

Hamburg
Schlömer/Sperl
Pinnasberg 45
20359 Hamburg
Tel.: (040) 317 669 17
Fax: (040) 317 669 20
www.hemmer.de/hamburg

Hannover
Daxhammer/Sperl
Matzenhecke 23
97204 Höchberg
Tel.: (0931) 400 337
Fax: (0931) 404 3109
www.hemmer.de/hannover

Heidelberg
Behler/Rausch
Rohrbacher Str. 3
69115 Heidelberg
Tel.: (06221) 40 02 72
Fax: (06221) 65 33 30
www.hemmer.de/heidelberg

Jena
Hannich
Parkweg 7
97944 Boxberg
Tel.: (07930) 99 23 38
Fax: (07930) 99 22 51
www.hemmer.de/jena

Kiel
Sperl/Schlömer
Kirchhofgärten 22
74635 Kupferzell
Tel.: (07944) 94 11 05
Fax: (07944) 94 11 08
www.hemmer.de/kiel

Köln
Ronneberg/Christensen/Clobes
Leonardusstr. 24c
53175 Bonn
Tel.: (0228) 23 90 71
Fax: (0228) 23 90 71
www.hemmer.de/koeln

Konstanz
Guldin/Kaiser
Hindenburgstr. 15
78467 Konstanz
Tel.: (07531) 69 63 63
Fax: (07531) 69 63 64
www.hemmer.de/konstanz

Leipzig
Luke
Arndtstr. 1
04275 Leipzig
Tel.: (0177) 3 34 26 51
Fax: (0341) 4 62 68 79
www.hemmer.de/leipzig

Mainz
Geron
Dreifaltigkeitsweg 49
53489 Sinzig
Tel.: (02642) 61 44
Fax: (02642) 61 44
www.hemmer.de/mainz

Mannheim
Behler/Rausch
Rohrbacher Str. 3
69115 Heidelberg
Tel.: (06221) 40 02 72
Fax: (06221) 65 33 30
www.hemmer.de/mannheim

Marburg
Knoll/Sperl
Hinter dem Zehnthofe 18a
38173 Sickte
Tel.: (05305) 91 25 77
Fax: (05305) 91 25 88
www.hemmer.de/marburg

München
Wüst
Mergentheimer Str. 44
97082 Würzburg
Tel.: (0931) 79 78 2-30
Fax: (0931) 79 78 2-34
www.hemmer.de/muenchen

Münster
Sperl/Schlömer
Salzstr. 14/15
48143 Münster
Tel.: (0251) 67 49 89 70
Fax: (0251) 67 49 89 71
www.hemmer.de/muenster

Osnabrück
Schlömer/Sperl/Knoll
Kirchhofgärten 22
74635 Kupferzell
Tel.: (07944) 94 11 05
Fax: (07944) 94 11 08
www.hemmer.de/osnabrueck

Passau
Mielke
Schlesierstr. 4
86919 Utting a.A.
Tel.: (08806) 74 27
Fax: (08806) 94 92
www.hemmer.de/passau

Potsdam
Gast
Schumannstraße 18
10117 Berlin
Tel.: (030) 240 45 738
Fax: (030) 240 47 671
www.hemmer.de/potsdam

Regensburg
Daxhammer/d´Alquen
Matzenhecke 23
97204 Höchberg
Tel.: (0931) 400 337
Fax: (0931) 404 3109
www.hemmer.de/regensburg

Rostock
Burke/Lück
Buchbinderstr. 17
18055 Rostock
Tel.: (0381) 3777 400
Fax: (0381) 3777 401
www.hemmer.de/rostock

Saarbrücken
Bold
Preslesstraße 2
66987 Thaleischweiler-Fröschen
Tel.: (06334) 98 42 83
Fax: (06334) 98 42 83
www.hemmer.de/saarbruecken

Trier
Geron
Dreifaltigkeitsweg 49
53489 Sinzig
Tel.: (02642) 61 44
Fax: (02642) 61 44
www.hemmer.de/trier

Tübingen
Guldin/Kaiser
Hindenburgstr. 15
78465 Konstanz
Tel.: (07531) 69 63 63
Fax: (07531) 69 63 64
www.hemmer.de/tuebingen

Würzburg
- ZENTRALE -
Mergentheimer Str. 44
97082 Würzburg
Tel.: (0931) 79 78 230
Fax: (0931) 79 78 234
www.hemmer.de/wuerzburg

Wer in vier Jahren sein Studium erfolgreich abschließen will, kann sich einen Irrtum im Hinblick auf Examensvorbereitung und Ausbildungsmaterial nicht leisten!

Stellen Sie frühzeitig Ihre Weichen richtig. Trainieren Sie unter professioneller Anleitung das, was Sie im Examen erwartet.

www.hemmer.de

www.lifeandlaw.de

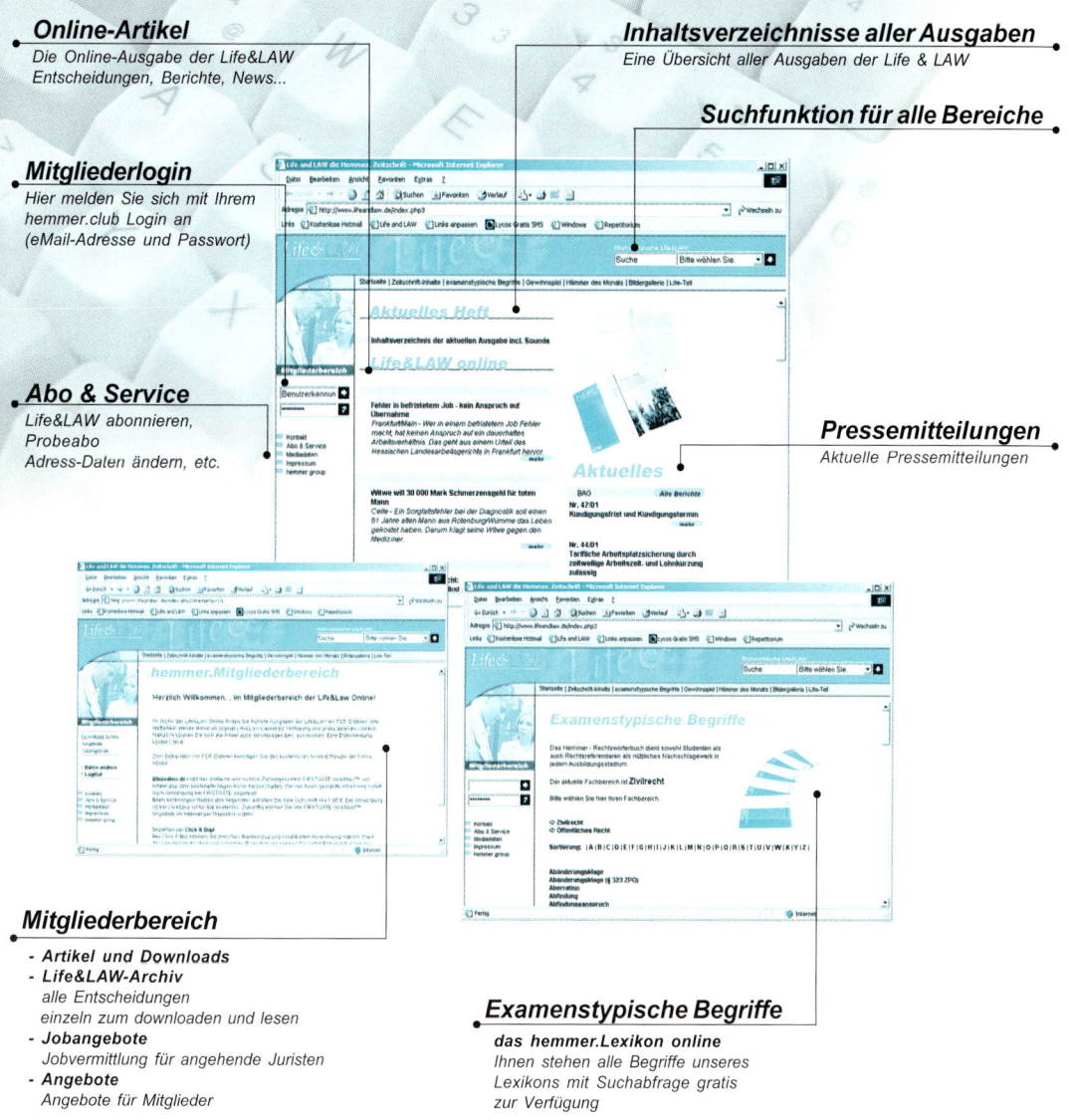

Online-Artikel
Die Online-Ausgabe der Life&LAW
Entscheidungen, Berichte, News...

Inhaltsverzeichnisse aller Ausgaben
Eine Übersicht aller Ausgaben der Life & LAW

Suchfunktion für alle Bereiche

Mitgliederlogin
Hier melden Sie sich mit Ihrem
hemmer.club Login an
(eMail-Adresse und Passwort)

Abo & Service
Life&LAW abonnieren,
Probeabo
Adress-Daten ändern, etc.

Pressemitteilungen
Aktuelle Pressemitteilungen

Mitgliederbereich
- Artikel und Downloads
- Life&LAW-Archiv
  alle Entscheidungen
  einzeln zum downloaden und lesen
- Jobangebote
  Jobvermittlung für angehende Juristen
- Angebote
  Angebote für Mitglieder

Examenstypische Begriffe
das hemmer.Lexikon online
Ihnen stehen alle Begriffe unseres
Lexikons mit Suchabfrage gratis
zur Verfügung

Assessorkurse

Bayern:		RA I. Gold, Mergentheimer Str. 44, 97082 Würzburg; Tel.: (0931) 79 78 2-50
Baden-Württemberg:	Konstanz/Tübingen/Stuttgart	RAe F. Guldin/B. Kaiser, Hindenburgstr. 15, 78467 Konstanz; Tel.: (07531) 69 63 63
	Heidelberg/Freiburg	RAe Behler/Rausch, Rohrbacher Str. 3, 69115 Heidelberg; Tel.: (06221) 65 33 66
Berlin/Potsdam:		RA L. Gast, Schumannstr. 18, 10117 Berlin, Tel. (030) 24 04 57 38
Brandenburg:		RA Neugebauer/Vieth, Holzmarkt 4a, 15230 Frankfurt/Oder, Tel.:(0335) 52 29 32
Bremen/Hamburg:		RAe M. Sperl/Clobes/Dr. Schlömer, Kirchhofgärten 22, 74635 Kupferzell; Tel. (07944) 94 11 05
Hessen:	Frankfurt	RA A. Geron, Dreifaltigkeitsweg 49, 53489 Sinzig; Tel.: (02642) 6144
	Marburg/Kassel	RAe M. Sperl/Clobes/Dr. Schlömer, Hinter dem Zehnthofe 18a, 38173 Sickte, Tel. (05305) 91 25 77
Mecklenburg-Vorp.:		Ludger Burke/Johannes Lück, Buchbinderstr. 17, 18055 Rostock, Tel: (0381) 3777 400
Niedersachsen:	Hannover	RAe M. Sperl/Dr. M. Knoll, Hinter dem Zehnthofe 18a, 38173 Sickte, Tel. (05305) 91 25 77
	Postversand	RAe M. Sperl/Clobes/Dr. Schlömer, Kirchhofgärten 22, 74635 Kupferzell; Tel. (07944) 94 11 05
Nordrhein-Westfalen:		Dr. A. Ronneberg, Leonardusstr. 24c, 53175 Bonn; Tel.: (0228) 23 90 71
Rheinland-Pfalz:		RA A. Geron, Dreifaltigkeitsweg 49, 53489 Sinzig; Tel.: (02642) 6144
Saarland:		RA A. Geron, Dreifaltigkeitsweg 49, 53489 Sinzig; Tel.: (02642) 6144
Thüringen:		RA J. Luke, Arndtstr. 1, 04275 Leipzig; Tel.: (0177) 3 34 26 51
Sachsen:		RA J. Luke, Arndtstr. 1, 04275 Leipzig; Tel.: (0177) 3 34 26 51
Schleswig-Holstein:		RAe M. Sperl/Clobes/Dr. Schlömer, Kirchhofgärten 22, 74635 Kupferzell; Tel. (07944) 94 11 05

Basics
Öffentliches Recht

Band 1

Verfassungsrecht / Staatshaftungsrecht

Hemmer/Wüst/Mielke/Kudlich/Grieger

Januar 2010

Hemmer/Wüst Verlagsgesellschaft

Das Skript ist urheberrechtlich geschützt. Die dadurch begründeten Rechte, insbesondere des Nachdrucks, der Wiedergabe auf photomechanischem oder ähnlichem Wege und der Speicherung in Datenverarbeitungsanlagen bleiben, auch bei nur auszugsweiser Verwertung, der Hemmer/Wüst-Verlagsgesellschaft vorbehalten.

Hemmer/Wüst, Basics Öffentliches Recht, Band 1,
Verfassungsrecht/Staatshaftungsrecht

ISBN 978-3-89634-948-4
4. Auflage, Januar 2010

gedruckt auf chlorfrei gebleichtem Papier
von Schleunungdruck GmbH, Marktheidenfeld

Vorwort
Basics mit der hemmer-Methode

Wer in vier Jahren sein Studium abschließen will, kann sich einen **Irrtum** in bezug auf Stoffauswahl und -aneignung **nicht leisten**. Hoffen Sie nicht auf die leichten Rezepte, die Schemata und den einfachen Rechtsprechungsfall. Die unnatürlich klare Zielsetzung der Schemata lässt keine Frage offen und suggeriert eine Einfachheit, die in der Prüfung nicht besteht. Hüten Sie sich vor Übervereinfachung beim Lernen. Stellen Sie deswegen frühzeitig die Weichen richtig.

Die „Basics" schaffen erste Voraussetzungen für das Verstehen der Juristerei, ermöglichen Ihnen Verständnis für klausurtypische Probleme und sind Ihnen in der Klausur eine **Anwendungshilfe**, die Sie mit den üblichen juristischen Denkmustern, Vorstellungen, Ideen von Klausurerstellern vertraut machen. Wissen wird konsequent von vornherein unter Anwendungsgesichtspunkten erworben.

Die Basics führen zum **Grundwissen**. Grundwissen allein genügt aber nicht. Wichtig ist, an welcher Stelle Wissen **wie und wann** in der Klausur angewendet wird. Zwei Dinge können Sie sich als Student nicht leisten: Am akademischen Elfenbeinturm mitzuwirken und als Subsumtionsmaschine Fälle abzuhaken.

Die **hemmer-Methode** vermittelt Ihnen die **erste richtige Einordnung** und das **Problembewusstsein**, welches Sie brauchen, um an einer Klausur bzw. dem Ersteller nicht vorbeizuschreiben. Häufig ist dem Studenten nicht klar, warum er schlechte Klausuren schreibt. Wir geben Ihnen **gezielte Tipps**! Vertrauen Sie auf unsere **Expertenkniffe**.

Durch die ständige Diskussion mit unseren Kursteilnehmern ist uns als erfahrenen Repetitoren klar geworden, welche **Probleme** der Student hat, sein **Wissen anzuwenden**. Wir haben aber auch von unseren Kursteilnehmern profitiert und von Ihnen erfahren, welche **Argumentationsketten** in der Prüfung zum Erfolg geführt haben.

Die **hemmer-Methode** gibt **jahrelange Erfahrung** weiter, erspart Ihnen viele schmerzliche Irrtümer, setzt richtungsweisende Maßstäbe und begleitet Sie als **Gebrauchsanweisung** in Ihrer Ausbildung:

1. Basics:

Das *Grundwerk* für Studium und Examen. Es schafft **Grundwissen** und mittels der **hemmer-Methode** richtige Einordnung für Klausur und Hausarbeit.

2. Skriptenreihe:

Vertiefend: Über 1.000 Prüfungsklausuren wurden auf ihre „essentials" abgeklopft.

Anwendungsorientiert werden die für die Prüfung nötigen Zusammenhänge umfassend aufgezeigt und wiederkehrende Argumentationsketten eingeübt.

Gleichzeitig wird durch die hemmer-Methode auf **anspruchsvollem Niveau** vermittelt, nach welchen Kriterien Prüfungsfälle beurteilt werden. Spaß und Motivation beim Lernen entstehen erst durch Verständnis.

Lernen Sie, durch Verstehen am juristischen Sprachspiel teilzunehmen. Wir schaffen den „background", mit dem Sie die innere Struktur von Klausur und Hausarbeit erkennen: „**Problem erkannt, Gefahr gebannt**". Profitieren Sie von unserem **technischen Know-how**. Wir werden Sie auf das Anforderungsprofil einstimmen, das Sie in Klausur und Hausarbeit erwartet.

Die **studentenfreundliche Preisgestaltung** ermöglicht auch den **Erwerb als Gesamtwerk**.

3. Hauptkurs:

Schulung am examenstypischen Fall mit der Assoziationsmethode. Trainieren Sie unter professioneller Anleitung, was Sie im Examen erwartet und wie Sie bestmöglich mit dem Examensfall umgehen.

Nur wer die Dramaturgie eines Falles verstanden hat, ist in Klausur und Hausarbeit auf der sicheren Seite! Häufig hören wir von unseren Kursteilnehmern: „Erst jetzt hat Jura richtig Spaß gemacht".

Die Ergebnisse unserer Kursteilnehmer geben uns recht. Der **Bewährungsgrad** einer Theorie ist der **Erfolg**. Die Examensergebnisse zeigen, daß unsere Kursteilnehmer überdurchschnittlich abschneiden.

Wieder das beste Ergebnis im letzten Examen (mit Examensergebnissen 2009 I) mit 13,57 Punkten von hemmer!!

Somit in den letzten 13 Terminen: 12x Platzziffer 1, 1x Platzziffer 2 (nach der mündlichen Prüfung, vorher 13x Platzziffer 1) mit den Noten:

Die Würzburger Ergebnisse können auch Ansporn für Sie sein, intelligent zu lernen: Seit 1991 über 100 mal über 11,5. Wer nur auf vier Punkte lernt, landet leicht bei drei.

14,95* (**Bester** des Termins 2006 I und hemmer Klausurenkursleiter); **14,69*** (**Bester** des Termins 2006 II und hemmer Klausurenkursleiter); **14,66** (**Bester** des Termins 2007 I); **14,25** (**Bester** des Termins 2005 II); **14,1*** (**Beste** des Termins 2008 I); **14,04*** (**Bester** des Termins 2004 II); **über 14** (**Beste** des Termins 2008 II); **13,57** (**Bester** des Termins 2009 I); **13,83** (**Zweitbester** des Termins 2005 I nach der mündlichen Prüfung, nach dem schriftlichen Examen Platzziffer 1); **12,83*** (**Bester** des Termins 2004 I); **12,05** (**Beste** des Termins 2007 II); **11,62** (**Bester** des Termins 2003 I); (**Bester** des Termins 2003 II); (*(ehemalige) Mitarbeiter)

Bereits in unserem ersten Durchgang in Berlin, Göttingen, Konstanz die Landesbesten mit "sehr gut". "Sehr gut" auch in Freiburg, Bayreuth, Köln (2x), Bonn, Regensburg (15,54;14,2; 14,00) Erlangen (15,4; 15,0; 14,4), Heidelberg (14,7; Termin 97 I: 14,77) und München (14,25; 14,04; 14,04; 14,00). Augsburg: Schon im ersten Freischuss 91 I erzielten 4 Siebtsemester (!) einen Schnitt von 12,01. Auch in Thüringen '97 I 2x 12, 65 waren die Landesbesten Kursteilnehmer. Von 6x gut, 5 Hemmer-Teilnehmer.

Lassen Sie sich aber nicht von diesen Supernoten verschrecken, sehen Sie dieses Niveau als Ansporn für Ihre Ausbildung. Denn: Wer auf 4 Punkte lernt, landet leicht bei 3!

Basics, Skriptenreihe und Hauptkurs sind als **modernes, offenes und flexibles Lernsystem** aufeinander abgestimmt und ergänzen sich ideal.

Wir hoffen, als Repetitoren mit unserem Gesamtangebot bei der Konkretisierung des Rechts mitzuwirken und wünschen Ihnen **viel Spaß beim Durcharbeiten** unserer Skripten.

Wir würden uns freuen, mit Ihnen später als Hauptkursteilnehmer mit der **hemmer-Methode** gemeinsam Verständnis an der Juristerei im Hinblick auf Examina zu trainieren.

Karl Edmund Hemmer   &   Achim Wüst

INHALTSVERZEICHNIS

Inhaltsverzeichnis

Die Zahlen beziehen sich auf die Seiten des Skripts.

Einführung 1

    A) Die öffentlich-rechtliche Klausur im Juristischen Staatsexamen 1

    B) Klärung wichtiger Grundbegriffe 2

        I. Verfassungsrecht und Verwaltungsrecht 2

        II. Formelles Recht und materielles Recht 4

1. Kapitel: Staatsrecht 5

§ 1 Die wichtigsten Verfassungsrechtsbehelfe 5

    A) Organstreitverfahren 6

        I. Zuständigkeit 6

        II. Parteifähigkeit 6

        III. Verfahrensgegenstand 7

        IV. Antragsbefugnis 7

        V. Form und Frist 8

    B) Abstrakte Normenkontrolle 9

        I. Zuständigkeit 9

        II. Antragsberechtigung 9

        III. Prüfungsgegenstand 10

        IV. Antragsgrund(-„befugnis") 10

        V. Form und Frist 11

    C) Konkrete Normenkontrolle (Richtervorlage) 11

        I. Zuständigkeit 12

        II. Vorlageberechtigung 13

        III. Vorlage- bzw. Prüfungsgegenstand 13

        IV. Vorlagerecht/-pflicht 14

            1. Überzeugung von der Verfassungswidrigkeit 14

            2. Entscheidungserheblichkeit 14

        V. Form und Frist 15

D) Verfassungsbeschwerde 15

I. Zuständigkeit 16

II. Beschwerdeberechtigung 16

1. Antragsberechtigung 17
2. Prozessfähigkeit 19

III. Beschwerdegegenstand 20

IV. Beschwerdebefugnis 22

V. Rechtswegerschöpfung und Subsidiarität 24

1. Rechtswegerschöpfung 24
2. Subsidiaritätsgrundsatz 25

VI. Form und Frist 26

VII. Sonstiges 27

VIII. Begründetheit 27

E) Einstweilige Anordnung 28

§ 2 Allgemeine Grundrechtslehren 31

A) Grundrechtsarten und Funktionen 31

I. Grundrechtsarten 31

II. Grundrechtsfunktionen 32

1. Grundrechte als subjektives Abwehrrecht 32
2. Nichtdiskriminierungsfunktion 33
3. Grundrechte als Leistungs- und Teilhaberechte 33
4. Grundrechte als objektive Wertordnung 34
5. Grundrechte als Einrichtungsgarantien 35
6. Grundrechte als Verfahrens- und Organisationsrechte 36

B) Prüfungsschema zur Verletzung von Freiheitsgrundrechten 36

I. Eröffnung des Schutzbereichs 37

II. Eingriff 39

III. Schranken (Rechtfertigung des Eingriffs) 41

1. Allgemeines 41
2. Formelle Verfassungsmäßigkeit 42
3. Materielle Verfassungsmäßigkeit 44

IV. Schranken-Schranken 44

1. Grundsatz der Verhältnismäßigkeit 45
2. Wesensgehaltsgarantie 48

V. Besonderheiten für vorbehaltlos gewährte Grundrechte 49

VI. Praktische Konkordanz/Verfassungsmäßiger Ausgleich 50

§ 3 Überblick über wichtige Grundrechte 52

A) Freie Entfaltung der Persönlichkeit, Art. 2 I GG 52

I. Schutzbereich 52

II. Eingriffe 54

III. Schranken 54

B) Allgemeine und spezielle Gleichheitsgrundsätze, Art. 3 GG 55

I. Geltung des Gleichheitssatzes 55

II. Anforderungen an den Gleichheitssatz 55

III. Prüfung in der Klausur 57

IV. Besondere Gleichheitssätze, insbesondere Art. 3 II, III GG 58

C) Religions- und Gewissensfreiheit, Art. 4 GG 59

I. Schutzbereich 59

1. Abgrenzungen und Definitionen 59
2. Negative und kollektive Freiheit 60

II. Eingriffe 61

III. Schranken 61

D) Meinungs-, Informations-, Presse- und Rundfunkfreiheit, Art. 5 I GG 62

I. Schutzbereich und Eingriff 62

1. Meinungsfreiheit 62
2. Informationsfreiheit 63
3. Pressefreiheit 64
4. Rundfunkfreiheit 65

II. Schranken 66

III. Schranken-Schranken 66

E) Kunst- und Wissenschaftsfreiheit, Art. 5 III GG 67

I. Schutzbereich 68

II. Eingriffe 69

III. Schranken 69

F) Versammlungsfreiheit, Art. 8 GG 69
I. Schutzbereich 70
II. Eingriffe 71
III. Schranken 71

G) Vereinigungsfreiheit, Art. 9 I GG 73
I. Schutzbereich 73
II. Eingriffe 74
III. Schranken 74

H) Berufsfreiheit, Art. 12 I GG 74
I. Schutzbereich 75
II. Eingriffe 76
III. Schranken und Schranken-Schranken 77

I) Schutz des Eigentums, Art. 14 GG 79
I. Schutzbereich 79
II. Eingriffe 81
III. Schranken 82
1. Voraussetzungen einer Inhalts- und Schrankenbestimmung 82
2. Voraussetzungen einer Enteignung 83

§ 4 Wichtige Fragen des Staatsorganisationsrechts 85

A) Staatsziele, insbesondere Rechtsstaatsprinzip 85
I. Rechtsstaatsprinzip 87
1. Prinzip der Gewaltenteilung 88
2. Normenhierarchie - Primat des Rechts 89
3. Gesetzmäßigkeit der Verwaltung 91
4. Vertrauensschutz und Bestimmtheit 92
a) Vertrauensschutz und Rückwirkungsverbot 93
b) Bestimmtheit 94
II. Überblick über die übrigen Staatszielbestimmungen 95
1. Republik 95
2. Sozialstaatsprinzip 95
3. Bundesstaatsprinzip 95
4. Demokratieprinzip 97
5. Weitere Staatszielbestimmungen 97

B) Staatsgewalten und Kompetenzen 98

I. Legislative 98
1. Grundsatz: Länderkompetenz 98
2. Geschriebene Bundeskompetenzen 99
   a) Ausschließliche Bundeskompetenzen 99
   b) Konkurrierende Gesetzgebungskompetenz 99
3. Ungeschriebene Bundeskompetenzen 100
4. Exkurs: Gesetzgebungsverfahren des Bundes 101
   a) Gesetzgebungsinitiative und Vorverfahren 102
   b) Beschlussfassung 102
   c) Ausfertigung und Verkündung 102
   d) Verfassungsändernde Gesetze 103

II. Exekutive 103
1. Grundsatz der Länderverwaltung 103
2. Ausführung der Bundesgesetze als eigene Angelegenheiten 103
3. Bundesauftragsverwaltung 104
4. Bundeseigene Verwaltung 104

III. Judikative 105

C) Oberste Staatsorgane 105

I. Bundespräsident 106
1. Stellung des Bundespräsidenten 106
2. Die wichtigsten Befugnisse des Bundespräsidenten 107
   a) Zuständigkeit bei der Regierungsbildung 107
   b) Zuständigkeit bei Regierungskrisen 107
   c) Völkerrechtliche Vertretung des Bundes 108
   d) Ausfertigung von Gesetzen 108

II. Bundesregierung 109
1. Regierungsbildung 110
2. Regierungsprinzipien 111
3. Verantwortlichkeit der Regierung 112
   a) Konstruktives Misstrauensvotum 112
   b) Vertrauensfrage 113

III. Bundestag 113
1. Wahl des Bundestages 113
2. Funktionen des Bundestags 116
3. Sonstiges 117

2. Kapitel: Staatshaftungsrecht ... 119

§ 1 Amtshaftungsanspruch, § 839 BGB I.V.m. Art. 34 GG ... 119

A) Handeln eines Amtsträgers ... 120

B) Ausübung eines öffentlichen Amtes ... 120

C) Verletzung einer Amtspflicht ... 122

D) Drittbezogenheit der Amtspflicht ... 122

E) Verschulden ... 124

F) Schaden ... 124

G) Haftungsausschlüsse ... 124

    I. Subsidiaritätsklausel, § 839 I S. 2 BGB ... 125

    II. Spruchprivileg, § 839 II BGB ... 125

    III. Rechtsmittelversäumnis, § 839 III BGB ... 125

    IV. Sonstige Haftungsbeschränkungen, Art. 34 GG ... 126

H) Anspruchsgegner/Passivlegitimation ... 126

I) Haftung außerhalb von Amtspflichtverletzungen ... 126

J) Ansprüche aus verwaltungsrechtlichem Schuldverhältnis ... 128

K) Europarechtlicher Haftungsanspruch ... 129

§ 2 Folgenbeseitigungsanspruch ... 131

Vorbemerkung zur Rechtsgrundlage ... 132

A) Eingriffsobjekt ... 133

B) Schaffung eines rechtswidrigen Zustands durch hoheitlichen Eingriff ... 133

C) Keine Duldungspflicht ... 133

D) Mögliche, zulässige und zumutbare Wiederherstellung ... 134

E) Kein Ausschluss durch Mitverschulden ... 134

F) Sonstiges ... 135

§ 3 Haftung für enteignenden und enteignungsgleichen Eingriff 136

A) Eingriff in durch Art. 14 GG geschützte Rechtsposition 138

B) Vorliegen einer hoheitlichen Maßnahme 138

C) Beim enteignenden Eingriff rechtmäßig 139

D) Beim enteignungsgleichen Eingriff rechtswidrig 139

E) Motivation durch das Allgemeinwohl 140

F) Unmittelbarkeit des Eingriffs 140

G) Vorliegen eines Sonderopfers 141

H) Kein Ausschluss durch Rechtsmittelversäumnis 141

I) Sonstiges 142

I. Rechtsfolge 142

II. Rechtsweg 142

§ 4 Aufopferungsanspruch 143

A) Eingriff in ein nichtvermögenswertes Rechtsgut 143

B) Vorliegen einer hoheitlichen Maßnahme 144

C) Motivation durch das Allgemeinwohl 144

D) Sonstiges 144

EINFÜHRUNG

A) Die öffentlich-rechtliche Klausur im Juristischen Staatsexamen

In jedem juristischen Staatsexamen wird die Bewältigung mindestens einer Klausur aus dem Öffentlichen Recht verlangt, in Bayern sind es z.B. zwei. Davon entstammt regelmäßig zumindest eine dem Verfassungsrecht.

Viele Studenten haben einen Widerstand, ja eine regelrechte Abneigung gegen dieses juristische Fachgebiet. Dies resultiert zum einen daraus, dass in den ersten vier Semestern eine Konzentration auf das Zivilrecht stattfindet, das allgemein als das wichtigste Rechtsgebiet betrachtet wird. Wird man in einem weiteren Ausbildungsabschnitt dann mit einer neuen, umfangreichen Rechtsmaterie konfrontiert, erfordert dies ein erhebliches Umdenken.

Zum anderen erschreckt die Stofffülle, die sich auch in den nahezu unüberschaubaren Gesetzessammlungen widerspiegelt. Man fühlt sich regelrecht erschlagen von den zahlreichen Gebieten des besonderen Verwaltungsrechts, die Prüfungsstoff sind: Baurecht, Kommunalrecht, Polizei- und Sicherheitsrecht. Dazu kommt das Verfassungsrecht, das stark durch die Rechtsprechung des Bundesverfassungsgerichts geprägt ist, sodass in diesem Bereich auch eine erhebliche Kenntnis grundlegender Entscheidungen erforderlich ist.

Zum Dritten ist ein fundiertes Wissen im Prozessrecht notwendig, um eine gute verwaltungsrechtliche Klausur schreiben zu können. Kann man sich im Zivilrecht vielleicht noch eher um die speziellen Fragen des Prozessrechts „herummogeln", so ist dies im Verwaltungsrecht nahezu ausgeschlossen.[1] In Zivilrechtsklausuren läuft die Fallfrage darauf hinaus, wer etwas von wem verlangen kann, im Öffentlichen Recht steht nicht dieser Anspruchsaufbau, sondern die gutachtliche Beurteilung der Zulässigkeit und Begründetheit verwaltungs- und verfassungsgerichtlicher Klagen im Vordergrund.

hemmer-Methode: Grob vereinfacht kann man sagen: Das Strafrecht hat wenig Gesetz und viel Dogmatik, das Zivilrecht hat ein begrenztes Gesetz mit zum Teil viel Dogmatik, das Öffentliche Recht hat viel Gesetz mit wenig Dogmatik. Deswegen kommt es gerade im Öffentlichen Recht darauf an, in grundsätzlichen Dingen sicher zu sein. Dieses Skript möchte versuchen, die Grundzüge des Verfassungs- und des Staatshaftungsrechts darzulegen. Das Verwaltungsrecht wird dann im Skript Basics Öffentliches Recht, Band 2, behandelt.

---

[1] Z.B. war die Aufgabe 1991/II, 5 in Bayern eine reine Prozessrechtsklausur; aber auch in allen anderen Bundesländern kommt dem Prozessrecht im Examen eine herausragende Rolle zu.

B) Klärung wichtiger Grundbegriffe

wichtige Grundbegriffe

Bevor die systematische Darstellung des Verfassungsrechts erfolgt, sollen zunächst einige wenige wichtige Grundbegriffe geklärt werden, die den meisten Lesern bekannt sein sollten, deren Einordnung aber gerade bei Anfängern immer wieder auf Schwierigkeiten stößt.

I. Verfassungsrecht und Verwaltungsrecht

Das Verfassungsrecht und das Verwaltungsrecht gehören jeweils zum Bereich des Öffentlichen Rechts;[2] dieses regelt das Verhältnis des Staates zum Bürger bzw. der Staatsorgane untereinander, während das Privatrecht das Verhältnis der Bürger untereinander regelt.

Bspe.:

⊃ Möchte der Bürger B von einer staatlichen Stelle die Genehmigung zum Bau eines Hauses, bestimmt sich die Erteilung der Genehmigung nach dem Öffentlichen Recht *(BauGB, LBOen).*

⊃ Ist B der Meinung, der Videorecorder, den er im Kaufhaus K erworben hat, sei fehlerhaft, bestimmen sich seine Rechte ausschließlich nach dem Privatrecht (z.B. §§ 434 ff. BGB).

hemmer-Methode: Das Privatrecht ist dagegen einschlägig, wenn der Staat dem Bürger nicht hoheitlich, sondern wie ein Privater gegenübertritt, wenn also z.B. die Behörde im Kaufhaus Bleistifte kauft (sog. fiskalische Hilfsgeschäfte der Verwaltung)[3] oder bei reinen erwerbswirtschaftlichen Tätigkeiten (städt. Brauerei o.ä.).

---

[2] Gerade die Verfassung ist natürlich auch zur Auslegung privatrechtlicher Normen heranzuziehen, und kann dort eine wichtige Rolle spielen, z.B. Begrenzung des Weisungsrechts des Arbeitgebers (§ 315 BGB) durch die Gewissensfreiheit des Arbeitnehmers.

[3] Wobei das BVerfG in neuerer Rechtsprechung zur unmittelbaren Anwendung des Art. 3 I GG zu neigen scheint, NJW 2006, 3701 ff. = LNRB 2006, 24488 = **Life & Law 2007, Heft 4.**

Graphisch lässt sich also das Verhältnis der Rechtsgebiete wie folgt darstellen:

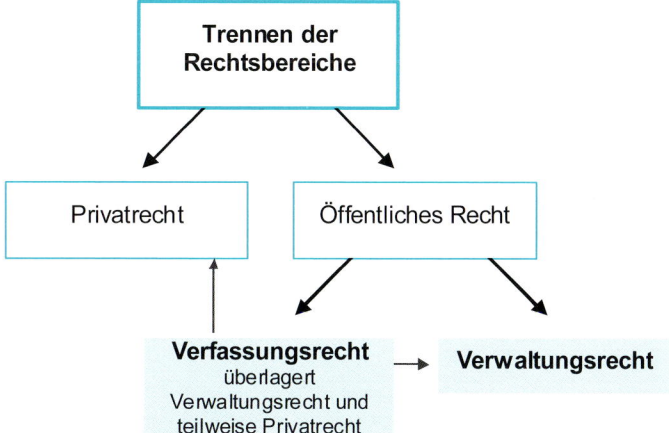

Allerdings darf diese Abbildung nicht dahingehend missverstanden werden, dass Verwaltungs- und Verfassungsrecht wirklich gleichgeordnet sind.

Vorrang des Verfassungsrechts

Vielmehr besteht ein Vorrang des Verfassungsrechts, welches jedem anderen Recht übergeordnet ist (vgl. auch die Abbildung in Rn. 229).

GG regelt zentrale Prinzipien der Staatsorganisation

Das Grundgesetz als Verfassung regelt zum einen die Grundlagen der Staatsorganisation, also z.B. die Befugnisse der obersten Staatsorgane und ihr Verhältnis untereinander oder die Staatszielbestimmungen.

und des Verhältnisses Staat–Bürger (GRe)

Zum anderen werden die elementaren Grundzüge des Verhältnisses Bürger-Staat in seinem Grundrechtsteil in den Art. 1 bis 19 GG geregelt.

Eine genauere Konkretisierung dieses Verhältnisses findet im Verwaltungsrecht statt, welches sich aber immer an die Vorgaben des übergeordneten Verfassungsrechts halten muss, d.h. das einfache Gesetzesrecht darf nicht gegen das Grundgesetz verstoßen und in Zweifelsfällen ist die Interpretation des einfachen Gesetzesrechts zu wählen, die mit der Verfassung übereinstimmt (verfassungskonforme Auslegung).

hemmer-Methode: Diese Darstellungen sind nicht abschließend. Streng genommen zählen auch das Steuer- und das Strafrecht zum Öffentlichen Recht, da der Bürger dort typischerweise im Subordinationsverhältnis zum Staat steht. Diese Rechtsgebiete haben sich aber verselbstständigt und werden eigenständig behandelt.

II. Formelles Recht und materielles Recht

formelles und materielles Recht

Eine wichtige Unterscheidung, die in diesem Skript zum Öffentlichen Recht häufig eine Rolle spielen wird, ist die zwischen formellem und materiellem Recht bzw. zwischen formeller und materieller Rechtmäßigkeit[4].

Vereinfacht ausgedrückt bestimmt das materielle Recht, wie die Rechtslage im Hinblick auf einen bestimmten Sachverhalt tatsächlich ist, während das formelle Recht festlegt, wie das entsprechende Recht verwirklicht werden kann bzw. über die Rechtslage entschieden werden muss.

Bsp.: Unter welchen Voraussetzungen jemand eine Baugenehmigung bekommen kann, oder aber wann ihm ein Gewerbe untersagt werden kann, regelt das materielle Recht.

Welches Verfahren bei der Erteilung der Genehmigung bzw. der Untersagung einzuhalten ist, also z.B. welche Anträge gestellt und welche Beteiligten angehört werden müssen, sind formell-rechtliche Fragen.

hemmer-Methode: Im Zivilrecht spielt dagegen die Einhaltung von Formen eine geringere Rolle, regelmäßig ist z.B. ein Vertragsschluss unter Privaten formfrei. Bei staatlichem Handeln muss dagegen zum einen geklärt sein, welches Organ handeln darf; zum anderen dient es der Rechtssicherheit und dem Schutz vor staatlicher Willkür, wenn Entscheidungen in einem formalisierten Verfahren getroffen werden.

Ein Akt staatlicher Gewalt ist dabei grds. nur dann rechtmäßig, wenn seine formellen und seine materiellen Voraussetzungen erfüllt sind.

Bspe.:

⇨ *Ein Gesetz darf (materiell) nicht gegen die Grundrechte verstoßen und muss (formell) in einem ordnungsgemäßen Gesetzgebungsverfahren erlassen worden sein.*

⇨ *Eine Gewerbeuntersagung muss sich auf die gesetzlich vorgesehenen Gründe (z.B. § 35 GewO) stützen und in einem formell ordnungsgemäßen Verwaltungsverfahren (zuständige Behörde, Anhörungen usw.) erlassen worden sein.*

---

[4] Zur Abgrenzung zwischen Gesetzen im formellen Sinn und materiellen Gesetzen vgl. unten Rn. 229.

1. KAPITEL: STAATSRECHT

§ 1 DIE WICHTIGSTEN VERFASSUNGSRECHTSBEHELFE

abschließende Zuständigkeiten des BVerfG

Verfassungsrecht und Verwaltungsrecht sind miteinander verwoben und auch in einer Klausur können Fragen aus beiden Bereichen eine nicht unerhebliche Rolle spielen. Eine klare Trennlinie verläuft aber v.a. zwischen der Verwaltungsgerichtsbarkeit i.S.d. weit gefassten § 40 VwGO und der Verfassungsgerichtsbarkeit mit ihren abschließend aufgezählten Zuständigkeiten (sog. Enummerationsprinzip).[5]

Die wichtigsten, dem BVerfG zugewiesenen, Streitigkeiten sind:[6]

- Organstreitverfahren, Art. 93 I Nr. 1 GG

- Abstrakte Normenkontrolle, Art. 93 I Nr. 2 GG

- Konkrete Normenkontrolle (Richtervorlage), Art. 100 GG

- Verfassungsbeschwerde (!), Art. 93 I Nr. 4a GG

hemmer-Methode: Sehen Sie den – gerade im Öffentlichen Recht auch schon für Studium und Erstem Examen besonders wichtigen – Zusammenhang zwischen dem jeweiligen Rechtsbehelf und dem materiellen Recht: die Verfassungsbeschwerde dient in erster Linie dem individuellen Grundrechtsschutz des Bürgers, sodass in der Begründetheitsprüfung stets die Probleme der Grundrechtsverletzungen zu behandeln sind. Beim Organstreitverfahren geht es dagegen um die Rechte der obersten Staatsorgane, sodass es sich hier materiell i.d.R. um Staatsorganisationsrecht handeln wird. Die konkrete und abstrakte Normenkontrolle dienen hingegen der Verfassungsmäßigkeitskontrolle an sich, sodass gleichermaßen Staatsorganisationsrecht und die Grundrechte Prüfungsgegenstand sein können. Hüten Sie sich aber vor Schubladendenken und Übervereinfachung: Das Gesetzgebungsverfahren als Teil des Staatsorganisationsrechts kann z.B. i.R.d. formellen Verfassungsmäßigkeit (vgl. Rn. 108) einer Schranke auch bei einer Verfassungsbeschwerde von Bedeutung sein.

---

[5] Den vollständigsten Überblick über die vor dem BVerfG möglichen Verfahren gibt § 13 BVerfGG.
[6] Zur vollständigen Übersicht und ausführlichen Darstellung der Verfassungsrechtsbehelfe vgl. Hemmer/Wüst, Staatsrecht II, Rn. 3 ff. bzw. bzgl. der Verfassungsbeschwerde, Staatsrecht I, Rn. 9 ff.

A) Organstreitverfahren[7]

Im Organstreitverfahren (gem. Art. 93 I Nr. 1 GG i.V.m. §§ 13 Nr. 5, 63 ff. BVerfGG) entscheidet das BVerfG, wenn die obersten Staatsorgane über die ihnen durch die Verfassung zugewiesenen Kompetenzen streiten.

> **Zulässigkeitsprüfung:**
>
> I. Zuständigkeit des BVerfG: Art. 93 I Nr. 1 GG, § 13 Nr. 5 BVerfGG
>
> II. Parteifähigkeit, Art. 93 I Nr. 1 GG, § 63 BVerfGG
>
> III. Verfahrensgegenstand, § 64 I BVerfGG
>
> IV. Antragsbefugnis, § 64 I BVerfGG
>
> V. Form (§§ 23 I, 64 II BVerfGG) und Frist (§ 64 III BVerfGG)

I. Zuständigkeit

Zuständigkeit für Organstreit

Die Zuständigkeit des BVerfG ergibt sich aus Art. 93 I Nr. 1 GG i.V.m. § 13 Nr. 5 BVerfGG.

II. Parteifähigkeit

parteifähig: oberste Bundesorgane

Parteifähig (oder beteiligtenfähig) als Antragsteller und Antragsgegner sind nach Art. 93 I Nr. 1 GG i.V.m. § 63 BVerfGG die obersten Bundesorgane,

> *Bspe.:* Bundespräsident, Bundestag, Bundesregierung, Bundesrat.

andere Beteiligte

sowie andere Beteiligte, die durch das Grundgesetz oder die GeschO eines obersten Bundesorgans mit eigenen Rechten ausgestattet sind.

> *Bspe.:* Präsident von Bundestag und Bundesrat, Bundeskanzler, Minister, Fraktionen.

auch politische Parteien

Nach der Rechtsprechung des BVerfG können auch politische Parteien und einzelne Abgeordnete[8] parteifähig sein, soweit es um ihre Rechte aus Art. 21 GG bzw. Art. 38 I S. 2 GG geht. Im Übrigen steht ihnen die Möglichkeit einer Verfassungsbeschwerde offen.[9]

---

[7] Vgl. dazu näher Hemmer/Wüst, Staatsrecht II, Rn. 3 ff.

[8] Vgl. BVerfGE 70, 324 (350).

[9] Dazu näher Hemmer/Wüst, Staatsrecht II, Rn. 5; zum eingeschränkten Wortlaut des § 63 BVerfGG vgl. a.a.O., Rn. 7.

hemmer-Methode: Ist eine politische Partei Antragstellerin, sollten Sie diese Abgrenzung in der Klausur zumindest kurz ansprechen.

Minister:

Auch Minister können aufgrund der aus dem Ressortprinzip stammenden eigenen Rechte (Art. 65 S. 2 GG) beteiligtenfähig sein. Allerdings ist ein In-sich-Prozess zwischen Mitgliedern der Bundesregierung unzulässig! (Argument: Kollegialorgan, Art. 65 S. 2 GG).

III. Verfahrensgegenstand

Verfahrensgegenstand: Maßnahme des Antragsgegners

Verfahrensgegenstand ist nach § 64 I BVerfGG die Frage, ob eine rechtserhebliche Maßnahme oder ein Unterlassen des Antragsgegners den Antragsteller in seinen, ihm durch die Verfassung verliehenen Rechten verletzt.

Bsp.: Umgehung des Zustimmungserfordernisses des Bundesrates.

IV. Antragsbefugnis

Antragsbefugnis: mögliche Rechtsverletzung

Nach § 64 I BVerfGG muss der Antragsteller schlüssig behaupten, dass er und der Antragsgegner in einem verfassungsrechtlichen Rechtsverhältnis zueinander stehen und er durch die Maßnahme bzw. das Unterlassen in seinen verfassungsrechtlich begründeten Rechten verletzt bzw. unmittelbar gefährdet ist.

hemmer-Methode: Dabei muss die verletzte Rechtsposition eine verfassungsrechtliche sein, die Verletzung einer GeschO-Vorschrift genügt nicht. Im Einzelfall kann freilich die jeweilige Norm der GeschO eine bloß deklaratorische Wiederholung dessen sein, was sich bereits durch Auslegung der Verfassung ergibt.
§ 64 BVerfGG stellt eine Parallele zu § 42 II VwGO im Verwaltungsprozess dar! Nutzen Sie dieses Hintergrundwissen, um sich das mehrfache Lernen derselben Problematik zu ersparen!

Prozessstandschaft eines Organs möglich

Eine Besonderheit besteht noch darin, dass § 64 I BVerfGG auf Seiten des Antragstellers ausdrücklich eine Prozessstandschaft des Organteils für das Organ – auch gegen dessen mehrheitlichen Willen – zulässt.[10] D.h. ein Teil des Organs kann im eigenen Namen die Rechte des Gesamtorgans als verletzt rügen.

---

[10] Näher dazu Hemmer/Wüst, Staatsrecht II, Rn. 10.

Bsp.:[11] *Die Bundesregierung stimmt der Stationierung von Waffen durch einen ausländischen Staat auf deutschen Gebieten zu, ohne dass darüber ein Gesetz erlassen wird. Die A-Fraktion, die die Opposition bildet, ist der Ansicht, dass dadurch das Gesetzgebungsrecht des Bundestags verletzt wurde. Sie beantragt, dies durch das BVerfG festzustellen. Die B- und C-Partei, welche die Regierung stellen, schließen sich diesem Antrag nicht an.*[12]

Dieses Recht wird dem einzelnen MdB nicht zuerkannt.[13] *Es kann auch nicht von der Fraktion abgeleitet werden.*

hemmer-Methode: Richtige Einordnung! Die Möglichkeit der Prozessstandschaft ist also gerade wegen möglicher politischer Opportunitäten von Bedeutung, um die Rechte der jeweiligen Minderheit zu schützen. Allerdings besteht kein Recht der Minderheit, Rechte des Bundestages als verletzt zu rügen, wenn diese Verletzung gerade vom Bundestag bspw. in Form eines rechtswidrigen Beschlusses ausgehen soll. Hier würde ein Organstreit auf eine allgemeine Rechtmäßigkeitskontrolle hinauslaufen, die so gerade nicht vorgesehen ist. Wohl aber darf die Minderheit des Bundestages eine Verletzung dessen Rechte durch ein anderes Organ rügen, auch wenn die Mehrheit des Parlaments dies nicht will.[14]

V. Form und Frist

Form und Frist

Der Antrag ist gem. § 23 I BVerfGG schriftlich einzureichen und zu begründen. Dies muss binnen sechs Monaten geschehen (§ 64 III BVerfGG).

Begründetheit:

Begründet ist der Antrag, wenn die vom Antragsteller gerügte Rechtsverletzung vorliegt, wobei es wieder nur auf das Verfassungsrecht ankommt.

Umstritten ist, ob neben der objektiven Rechtsverletzung analog zur Antragsbefugnis nach § 64 BVerfGG auch die subjektive Verletzung organschaftlicher Rechte des Antragstellers zu fordern ist.

hemmer-Methode: Diesen Meinungsstreit werden Sie meistens nicht entscheiden müssen. Wenn Sie in der Zulässigkeit die mögliche Verletzung organschaftlicher Rechte bejaht haben, wird sich in der Regel in der Begründetheit dann auch die tatsächliche Verletzung dieser Rechte feststellen lassen.

---

[11] Nach BVerfGE 68, 1 ff.
[12] Vgl. auch BVerfG, NJW 1999, 2030.
[13] Vgl. BVerfGE 70, 324 (352 f.).
[14] Vgl. BVerfG, NJW 2009, 2767 = **Life & Law 2009, 618** („Lissabon-Entscheidung").

B) Abstrakte Normenkontrolle[15]

Mit der abstrakten Normenkontrolle (Art. 93 I Nr. 2 GG i.V.m. §§ 13 Nr. 6, 76 ff. BVerfGG) können einige Organe abstrakt, also ohne Bezug zu einem konkreten Rechtsstreit, die Verfassungsmäßigkeit von Rechtsnormen überprüfen lassen.

hemmer-Methode: Anders demzufolge bei der sog. „konkreten Normenkontrolle", Art. 100 I GG (vgl. Rn. 27 ff.)! Bei der konkreten Normenkontrolle kann die Überprüfung einer Rechtsnorm nur anlässlich eines konkreten Rechtsstreits erfolgen.

Zulässigkeitsprüfung:

I. Zuständigkeit des BVerfG: Art. 93 I Nr. 2 GG, § 13 Nr. 6 BVerfGG

II. Antragsberechtigung: Art. 93 I Nr. 2 GG

III. Prüfungsgegenstand

IV. Antragsgrund(-„befugnis")

V. Form und Frist

I. Zuständigkeit

abstrakte Normenkontrolle

Die Zuständigkeit des BVerfG für die abstrakte Normenkontrolle ergibt sich aus Art. 93 I Nr. 2 GG, § 13 Nr. 6 BVerfGG.

20

II. Antragsberechtigung

abschließende Aufzählung der Antragsberechtigung

Antragsberechtigt sind nach der abschließenden Aufzählung in Art. 93 I Nr. 2 GG die Bundesregierung, eine Landesregierung oder ein Drittel der Mitglieder des Bundestags.

21

Es gibt zwar keinen Antragsgegner, nach § 77 BVerfGG kann das BVerfG aber bestimmten Organen eine Gelegenheit zur Äußerung geben. Anders als das Organstreitverfahren oder auch die Verfassungsbeschwerde, ist die abstrakte Normenkontrolle also kein kontradiktorisches Verfahren.

---

[15] Näher dazu Hemmer/Wüst, Staatsrecht II, Rn. 15 ff.

III. Prüfungsgegenstand

Prüfungsgegenstand: Gesetz im materiellen Sinn

Prüfungsgegenstand sind Bundes- und Landesgesetze im materiellen Sinne, also neben Parlamentsgesetzen auch Rechtsverordnungen und Satzungen.[16]

hemmer-Methode: Die Bedeutung für die Überprüfung untergesetzlicher Rechtsnormen ist für die Klausur geringer, häufiger werden hierfür Sachverhalte mit einer Normenkontrolle nach § 47 VwGO gestellt.

grds. erst verkündete Normen

Prüfungsgegenstand ist grds. erst das verkündete Gesetz, eine präventive Normenkontrolle ist damit unzulässig. Eine Ausnahme wird aber zugelassen für die Zustimmungsgesetze zu völkerrechtlichen Verträgen, um ein Auseinanderfallen von völkerrechtlicher Verpflichtung und verfassungsrechtlicher Lage im innerstaatlichen Recht zu verhindern.[17]

IV. Antragsgrund(-„befugnis")

Zwar ist für die abstrakte Normenkontrolle keine Antragsbefugnis i.S. einer Behauptung einer Verletzung eigener Rechte erforderlich, da sie in keiner Weise dem Individualrechtsschutz dient.[18]

Antragsgrund: Zweifel oder Meinungsverschiedenheit bzgl. Vereinbarkeit mit GG

Allerdings müssen als Antragsgrund nach Art. 93 I Nr. 2 GG Zweifel oder Meinungsverschiedenheiten (nicht notwendig beim Antragsteller) über die förmliche oder sachliche Vereinbarkeit der zu überprüfenden Normen mit dem Grundgesetz (bzw. bei Landesrecht mit Bundesrecht) bestehen.

hemmer-Methode: § 76 BVerfGG (lesen!) fasst die Voraussetzungen strenger, indem er ein „für nichtig halten" verlangt, das auch beim Antragsteller selbst vorliegen muss. Soweit sich daraus Unterschiede ergeben, geht die weitere Fassung des Grundgesetzes vor, weil einfache Bundesgesetze die Verfassung nicht einschränken können. Nach anderer Ansicht stellt § 76 BVerfGG eine zulässige Konkretisierung des Art. 93 I Nr. 2 GG dar.[19]

---

[16] Zur Unterscheidung zwischen formellen (= förmlichen) und materiellen (= nichtförmlichen) Gesetzen vgl. u. Rn. 229, 230; zur Überprüfbarkeit von völkerrechtlichen Verträgen und Gemeinschaftsrecht vgl. Hemmer/Wüst, Staatsrecht II, Rn. 18.

[17] Vgl. dazu auch Hemmer/Wüst, Staatsrecht II, Rn. 18, sowie zu den völkerrechtlichen Verträgen näher a.a.O., Rn. 319 ff.

[18] Dazu und zur Einordnung der abstrakten Normenkontrolle vgl. Hemmer/Wüst, Staatsrecht II, Rn. 15.

[19] In diese Richtung tendiert BVerfG, NJW 1998, 589, ohne aber genauer zu diesem Streit Stellung zu beziehen.

V. Form und Frist

Form, § 23 I BVerfGG
Frist (-)

Für die Form ist nur die allgemeine Bestimmung des § 23 I BVerfGG (Schriftform/Begründung) gegeben. Eine Frist ist, da es sich bei der abstrakten Normenkontrolle um ein objektives Beanstandungsverfahren handelt, nicht vorgesehen.

24

Begründetheit

Begründet ist die abstrakte Normenkontrolle, wenn der behauptete Verstoß gegen das Grundgesetz (bzw. bei Landesgesetzen auch gegen sonstiges Bundesrecht) gegeben ist.

25

hemmer-Methode: Da sich die Voraussetzungen der abstrakten Normenkontrolle relativ leicht aus dem Grundgesetz-Text ableiten lassen und der umfassende Prüfungsmaßstab sowohl staatsorganisationsrechtliche Fragen als auch Grundrechtsprüfungen zulässt, eignet sich dieses Verfahren gut für Klausuren.

Sonderfall des Art. 93 I Nr. 2a GG

Einen Sonderfall der abstrakten Normenkontrolle bildet Art. 93 I Nr. 2a GG: In diesem Verfahren, in dem auch Bundesrat und Volksvertretungen der Länder (Länderparlamente) antragsberechtigt sind, wird überprüft, ob bei Gegenständen der konkurrierenden Gesetzgebung[20] tatsächlich die Voraussetzungen des Art. 72 II GG für eine Gesetzgebungstätigkeit des Bundes erfüllt sind.

26

Föderalismusreform: Art. 93 II GG

Ergänzend zu Art. 93 I Nr. 2a GG wurde im Rahmen der Föderalismusreform Art. 93 II GG eingeführt. Während im Verfahren nach Art. 93 I Nr. 2a GG überprüft wird, ob die von Art. 72 II GG geforderte Erforderlichkeit einer bundeseinheitlichen Regelung bei Erlass des Gesetzes vorlag, kann nach Art. 93 II GG auf Antrag des Bundesrates, einer Landesregierung oder eines Landesparlaments festgestellt werden, dass diese Erforderlichkeit i.S.d. Art. 72 II GG mittlerweile nicht mehr besteht. Die entsprechende Entscheidung des BVerfG ersetzt gemäß Art. 93 II S. 2 GG ein Bundesgesetz nach Art. 72 IV GG, sodass die Länder künftig von dem jeweiligen Bundesgesetz abweichende Regelungen erlassen dürfen.

C) Konkrete Normenkontrolle (Richtervorlage)[21]

Nach Art. 100 GG können Gerichte, die von der Verfassungswidrigkeit eines entscheidungserheblichen Gesetzes überzeugt sind, diese dem BVerfG zur Überprüfung vorlegen.

---

[20] Vgl. dazu näher u. Rn. 254; näher zur konkurrierenden Gesetzgebung Hemmer/Wüst, Staatsrecht II, Rn. 149 ff.; zu Art. 93 I Nr. 2a GG a.a.O., Rn. 25.

[21] Vgl. dazu näher Hemmer/Wüst, Staatsrecht II, Rn. 26 ff.

Bspe.:

⇨ *Die Schwurgerichtskammer des LG Verden war der Ansicht, dass § 211 StGB mit seiner zwingenden Androhung einer lebenslangen Freiheitsstrafe bei Mord gegen Art. 1, 2 II GG i.V.m. Art. 19 II, 3 GG verstoße.*

Es setzte deshalb das Verfahren aus, und legte die Vorschrift dem BVerfG vor. Dieses erließ daraufhin seine berühmte Entscheidung zur Verfassungsmäßigkeit des § 211 StGB.[22]

⇨ *Das LG Lübeck legte dem BVerfG die Frage vor, ob die Straffreiheit des Besitzes von „weichen Drogen" verfassungsgemäß sei.*[23]

hemmer-Methode: Art. 100 GG löst damit den Konflikt zwischen der Bindung der Gerichte an das Gesetz und an die Verfassung. Sie haben eine Prüfungs-, nicht aber eine Verwerfungskompetenz für formelle Gesetze am Maßstab der Verfassung (sog. Verwerfungsmonopol des BVerfG). Letztlich handelt es sich damit also um eine Ausprägung der Gewaltenteilung.
Art. 100 I GG schützt dabei den Gesetzgeber, dadurch dass nur das BVerfG berechtigt ist seine Gesetze aufzuheben und nicht jedes kleine Gericht.

Zulässigkeitsprüfung:

I. Zuständigkeit des BVerfG: Art. 100 GG, § 13 Nr. 11 BVerfGG

II. Vorlageberechtigung: Gericht i.S.d. Art. 100 GG

III. Vorlage- bzw. Prüfungsgegenstand

IV. Vorlagerecht/-pflicht:

V. Überzeugung von Verfassungswidrigkeit

VI. Entscheidungserheblichkeit

VII. Form und Frist

I. Zuständigkeit

Art. 100 GG

Die Zuständigkeit des BVerfG ergibt sich aus Art. 100 I GG, § 13 Nr. 11 BVerfGG.

---

[22] Nach BVerfGE 45, 187 ff.; vgl. dazu auch LG Verden, NJW 1976, 980 ff.

[23] Nach LG Lübeck, NJW 1992, 1571.

II. Vorlageberechtigung

Vorlageberechtigung: Gerichte

Zur Vorlage berechtigt sind Gerichte aller Instanzen, d.h. von der gesetzgebenden und vollziehenden Gewalt verschiedene, unabhängige und nur dem Gesetz unterworfene Organe der rechtsprechenden Gewalt.

hemmer-Methode: Meist wird das vorlegende Gericht in der Klausur eines der ordentlichen oder der Verwaltungsgerichtsbarkeit sein, sodass an dieser Stelle keine Schwierigkeiten auftauchen. Problematisch wäre z.B. die Vorlage durch das Gericht einer Standesorganisation.[24]

III. Vorlage- bzw. Prüfungsgegenstand

Prüfungsgegenstand

Im Gegensatz zur abstrakten Normenkontrolle (vgl. o.) beschränkt sich die konkrete Normenkontrolle nach h.M. auf:

Nachkonstitutionelle, d.h. nach dem 23.05.1949, 24.00 Uhr[25] erlassene Gesetze.[26]

Über vorkonstitutionelle, also vor diesem Zeitpunkt erlassene Gesetze entscheiden die Instanzgerichte ebenso selbst wie über untergesetzliche Rechtsnormen (häufig sog. inzidente Normenkontrollen). Die Instanzgerichte haben in diesem Fall ausnahmsweise selbst Verwerfungskompetenz.

auch vorkonstitutionelle Gesetze, wenn im Willen des Gesetzgebers aufgenommen

Eine Ausnahme gilt wiederum dann, wenn der nachkonstitutionelle Gesetzgeber das frühere Gesetz „bestätigt", d.h. in seinen Willen aufgenommen hat. Dies ist z.B. im Zusammenhang mit Gesetzesänderungen und Neuverkündungen anzunehmen, aber auch der Zeitablauf seit Inkrafttreten des Grundgesetzes gilt als Indiz.[27] Dann ist die konkrete Normenkontrolle statthaft.[28]

hemmer-Methode: Besonders problematisch ist, ob Gerichte auch entscheidungserhebliche Vorschriften des sekundären Gemeinschaftsrechts, i.d.R. Verordnungen nach Art. 249 II EG, vorlegen können. Nach der Solange-Rechtsprechung des BVerfG ist das aufgrund des Kooperationsverhältnisses zum EuGH nur dann der Fall, wenn dieser einen unabdingbaren Mindeststandard an Grundrechtsschutz generell nicht mehr gewährleistet.[29]

---

[24] Näher zum Begriff des Gerichts Hemmer/Wüst, Staatsrecht II, Rn. 28; vgl. auch Hemmer/Wüst, Europarecht, Rn. 686.
[25] Vgl. BVerfGE 70, 126, 129.
[26] Vgl. dazu näher Hemmer/Wüst, Staatsrecht II, Rn. 29; BVerfG, DVBl. 2001, 1429.
[27] Vgl. zum Ganzen Robbers, JuS 1994, 397 (400); Jarass/Pieroth, Art. 100, Rn. 8 f.
[28] Vgl. BVerfG, NJW 1998, 3557, zur Vorlagefähigkeit von BGB-Vorschriften, wobei die h.M. davon ausgeht, dass infolge der Schuldrechtsreform zum 01.01.2002 das komplette BGB zu nachkonstitutionellem Recht wurde, da für sämtliche Vorschriften amtliche Überschriften eingefügt wurden.
[29] Zuletzt BVerfG, NJW 2000, 3124 = BayVBl. 2000, 754 = **Life & Law 2001, 64** („Bananenmarkt-Entscheidung").

In der Lissabon-Entscheidung lässt das BVerfG allerdings anklingen, dass künftig Rechtsakte der Gemeinschaft auch darauf überprüft werden können, ob die EG ihre Kompetenzen überschritten hat. Ob dies über eine konkrete Normenkontrolle geschehen soll oder ob hierfür ein gesondertes Verfahren geschaffen werden soll, hat das BVerfG offengelassen.[30]

IV. Vorlagerecht/-pflicht

1. Überzeugung von der Verfassungswidrigkeit

Überzeugung v. Verfassungswidrigkeit

Die Vorlage ist nur zulässig, wenn das Gericht von der Verfassungswidrigkeit überzeugt ist.

Zweifel genügen nicht

Soweit nach Art. 100 I S. 2 Alt. 2 GG Landesgesetze überprüft werden, kann stattdessen auch die Überzeugung von der Unvereinbarkeit mit Bundesrecht bestehen. Zweifel alleine reichen nicht aus, insbesondere geht dann die verfassungskonforme Auslegung vor.[31]

hemmer-Methode: Soweit eine EG-Verordnung vorgelegt werden soll, ist diese nicht am kompletten Grundgesetz zu prüfen. Nach der Rechtsprechung des BVerfG kommt hier nur eine Kontrolle an den Maßstäben des Art. 23 I S. 3, 79 III, 1 und 20 GG (sog. Identitätskontrolle) in Betracht. Noch nicht klar ist, ob das BVerfG künftig EG-Verordnungen auch darauf überprüft, ob die EG ihre Kompetenzen überschritten hat, s.o. (ultra-vires-Kontrolle).[32]

2. Entscheidungserheblichkeit

Entscheidungserheblichkeit: Tenor muss bei Nichtigkeit anders lauten

Es muss nach Art. 100 I GG auf die Gültigkeit des Gesetzes bei der Entscheidung ankommen, d.h. sie müsste bei Gültigkeit anders ausfallen als bei Nichtgültigkeit der fraglichen Norm.[33] Als Faustregel gilt: Anders wäre die Entscheidung – Entscheidungserheblichkeit ist also zu bejahen –, wenn der Tenor anders lauten würde.[34]

---

[30] BVerfG, NJW 2009, 2767 = **Life & Law 2009, 618**.

[31] Soweit eine gefestigte Rechtsprechung des BVerfG zu der streitgegenständlichen Frage bereits vorliegt, „darf" das vorlegende Gericht von der Verfassungswidrigkeit nur überzeugt sein, wenn es darlegt, was sich an der Sach- oder Rechtslage grundlegendes geändert haben will, BVerfG, DVBl. 2002, 769, 771.

[32] BVerfG NJW 2009, 2767 = Life & Law 2009, 618 („Lissabon-Entscheidung").

[33] Vgl. Jarass/Pieroth, Art. 100 GG, Rn. 11.

[34] Vgl. Jarass/Pieroth, Art. 100 GG, Rn. 12.

hemmer-Methode: In der Praxis stellt das BVerfG daran hohe Anforderungen, doch können Sie in der Klausur i.d.R. davon ausgehen, dass sich die Entscheidungserheblichkeit relativ eindeutig ergibt. Eher wird als Problem auftauchen, dass das Gericht lediglich „Zweifel an der Verfassungsmäßigkeit" hat, statt von der Verfassungswidrigkeit überzeugt zu sein.

Eine mittelbare Entscheidungserheblichkeit ist dann ausreichend, wenn es sich um eine Ermächtigungsnorm zum Erlass einer Rechtsverordnung oder Satzung handelt.[35]

hemmer-Methode: Wenn die Voraussetzungen des Art. 100 I GG vorliegen, ist das Gericht nicht nur zur Vorlage berechtigt, sondern sogar verpflichtet. Verletzt das Gericht diese Vorlagepflicht willkürlich, kommt eine Verfassungsbeschwerde wegen Verletzung des Rechts auf den gesetzlichen Richter, Art. 101 I S. 2 GG, in Betracht.

V. Form und Frist

Form und Frist

Fristen sind in Art. 100 GG nicht genannt. Zu beachten ist, dass bei Vorlagemöglichkeiten, z.B. an Landesverfassungsgerichte, beide Vorlagen (also die nach Bundes- und die nach Landesverfassungsrecht) nebeneinander bestehen können. Allerdings wird eine Vorlage unzulässig, wenn bei der anderen die Verfassungswidrigkeit festgestellt wurde, da dann keine wirksame Rechtsnorm mehr als Vorlagegegenstand bestehen bleibt. Es tritt Erledigung ein und die Klage wird unstatthaft.

Begründetheit

Begründet ist der Antrag auf konkrete Normenkontrolle, wenn das Gesetz gegen das Grundgesetz bzw. bei einem Landesgesetz zusätzlich, wenn es gegen die Landesverfassung oder Bundesrecht verstößt.

Zu beachten ist der Verweis in § 82 BVerfGG auf die §§ 77 - 79 BVerfGG zur abstrakten Normenkontrolle. Die Entscheidung wirkt demnach inter omnes und hat Gesetzeskraft (§ 31 BVerfGG).

D) Verfassungsbeschwerde[36]

Verfassungsbeschwerde

Die Verfassungsbeschwerde ist sowohl in der Praxis, als auch in der Klausur das bedeutendste Verfahren vor dem BVerfG. Ihre verfassungspolitische Bedeutung beruht darauf, dass der einzelne Bürger, anders als z.B. bei Organstreitverfahren, abstrakter und konkreter Normenkontrolle, selbst das oberste Gericht anrufen darf.

---

[35] Vgl. Degenhart, Staatsorganisationsrecht, Rn. 515.
[36] Vgl. dazu näher Hemmer/Wüst, Staatsrecht I, Rn. 9 ff.

hemmer-Methode: Diese Bedeutung schlägt sich auch in der Klausur nieder! Im Gegensatz zu den oben genannten Verfahren, bei denen es v.a. auf die richtige Subsumtion ankommt, werden hier bereits in der Anfängerübung (aber natürlich besonders im Examen) vertiefte Kenntnisse einzelner Problemkreise erwartet.

Zulässigkeitsprüfung:

I. Zuständigkeit: Art. 93 Nr. 4a GG, § 13 Nr. 8a BVerfGG

II. Beschwerdeberechtigung („Jedermann")
   1. Antragsberechtigung
   2. Prozessfähigkeit

III. Beschwerdegegenstand

IV. Beschwerdebefugnis

V. Rechtswegerschöpfung und Subsidiarität
   1. Rechtswegerschöpfung
   2. Subsidiarität

VI. Form und Frist

VII. Sonstiges

 hemmer-Methode: Eine weitere Voraussetzung für den Erfolg einer Verfassungsbeschwerde ist deren Annahme, § 93a BVerfGG. Diese erfolgt, wenn die Sache grundsätzliche verfassungsrechtliche Bedeutung hat, § 93a II a BVerfGG, oder wenn es zur Durchsetzung der Grundrechte und grundrechtsgleichen Rechte angezeigt ist, § 93a II b BVerfGG. Letzteres hängt u.a. von einer summarischen Prüfung der Erfolgsaussichten der Hauptsache ab.

I. Zuständigkeit

Zuständigkeit, Art. 93 I Nr. 4a GG

Die Zuständigkeit des BVerfG ergibt sich aus Art. 93 I Nr. 4a GG, § 13 Nr. 8a BVerfGG.

36

II. Beschwerdeberechtigung

Beschwerdeberechtigung: jedermann

Nach Art. 93 I Nr. 4a GG kann jedermann mit der Behauptung, durch die öffentliche Gewalt in seinen dort genannten Rechten verletzt zu sein, Verfassungsbeschwerde erheben. Außer Fragen der Postulationsfähigkeit oder der Prozessführungsbefugnis, für deren Erörterung regelmäßig kein Anlass besteht,[37] sind stets die Antragsberechtigung und soweit erforderlich auch die Prozessfähigkeit zu prüfen.

37

---

[37] Zu den dort möglichen Problemen näher Hemmer/Wüst, Staatsrecht I, Rn. 27 f.

1. Antragsberechtigung

Antragsberechtigung bei GR-Fähigkeit

Um die in Art. 93 I Nr. 4a GG genannte Behauptung einer Grundrechtsverletzung aufstellen zu können, muss der Beschwerdeführer überhaupt grundrechtsfähig sein:

bei deutschen natürl. Personen unproblematisch (+)

a) Die Grundrechtsfähigkeit ist unproblematisch gegeben bei lebenden,[38] deutschen natürlichen Personen (vgl. Art. 116 I GG).

38

Auch Minderjährige sind nach h.M. zumindest im Hinblick auf die Grundrechte aus Art. 2 II, 14 GG uneingeschränkt grundrechtsfähig[39] und damit antragsberechtigt. Einschränkungen ergeben sich allenfalls hinsichtlich der Prozessfähigkeit, also der Frage, ob bei Einlegung der Beschwerde eine Vertretung durch den gesetzlichen Vertreter erforderlich ist.

hemmer-Methode: Bei Minderjährigen kann bei einzelnen Grundrechten, z.B. der Religionsfreiheit aus Art. 4 GG, fraglich sein, ab wann Minderjährige hier eigene Rechte haben bzw. wie lange für sie im Rahmen der elterlichen Sorge nach Art. 6 II GG ihre Eltern handeln und entscheiden.

(-)

Dagegen können sich Ausländer und Staatenlose nicht auf die sog. Deutschengrundrechte berufen.

39

Bspe. für solche Deutschengrundrechte oder Bürgerrechte finden sich in Art. 8 I, 9 I, 12 I, 33 I, II und 38 I S. 1 GG.

nach umstrittener, aber vorzugswürdiger Ansicht subsidiärer Auffangschutz durch Art. 2 I GG

Umstritten ist dabei, ob sich diese Personen wenigstens als „Auffanggrundrecht" auf Art. 2 I GG berufen können.[40] Z.T. wird dies mit dogmatischen Begründungen über das Verhältnis der speziellen Grundrechte zu Art. 2 I GG und dem angeblich bewusst formulierten Ausschluss durch den Verfassungsgeber abgelehnt. Die h.M. und ständige Rechtsprechung des BVerfG gewährt dagegen den Schutz über die umfassend verstandene allgemeine Handlungsfreiheit,[41] da die unterschiedliche Schutzintensität durch die leichtere Einschränkbarkeit bei Art. 2 I GG ausreichend verwirklicht wird.[42] Außerdem ist es schwer einsehbar, warum für Ausländer aus dem umfassenden Schutzbereich des Art. 2 I GG gerade solche Betätigungen vollständig herausfallen sollen, die für Deutsche sogar speziell geschützt sind.

---

[38] Zum Grundrechtsschutz des nasciturus und dem postmortalen Grundrechtsschutz vgl. Hemmer/Wüst, Staatsrecht I, Rn. 13 f.
[39] Vgl. zum Meinungsstand Hemmer/Wüst, Staatsrecht I, Rn. 12.
[40] Vgl. dazu Hemmer/Wüst, Staatsrecht I, Rn. 11, 159 jeweils m.w.N.
[41] Vgl. dazu unten Rn. 134 ff.
[42] Das BVerfG liest dabei z.T. in Art. 2 I GG den Schutz der speziellen Grundrechte hinein, bspw. die Dreistufentheorie aus Art. 12 I GG, vgl. BVerfG, NJW 2002, 663 = DVBl. 2002, 328 mit interessanter Anmerkung Volkmann = **Life & Law 2002, 333** = BayBl. 2002, 300; zu dieser Problematik auch Spranger, „Die Figur der Schutzbereichsverstärkung", NJW 2002, 2074.

hemmer-Methode: Etwas anderes gilt jedoch für Ausländer aus Mitgliedstaaten der EU. Über die Diskriminierungsverbote der Art. 12, 43, 49 EG können sich diese auch auf Deutschengrundrechte berufen, zumindest aber kommt ihnen über Art. 2 I GG der gleiche Schutz zu wie einem Deutschen über die Deutschengrundrechte.

inländische juristische Personen des Privatrechts nach Art. 19 III GG

b) Inländische (maßgeblich ist der Sitz) juristische Personen des Privatrechts sind grundrechtsfähig und damit bei der Verfassungsbeschwerde möglicherweise antragsberechtigt nach Maßgabe des Art. 19 III GG, soweit die Grundrechte ihrem Wesen nach auf sie anwendbar sind.[43] Solche Grundrechte sind v.a. die Art. 3, 4, 5, 9 I, 12 I, 14 GG. Dabei ist nicht zwingend erforderlich, dass es sich um juristische Personen i.S. von rechtsfähigen Verbänden des einfachen Rechts handeln müsste. Entscheidend sind vielmehr eine gewisse binnenorganisatorische Struktur und die Fähigkeit zur internen Willensbildung.

40

 Bsp.: *So ist die offene Handelsgesellschaft (OHG) oder auch die Kommanditgesellschaft (KG) antragsberechtigt, wenn die gerügten Grundrechte ihrem Wesen nach auf sie anwendbar sind, was v.a. bei den „Wirtschaftsgrundrechten" der Art. 2 I, 12 I, 14 GG anzunehmen ist.*

 hemmer-Methode: Aus Gründen des effektiven Rechtsschutzes müssen für die Zulässigkeit der Verfassungsbeschwerde auch solche Verbände als antragsberechtigt betrachtet werden, die sich entweder gegen ihre Auflösung wenden oder gegen die Aberkennung ihrer Parteifähigkeit Rechtsschutz suchen.

Juristische Personen des öffentlichen Rechts grds. (+)

c) Da die Grundrechte den Bürger gegen den Staat schützen sollen, sind juristische Personen des öffentlichen Rechts grds. nicht antragsberechtigt, da sie selbst der Staatsverwaltung zuzurechnen sind.

41

 hemmer-Methode: Ein Sonderproblem sind insoweit gemischt-wirtschaftliche Unternehmen, die teils in staatlicher, teils in privater Hand sind. Um den betroffenen Privatpersonen ausreichend Grundrechtsschutz zu gewähren, spricht wohl mehr dafür, solche Unternehmen als grundrechtsfähig zu erachten.[44]

---

[43] Näher dazu Hemmer/Wüst, Staatsrecht I, Rn. 15 ff.
[44] Näher dazu Hemmer/Wüst, Staatsrecht I, Rn. 24.

Von diesem Grundsatz sind aber drei Ausnahmen anerkannt:⁴⁵ **42**

➲ Universitäten hinsichtlich des Grundrechts aus Art. 5 III S. 1 GG

➲ Kirchen und Religionsgemeinschaften, die nach Art. 140 GG, Art. 137 V WRV Körperschaften des öffentlichen Rechts sein können, hinsichtlich des Grundrechts aus Art. 4 GG

➲ Rundfunkanstalten hinsichtlich des Grundrechts der Rundfunkfreiheit, Art. 5 I GG

Diesen drei Fällen ist gemein, dass es sich um Institutionen handelt, die geradezu prädestiniert zur Inanspruchnahme gerade dieser Grundrechte, und von der Rechtsordnung unmittelbar einem, durch bestimmte Grundrechte geschützten Bereich zugeordnet sind. Damit dienen sie mittelbar der Grundrechtsverwirklichung des Bürgers.

jedenfalls Justizgrundrechte

Außerdem werden auch juristischen Personen des öffentlichen Rechts die Verfahrensgrundrechte, also v.a. Art. 101 GG und Art. 103 I GG zuerkannt. **43**

hemmer-Methode: Dies ergibt sich zum einen aus dem prozessualen Gebot der Waffengleichheit, v.a. aber auch daraus, dass im Rechtsstreit wegen der Unabhängigkeit der Judikative „der Staat" letztlich in der gleichen Position zum Gericht steht wie der Bürger.

ausländische juristische Personen grds. (-)

d) Ausländische juristische Personen sind nach Art. 19 III GG nicht grundrechtsfähig und damit auch nicht antragsberechtigt, doch können auch sie sich nach h.M. auf die Justizgrundrechte berufen.⁴⁶ **44**

2. Prozessfähigkeit

prozessfähig, wenn grundrechtsmündig

Unter Prozess- bzw. Verfahrensfähigkeit versteht man die Fähigkeit eines Beteiligten, Verfahrenshandlungen selbst wirksam vorzunehmen und seine Rechte vor dem BVerfG geltend machen zu können. Ihre Voraussetzungen für das Verfassungsbeschwerdeverfahren sind im BVerfGG nicht ausdrücklich geregelt, sodass das BVerfG auf eine Teilanalogie zu anderen Verfahrensrechten verweist, ohne freilich die §§ 51 ff. ZPO, § 62 VwGO ohne weiteres zu übernehmen.⁴⁷ **45**

---

⁴⁵ Näher dazu Hemmer/Wüst, Staatsrecht I, Rn. 23; eine weitere Ausnahme macht der BayVerfGH. Dieser gewährt Gemeinden Eigentumsschutz, wenn sich diese in der gleichen grundrechtstypischen Gefährdungslage wie ein Privatmann befinden, m.w.N. BayVerfGH, BayVBl. 2001, 339.

⁴⁶ Vgl. BVerfGE 12, 6 (8); 8, 441 (447).

⁴⁷ Näher dazu und zum Folgenden m.w.N. Hemmer/Wüst, Staatsrecht I, Rn. 26.

hemmer-Methode: Regelmäßige Probleme in der Klausur sind dabei Verfassungsbeschwerden von Minderjährigen, bei denen auf die Einsichtsfähigkeit abgestellt wird, und juristischen Personen, welche gerichtlich durch ihre Organe vertreten werden (vgl. § 35 I GmbHG).

Somit sind zwar unproblematisch verfahrensfähig alle nach dem bürgerlichen Recht voll Geschäftsfähigen, aber auch Minderjährige sollen prozessfähig sein, wenn sie „grundrechtsmündig" sind. Dafür werden z.T. Sonderregelungen aus thematisch einschlägigen Spezialgesetzen als Anhaltspunkt herangezogen, z.B. die Altersgrenzen des RelKErzG bei Art. 4 GG oder § 1303 BGB bei Art. 6 GG.

Beachte bei Minderjährigen:

Die Prüfung der Einsichtsfähigkeit eines Minderjährigen ist im Rahmen der Zulässigkeit für jedes möglicherweise verletzte Grundrecht gesondert zu prüfen.

III. Beschwerdegegenstand

Beschwerdegegenstand

1. Nach Art. 93 I Nr. 4a GG, § 90 I BVerfGG kommen als Beschwerdegegenstand Akte der öffentlichen Gewalt in Betracht.

46

Anders als bei Art. 19 IV GG sind hiermit nach h.M. Akte aller drei Staatsgewalten, also auch der Legislative und der Judikative gemeint, wobei freilich Urteile des BVerfG zur Vermeidung eines unendlichen Regresses ausgeschlossen sein müssen.

hemmer-Methode: Diese Auslegung lässt sich mit der Parallele zu Art. 1 III GG erklären. Auch dieser erfasst alle drei Gewalten. Außerdem dient die Verfassungsbeschwerde der prozessualen Sicherung der umfassenden staatlichen Grundrechtsbindung des Staates im Verhältnis zum Bürger.

Bspe.:[48] Öffentliche Gewalt i.S.d. Art. 93 I Nr. 4a GG wird demnach ausgeübt von Bund und Ländern sowie sonstigen juristischen Personen des Öffentlichen Rechts, nicht aber von den öffentlich-rechtlichen Religionsgemeinschaften oder den Tarifvertragsparteien. Auch ist nur die deutsche Öffentliche Gewalt gebunden, sodass Akte etwa der UNO oder von Interpol nicht verfassungsbeschwerdefähig sind. Für unmittelbar geltende Rechtsakte der EU gilt die „Solange-Rechtsprechung" des BVerfG.[49]

---

[48] Näher dazu Hemmer/Wüst, Staatsrecht I, Rn. 29 ff.

[49] Vgl. BVerfGE 37, 271 ff. (Solange I), 73, 339 ff. (Solange II) sowie BVerfG, EuZW 1993, 667 ff. (Maastricht-Urteil) und zur Bestätigung BverfG, NJW 2000, 3124 ff. = **Life & Law 2001, 64 ff.** (Bananenmarktordnung); näher dazu auch Hemmer/Wüst, Europarecht, Rn. 290 ff.; die Lissabon-Entscheidung des BVerfG, 2 BvE 2/08, Urteil vom 30.6.2009, NJW 2009, 2767 = **Life & Law 2009, 618**, lässt allerdings die Frage offen, ob das BVerfG künftig die Solange-Rechtsprechung noch aufrecht erhalten wird oder ob des Akte der Europäischen Gemeinschaft jedenfalls darauf überprüfen wird, ob die Grenzen des Art. 23 I S. 3,79 III, 1 und 20 GG (Identitätskontrolle) überschritten sind und ob der Gemeinschaftsakt sich innerhalb des Rahmens der vom Bundestag übertragenen Ermächtigung bewegt, sog. ultra-vires-Kontrolle.

2. Im Einzelnen sind demnach zu unterscheiden:

Akte der Legislative: Gesetze

a) Akte der Legislative[50] sind alle formellen und materiellen Gesetze, auch vorkonstitutionelles Recht. Gesetze sind dabei grds. erst ab ihrer Verkündung, aber bereits vor „in Kraft treten" mit der Verfassungsbeschwerde angreifbar.

hemmer-Methode: Zu denken ist jedoch an den wichtigen Ausnahmefall des Zustimmungsgesetzes zu einem völkerrechtlichen Vertrag.

problematisch gesetzgeberisches Unterlassen

Problematisch ist hier eigentlich nur (dafür aber auch umso mehr) die Frage, inwiefern ein Unterlassen des Gesetzgebers mit der Verfassungsbeschwerde gerügt werden kann. Das BVerfG akzeptiert dies unter drei Voraussetzungen:

bei echtem Unterlassen, soweit eindeutige Schutzpflicht mit Regelungsauftrag

aa) Es muss sich um ein echtes Unterlassen handeln, d.h. der Gesetzgeber muss gänzlich untätig geblieben sein. Enthält ein Gesetz trotz Normierung der betreffenden Materie keine Regelung für einen bestimmten Fall, handelt es sich um eine Frage der (Un-) Gleichbehandlung i.S.d. Art. 3 GG. Unter diesem Gesichtspunkt ist dann auch das geschaffene Gesetz zu überprüfen, nicht etwa das Unterlassen.

bb) Aus der Auslegung der als verletzt gerügten Grundrechtsnorm muss sich eine Schutzpflicht ergeben.

cc) Aus diesem Schutzauftrag müssen konkrete Handlungspflichten erwachsen, sodass ein eindeutiger Regelungsauftrag auszumachen ist.[51]

Bspe.: Bislang wurde dies aus der Formulierung des Grundgesetzes z.B. bejaht bei Art. 6 V GG und Art. 12a II S. 3 GG sowie wegen der besonderen Bedeutung bei Art. 2 II S. 1 GG.

Akte der Exekutive

b) Akte der Exekutive[52] unterliegen grds. in jedem Bereich der Verfassungsbeschwerde. Zu beachten ist allerdings, dass wegen des Erfordernisses der Rechtswegerschöpfung[53] die Verfassungsbeschwerde regelmäßig (zumindest auch) gegen die abschließende Gerichtsentscheidung gerichtet sein wird.

Nach der in der Literatur z.T. kritisierten Rechtsprechung des BVerfG ist jedoch eine Verfassungsbeschwerde unzulässig, die sich gegen fiskalisches Verwaltungshandeln richtet.[54]

---

[50] Näher dazu Hemmer/Wüst, Staatsrecht I, Rn. 32 ff.
[51] Das BVerfG ist mit der Bejahung dieses Regelungsauftrages sehr zurückhalten, vgl. m.w.N. BVerfG, DVBl. 2001, 984; BVerfG, NJW 2002, 1638 = BayBl. 2002, 368
[52] Näher dazu Hemmer/Wüst, Staatsrecht I, Rn. 36 ff.
[53] Vgl. dazu unten Rn. 55 f.
[54] Näher, auch zur Kritik an dieser Rechtsprechung Hemmer/Wüst, Staatsrecht I, Rn. 38; Sie können dieses Problem auch im Rahmen der Beschwerdebefugnis ansprechen.

Bsp.: Wenn eine Behörde Computer und Drucker kauft, ist sie bei der Auswahl des Geschäftspartners nach h.M. nicht an den Gleichheitsgrundsatz gebunden.

Akte der Judikative (Gerichtsentscheidungen)

c) Als Akte der Judikative,[55] welche mit der Verfassungsbeschwerde angegriffen werden können, kommen alle Entscheidungen der Gerichtsbarkeit in Betracht, wobei sich auch hier durch das Erfordernis der Rechtswegerschöpfung Einschränkungen ergeben.

IV. Beschwerdebefugnis

Beschwerdebefugnis

Nach Art. 93 I Nr. 4a GG, § 90 I BVerfGG ist beschwerdebefugt, wer behaupten kann, in den genannten Rechten verletzt zu sein.

Behauptung der Verletzung eines GRs oder grundrechtgleichen Rechts

1. In der Zulässigkeit ist nur zu prüfen, ob eine Rechtsverletzung behauptet und denkbar ist. Allerdings verlangt das BVerfG eine ausreichend substantiierte Behauptung, worin eine Parallele zur Klagebefugnis im Verwaltungsprozess, § 42 II VwGO, besteht.[56] Die Frage, ob die Rechtsverletzung tatsächlich vorliegt, ist dagegen in der Begründetheit zu prüfen. Die Grundrechtsverletzung darf also lediglich nicht bereits von Anfang an ausgeschlossen sein.

Bei einem Zivilrechtsurteil als Beschwerdegegenstand ist schon an dieser Stelle das Problem der mittelbaren Wirkung von Grundrechten anzusprechen.[57]

Nach der Behauptung des Beschwerdeführers muss ein Grundrecht oder eines der in Art. 93 I Nr. 4a GG genannten grundrechtsgleichen Rechte verletzt sein. Dabei ist über die mögliche Berufung auf die allgemeine Handlungsfreiheit, die nur durch verfassungsmäßige Schranken eingeschränkt werden darf, mittelbar eine Überprüfung des belastenden Akts auf seine Verfassungsmäßigkeit insgesamt möglich.[58]

Die bloße unsubstantiierte Behauptung der Verletzung einfachen Gesetzesrechts ist hingegen nicht ausreichend.[59]

2. Des Weiteren wird verlangt, dass der Akt Rechtsrelevanz hat, d.h. v.a. eine materielle Entscheidung enthält und Außenwirkung zeigt,[60] und dass der Beschwerdeführer selbst, gegenwärtig und unmittelbar betroffen ist.[61]

---

[55] Näher dazu Hemmer/Wüst, Staatsrecht I, Rn. 39 f.
[56] Näher dazu m.w.N. Hemmer/Wüst, Staatsrecht I, Rn. 41.
[57] Ausführlich dazu Rn. 84.
[58] Vgl. dazu aber die Einschränkungen unter Rn. 63: VB nur bei Verletzung spezifischen Verfassungsrechts zulässig.
[59] Näher dazu m.w.N. Hemmer/Wüst, Staatsrecht I, Rn. 42.
[60] Näher dazu m.w.N. und Beispielen Hemmer/Wüst, Staatsrecht I, Rn. 43.
[61] Näher dazu m.w.N. Hemmer/Wüst, Staatsrecht I, Rn. 44 ff.

Selbstbetroffenheit

a) Die Selbstbetroffenheit ist dann unproblematisch, wenn der Beschwerdeführer selbst Adressat des staatlichen Verhaltens ist. Ansonsten ist nach dem BVerfG Voraussetzung, dass eine rechtliche (im Gegensatz zur bloß faktischen oder wirtschaftlichen) Betroffenheit vorliegt. Der Beschwerdeführer muss in eigenen Grundrechten verletzt sein (Stichwort: Ausschluss der Popularklage).[62] Ferner ist die Prozessstandschaft bei der Verfassungsbeschwerde unzulässig.

52

gegenwärtige Betroffenheit

b) Eine gegenwärtige Betroffenheit liegt vor, wenn der Beschwerdeführer nicht bloß virtuell, also irgendwann in der Zukunft betroffen ist, andererseits aber die angegriffene Maßnahme auch in der Gegenwart noch Gültigkeit aufweist. Er muss also schon bzw. noch betroffen sein.[63]

53

Allerdings ist dies zu bejahen, wenn der Beschwerdeführer schon jetzt zu Dispositionen gezwungen wird, die später nicht mehr nachholbar sind, bzw. zu später nicht mehr korrigierbaren Entscheidungen gezwungen ist.[64]

Beliebtes Bsp. in der Klausur sind Gesetze, die schon verkündet sind, aber erst in einigen Wochen in Kraft treten. Hier ist die Betroffenheit in allernächster Zukunft unausweichlich, und es müssen u.U. schon Dispositionen getroffen werden.

unmittelbare Betroffenheit

c) Eine unmittelbare Betroffenheit ist anzunehmen, wenn der angegriffene Akt keinen weiteren Vollzugsakt voraussetzt, um dem Bürger gegenüber zu wirken. Dies ist häufig nicht der Fall bei Gesetzen, auf deren Grundlage erst ein Verwaltungsakt ergehen muss.

54

Bsp.: Nach § 35 GewO kann die Ausübung eines Gewerbes untersagt, nach § 15 GastG die Erlaubnis zum Betrieb einer Gaststätte zurückgenommen oder widerrufen werden. Ein unmittelbarer Eingriff in die Berufsfreiheit des Art. 12 GG liegt aber noch nicht allein in diesen gesetzlichen Vorschriften, sondern erst in den darauf gestützten Verwaltungsakten einer Behörde.

Ausnahmen gelten, wenn die Norm der Behörde überhaupt keinen Entscheidungsspielraum lässt, v.a. aber wenn ein Vollzug dem Betroffenen nicht zumutbar ist. Dies ist z.B. bei Strafvorschriften der Fall, wo nicht erwartet werden kann, dass der Beschwerdeführer ein letztinstanzliches Strafurteil gegen sich ergehen lässt, bevor er die Norm angreift.[65]

---

[62] BVerfGE 79, 1 (14).
[63] Vgl. bspw. BVerfGE 65, 1 (37); 75, 78 (95).
[64] Vgl. BVerfG, NJW 1998, 1385.
[65] Vgl. BVerfG, NJW 1998, 1385.

☑ **hemmer-Methode:** Ein ähnlicher Regelungszweck wie die Betroffenheitserfordernisse und entsprechend auch ähnliche Probleme und Ausnahmen kennzeichnen den im Anschluss zu besprechenden Grundsatz der Subsidiarität der Verfassungsbeschwerde. Hier können in der Klausur ähnliche Argumente verwandt werden. So kann es z.T. auch zweifelhaft sein, welchen Aspekt man in welchem Prüfungspunkt einbaut. Als Fazit kann hier festgehalten werden, dass das BVerfG die Gegenwärtigkeit und Unmittelbarkeit dann bejaht, wenn dem Beschwerdeführer ein weiteres Abwarten nicht zugemutet werden kann.[66]

V. Rechtswegerschöpfung und Subsidiarität

1. Rechtswegerschöpfung

grds. Rechtswegerschöpfung erforderlich

a) § 90 II S. 1 BVerfGG verlangt (gestützt auf Art. 94 II S. 2 GG), dass vor Erhebung einer Verfassungsbeschwerde der Rechtsweg erschöpft wird.[67] Darunter ist der Weg zu verstehen, der den Beschwerdeführer mit seinem Begehren, die behauptete Grundrechtsverletzung zu überprüfen und auszuräumen, vor die deutschen staatlichen Gerichte führt.

55

Dies ist der komplette Instanzenzug, bei Verwaltungsakten vor der Verwaltungsgerichtsbarkeit auch schon das Widerspruchsverfahren.

Auch Anträge auf Wiedereinsetzung und Wiederaufnahme gehören dazu, ebenso wie der Einspruch gegen Strafbefehle oder Versäumnisurteile. Dabei ist nicht ausreichend, dass ein unterinstanzliches Urteil rechtskräftig geworden und deshalb kein weiteres Rechtsmittel mehr zulässig ist, vielmehr müssen die gegebenen Rechtsmittel auch ausgeschöpft worden sein:

Dazu gehört die (fristgemäße) Einlegung jedes zulässigen Rechtsmittels und auch das zeitige Vortragen der behaupteten Grundrechtsverletzung. Erschöpfung liegt dann vor, wenn alle prozessualen Möglichkeiten zur Beseitigung der Verletzung ausgeschöpft wurden.[68]

☑ **hemmer-Methode:** Stellen Sie zuerst immer fest, wann der Rechtsweg erschöpft ist. Zu den Standardfragen im mündlichen Examen im Zivilrecht gehört der „blaue Himmel der Rechenschaft über dem Landgericht", d.h.: Gegen Berufungsurteile des Landgerichts findet keine Revision mehr statt (Umkehrschluss aus § 545 I ZPO).

---

[66] Vgl. bspw. BVerfG, NJW 2006, 751 = **Life & Law 2006, 269** (Entscheidung zum LuftSiG).
[67] Näher dazu m.w.N. Hemmer/Wüst, Staatsrecht I, Rn. 49 ff.
[68] Vgl. Hemmer/Wüst, Staatsrecht I, Rn. 51.

Deswegen ist gegen ein zivilrechtliches landgerichtliches Berufungsurteil allenfalls die Verfassungsbeschwerde zulässig! Es ist dann aber Prüfungsgegenstand nur die Verletzung spezifischen Verfassungsrechts.

aber Subsidiarität

Kein Rechtsmittel i.S.d. § 90 II BVerfGG ist das Hauptsacheverfahren im Verhältnis zu Entscheidungen des vorläufigen Rechtsschutzes. Allerdings wird hier eine Verfassungsbeschwerde häufig am Grundsatz der Subsidiarität scheitern (vgl. u. Rn. 57).

Ausnahmen

b) § 90 II S. 2 BVerfGG lässt eine Verfassungsbeschwerde auch ohne Rechtswegerschöpfung zu, wenn die Sache entweder

⊃ von allgemeiner Bedeutung ist oder

⊃ dem Beschwerdeführer ein schwerer und unabwendbarer Nachteil droht.

Darüber hinaus werden ungeschriebene Ausnahmen anerkannt, etwa wenn eine gefestigte höchstrichterliche Rechtsprechung oder Erfolglosigkeit in zwei Instanzen und eine eindeutige gesetzliche Regelung im weiteren Instanzenzug ein anderes Ergebnis nicht erwarten lassen.

☑ **hemmer-Methode:** Der Sachverhalt wird i.d.R. deutliche Anhaltspunkte enthalten, wenn eine (sogar ungeschriebene) Ausnahme vom Erfordernis der Rechtswegerschöpfung zu prüfen sein soll, z.B. dass dem Beschwerdeführer ein schwerer und unabwendbarer Nachteil drohe und die Angaben des Beschwerdeführers als richtig zu unterstellen sind.
Dagegen ist es (zumindest in Examensklausuren) denkbar, dass vom Bearbeiter auch erwartet wird, dass er ohne weitere Hinweise aufgrund seiner Kenntnisse im sonstigen Verfahrensrecht die Frage, ob der Rechtsweg erschöpft ist i.S.d. § 90 II BVerfGG, selbstständig beurteilen kann.

2. Subsidiaritätsgrundsatz

Subsidiarität: jeder zumutbare fachgerichtliche Rechtsschutz zur Beseitigung der GR-Verletzung

Über die Rechtswegerschöpfung hinaus fordert das BVerfG in ständiger Rechtsprechung,[69] dass der Beschwerdeführer alle nach Lage der Sache zur Verfügung stehenden Möglichkeiten ergreift, um eine Korrektur der geltend gemachten Verfassungsverletzung zu erwirken bzw. um eine Grundrechtsverletzung zu verhindern.[70]

---

[69] Vgl. BVerfGE 68, 384 (388 f.); 74, 102 (103); aus jüngerer Zeit BVerfG, NJW 2001, 2009 (VB gegen Gesetz); BVerfG, NJW 2002, 741 (VB im Eilrechtsschutz).
[70] Näher zur Subsidiarität m.w.N. Hemmer/Wüst, Staatsrecht I, Rn. 58 ff.

Bspe. für die Bedeutung der Subsidiarität sind etwa:

⇨ Bei offensichtlichen Fehlern der letztinstanzlichen Entscheidung muss der Beschwerdeführer vorher Gegenvorstellung beim Gericht erheben.

⇨ Zwischenentscheidungen sind nicht angreifbar, wenn der Grundrechtsverstoß im weiteren Verfahren behoben werden kann.

⇨ Entscheidungen im vorläufigen Rechtsschutz sind nicht angreifbar, wenn der Grundrechtsschutz im Hauptsacheverfahren noch wirksam nachgeholt werden kann. Das ist z.B. dann nicht der Fall, wenn der Beschwerdeführer später seine Grundrechtsposition nicht mehr genauso verwirklichen kann.[71]

Zumutbarkeit

Gegen Parlamentsgesetze ist ein Rechtsweg i.S.d. § 90 II BVerfGG nicht gegeben. Hier muss, soweit möglich, erst eine Ausnahme gegen das Gesetz beantragt werden und dann gegen eine etwaige Ablehnungsentscheidung vorgegangen werden.[72] Ist keine Ausnahme im Gesetz vorgesehen, kommt auch eine Inzidentkontrolle über eine Feststellungsklage nach § 43 VwGO in Betracht. Etwas anderes gilt jedoch bei strafbewehrten Gesetzen, da es bei diesen dem Beschwerdeführer nicht zugemutet werden kann, gegen die Norm zu verstoßen, um in einem Verfahren dann inzident die Prüfung des Gesetzes auf dessen Verfassungsmäßigkeit zu erreichen.

VI. Form und Frist

Form

1. Für die Verfassungsbeschwerde ist nach § 23 I S. 1 BVerfGG die Schriftform vorgeschrieben, wobei nach § 92 BVerfGG das verletzte Recht sowie der angeblich verletzende Akt angegeben werden sollen. In Übungs- und Examensarbeiten spielt die Form meist keine große Rolle.

2. Hinsichtlich der Einlegungsfrist nach § 93 BVerfGG ist zu unterscheiden:

Monatsfrist gegen Gerichtsentscheidungen u.Ä.

a) Gegen Entscheidungen oder sonstige vergleichbare Hoheitsakte muss i.d.R. binnen eines Monats nach Zustellung der Entscheidung die Verfassungsbeschwerde erhoben werden. In dieser Frist ist die Verfassungsbeschwerde auch zu begründen (§ 93 I S. 1 BVerfGG).

jetzt Möglichkeit der Wiedereinsetzung

§ 93 II BVerfGG sieht hierfür die Möglichkeit einer Wiedereinsetzung in den vorigen Stand vor, wenn die Frist unverschuldet versäumt wurde.

---

[71] Vgl. dazu den Beispielsfall in Hemmer/Wüst, Staatsrecht I, Rn. 60.
[72] Soweit erst ein Vollzugsakt für das Gesetz erforderlich ist, wird i.d.R. bereits die Beschwerdebefugnis an der unmittelbaren Betroffenheit scheitern.

§ 1 DIE WICHTIGSTEN VERFASSUNGSRECHTSBEHELFE

☑ **hemmer-Methode:** Hierbei handelt es sich um ein interessantes Problem für die Klausur, zumal hier zusätzliche, z.B. aus dem Zivilprozessrecht bekannte, Probleme abgeprüft werden können, wie beispielsweise die Zurechnung des Verschuldens des Bevollmächtigten nach § 93 II S. 6 BVerfGG, der § 85 II ZPO (jeweils lesen!) entspricht.

Jahresfrist gegen Gesetze u.Ä.

b) Gegen Gesetze oder sonstige Hoheitsakte, gegen die von vornherein ein Rechtsweg nicht gegeben ist, muss die Verfassungsbeschwerde binnen eines Jahres nach Inkrafttreten bzw. Erlass des Hoheitsaktes eingelegt werden (§ 93 III BVerfGG).[73]

60

VII. Sonstiges

Sonstiges

Ebenso wie bei anderen Verfahren, muss auch für die Verfassungsbeschwerde ein allgemeines Rechtsschutzbedürfnis bestehen,[74] und es dürfen weder anderweitige Rechtshängigkeit, Rechtskraft noch Gesetzeskraft (vgl. § 31 II BVerfGG)[75] entgegenstehen.

61

☑ **hemmer-Methode:** Auch hierbei handelt es sich um Punkte, die gewöhnlich keine Rolle spielen und die dann in der Klausur auch nicht erwähnt werden müssen. Soll das Problem von Bedeutung sein, wird i.d.R. ein entsprechender Hinweis im Sachverhalt zu finden sein.
Ebenfalls spielt das (praktisch überaus wichtige) Annahmeverfahren nach §§ 93a ff. BVerfGG in der Klausur keine Rolle.

VIII. Begründetheit

Begründetheit

Die Verfassungsbeschwerde ist begründet, wenn der Beschwerdeführer durch einen Akt der öffentlichen Gewalt in einem seiner in Art. 93 I Nr. 4a GG erwähnten Rechte verletzt ist.

62

Dabei nimmt das BVerfG für sich eine umfassende Prüfungskompetenz in Anspruch, den Hoheitsakt über die gerügten Verletzungen hinaus auf seine Verfassungsmäßigkeit zu überprüfen.[76]

➡ Damit auf diese Weise aber nicht über Art. 2 I GG, der jede nicht verfassungsmäßige Belastung verbietet, i.V.m. dem Rechtsstaatsprinzip eine allgemeine Rechtmäßigkeitskontrolle stattfindet, beschränkt sich das BVerfG auf die Überprüfung, „spezifischen Verfassungsrechts", d.h. es prüft ob:

63

---

[73] Weitere Einzelheiten bei Hemmer/Wüst, Staatsrecht I, Rn. 65.
[74] Näher dazu m.w.N. Hemmer/Wüst, Staatsrecht I, Rn. 61.
[75] Näher dazu m.w.N. Hemmer/Wüst, Staatsrecht I, Rn. 66.
[76] Vgl. hierzu und zum Folgenden näher Hemmer/Wüst, Staatsrecht I, Rn. 73 ff.

⇨ der Einfluss der Grundrechte oder einer einschlägigen Verfassungsnorm ganz oder grundsätzlich verkannt wurde (insbesondere bei Urteilsverfassungsbeschwerden hängt der Umfang der Nachprüfung auch von der Intensität der möglichen Grundrechtsverletzung ab),

⇨ die Rechtsanwendung grob und offensichtlich willkürlich war oder

⇨ die Grenzen richterlicher Rechtsfortbildung überschritten wurden.

Liegt lediglich eine Verletzung einfachen Rechts vor, ist die Verfassungsbeschwerde unbegründet.[77] Die schlichte Rechtswidrigkeit des Urteils ist nicht mit einer Verfassungswidrigkeit gleichzusetzen. Etwas anderes gilt, wenn das Urteil evident rechtswidrig ist. In einem solchen Fall nimmt das BVerfG eine Verletzung des Willkürverbots nach Art. 3 I GG an.[78]

**hemmer-Methode: Diese Einschränkungen sind besonders wichtig für eine Urteilsverfassungsbeschwerde. Stellen Sie hier am Anfang der Begründetheit klar, dass Prüfungsmaßstab immer nur das Verfassungsrecht, niemals aber das einfache Recht sein kann. Für die Klausur von besonderer Bedeutung ist die erste Gruppe. Merken Sie sich hierfür auch das wichtige Schlagwort: „Das BVerfG versteht sich nicht als Superrevisionsinstanz. Geprüft wird vielmehr nur die Verletzung spezifischen Verfassungsrechts".
Das ist dem Laien so meist nicht verständlich, ergibt sich aber aus der Funktion des BVerfG als Hüter der Verfassung. Daher sollte bei der Klausurbearbeitung auch darauf geachtet werden, dass nur am Grundgesetz geprüft wird und nicht das einfache Recht herangezogen wird.**

E) Einstweilige Anordnung[79]

Wie andere Verfahrensordnungen kennt auch das BVerfGG einen einstweiligen Rechtsschutz. So kann in eiligen Fällen eine vorläufige Entscheidung getroffen werden.[80]

Für einen ersten Überblick dazu sei ein Aufbauschema an die Hand gegeben und auf die wichtigsten Gesichtspunkte hingewiesen:

---

[77] Vgl. m.w.N. BayVerfGH, BayVBl. 1999, 369.
[78] Vgl. m.w.N. BVerfG, Beschluss vom 27.06.2006 – 2 BvR 677/05; LNRB 2006, 20097 = **Life & Law 2006, Heft 11** (Verbot eines Kopftuchs im Gerichtssaal)
[79] Näher dazu Hemmer/Wüst, Staatsrecht II, Rn. 44 ff.
[80] Zum einstweiligen Rechtsschutz im Verwaltungsprozess vgl. Basics Öffentliches Recht, Band 2 (Verwaltungsrecht), Rn. 293 ff.

§ 1 DIE WICHTIGSTEN VERFASSUNGSRECHTSBEHELFE

> **Zulässigkeitsprüfung:**
>
> I. Statthaftigkeit
>
> II. Antrag
>
> III. Antragsberechtigung
>
> IV. Keine evidente Unzulässigkeit/Unbegründetheit
>
> V. Keine Vorwegnahme der Hauptsache
>
> VI. Rechtsschutzinteresse
>
> VII. Form und Frist

Einstweilige Anordnung durch BVerfG

Wegen der langen Verfahrensdauer vor dem BVerfG, besonders bei der Entscheidung über Verfassungsbeschwerden, nimmt die Möglichkeit der einstweiligen Anordnung in der Praxis eine wichtige Rolle ein, wie auch zahlreiche bedeutsame Entscheidungen aus jüngerer Zeit zeigen.[81] Insofern wäre auch eine entsprechende Aufgabenstellung in einer (v.a. Examens-) Klausur nicht ausgeschlossen. Eine ausführliche Darstellung würde allerdings den Rahmen eines Basics-Skripts sprengen. Daher sei auf die ausführliche Darstellung im Skript Staatsrecht II verwiesen.

65

Antrag statthaft in allen Verfahren vor BVerfG

I. Statthaft ist eine einstweilige Anordnung über die speziell geregelten Fälle (z.B. Art. 61 II S. 2 GG, §§ 53, 58 I BVerfGG) hinaus nach § 32 BVerfGG in allen vor dem BVerfG möglichen Verfahrensarten, wobei der Begriff „Streitfall" in § 32 BVerfGG kein kontradiktorisches Verfahren voraussetzt.

66

> *Bsp.: Eine einstweilige Anordnung ist also z.B. auch bei der konkreten oder abstrakten Normenkontrolle möglich, obwohl keine Parteien über die Verfassungsmäßigkeit „streiten".*

Antragserfordernis?

II. Regelmäßig wird ein Antrag dem Erlass einer einstweiligen Anordnung vorausgehen. Streitig ist, ob das BVerfG eine solche Anordnung auch ex officio erlassen darf. Dies ist jedenfalls abzulehnen, wenn gar kein Hauptsacheverfahren anhängig ist, aber wohl zuzulassen, wenn dies erfolgt ist. Demnach ist die Zuständigkeit des BVerfG bzgl. der Hauptsache zu klären.

67

Antragsberechtigung

III. Antragsberechtigt ist jeder, der am Hauptsacheverfahren beteiligt ist bzw. an der Bewirkung der Anhängigkeit beteiligt sein könnte.

68

keine evidente Unzulässigkeit

IV. Weiterhin darf nach h.M. das Hauptsacheverfahren nicht evident unzulässig oder unbegründet sein, wobei das BVerfG dies zum Teil erst in der Begründetheit der einstweiligen Anordnung prüft.[82]

69

---

[81] Vgl. z.B. zu den Awacs-Einsätzen der Bundeswehr BVerfG, NJW 1993, 1317; zum Somalia-Einsatz der Bundeswehr BVerfG, NJW 1993, 2038; zum Asylrecht BVerfG, NJW 1994, 2134.

[82] Vgl. BVerfG, NJW 1999, 1951.

keine Vorwegnahme der Hauptsache	**V.** Wie allgemein beim vorläufigen Rechtsschutz darf die Hauptsache nicht vorweggenommen werden. Eine Ausnahme besteht, wenn die Hauptsacheentscheidung zu spät käme und der Antragsteller dadurch, dass ihm kein anderer effektiver Rechtsschutz möglich ist, einen schweren Nachteil erleiden würde.	70
☑	**hemmer-Methode:** Achten Sie bei der Prüfung besonders auf diesen Punkt! Es handelt sich um ein klassisches Problemfeld des einstweiligen Rechtsschutzes.	
allgemeines Rechtsschutzbedürfnis	**VI.** Am allgemeinen Rechtsschutzbedürfnis fehlt es z.B., wenn eine beschwerende fachgerichtliche Entscheidung noch gar nicht ergangen ist oder eine Entscheidung in der Hauptsache rechtzeitig käme.	71
Form	**VII.** Die Form bestimmt sich nach § 23 BVerfGG, eine Frist ist nicht einzuhalten. Allerdings führt eine Fristversäumung in der Hauptsache zur evidenten Unzulässigkeit und damit auch zur Unzulässigkeit des Antrags im einstweiligen Rechtsschutz, vgl. o. Rn. 69.	72
Beachte: § 32 II - VI BVerfGG	**VIII.** Weitere Besonderheiten finden sich in § 32 II - VI BVerfGG, die in einer Klausur zu einer einstweiligen Anordnung immer zu beachten und auf einschlägige Regelungen hin zu überprüfen sind.	73
Begründetheit	**IX.** Für die Prüfung der Begründetheit hat das BVerfG eine sog. Doppelhypothese entwickelt.	

Danach ist abzuwägen zwischen:

➲ Den Folgen, die eintreten würden, wenn eine einstweilige Anordnung nicht ergeht, die Hauptsache aber Erfolg hat und

➲ den Nachteilen, die entstehen, wenn eine einstweilige Anordnung ergeht, die Hauptsache aber keinen Erfolg hat.

Für die Klausurprüfung bietet es sich allerdings an, dieser reinen Güterabwägung eine dem einstweiligen Rechtsschutz nach §§ 935, 940 ZPO, § 123 VwGO entsprechende Prüfung des Anordnungsanspruchs und eines Anordnungsgrundes voranzustellen und erst dann eine Abwägung vorzunehmen.

§ 2 ALLGEMEINE GRUNDRECHTSLEHREN

allgemeine Grundrechtslehren

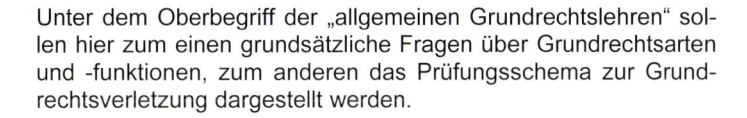

Unter dem Oberbegriff der „allgemeinen Grundrechtslehren" sollen hier zum einen grundsätzliche Fragen über Grundrechtsarten und -funktionen, zum anderen das Prüfungsschema zur Grundrechtsverletzung dargestellt werden.

hemmer-Methode: Die Bedeutung des Schemas in der Klausur liegt auf der Hand. Aber auch die Grundrechtsarten und -funktionen sind von Bedeutung, da ihre Kenntnis zum einen das Gesamtverständnis der Grundrechte fördert, zum anderen manche Fragen in der Klausur überhaupt nur mit diesem theoretischen Hintergrund gelöst werden können.

A) Grundrechtsarten und Funktionen

Die Grundrechte des Grundgesetzes können ihrer Zielrichtung nach in verschiedene Gruppen eingeteilt werden bzw. im konkreten Zusammenhang unterschiedliche Funktionen erfüllen.

hemmer-Methode: Beachten Sie die richtige Argumentationstechnik! Gerade angesichts der knappen Formulierungen ist das Vorverständnis des Rechtsanwenders zwar hier von großer Bedeutung, allerdings empfiehlt es sich für die Klausur, im Verständnis der h.M. zu argumentieren. Schwerpunkt sollten deshalb nicht allgemeine staatstheoretische Erwägungen, sondern vor allem am Wortlaut orientierte und systematische Argumente sein.

I. Grundrechtsarten[83]

Nach ihrem Hauptzweck lassen sich unterscheiden:

- Freiheitsgrundrechte, die primär auf staatliches Unterlassen abzielen und den größten Teil der Grundrechte ausmachen,

- Gleichheitsrechte, die auf relatives staatliches Handeln, d.h. auf vergleichbare Situationen, abzielen, z.B. Art. 3 I - III GG, und

- Teilhaberechte, die dem Bürger einen Anspruch auf ein bestimmtes staatliches Verhalten geben können, z.B. Art. 17, 19 IV, 103 I GG.

---

[83] Vgl. dazu näher Hemmer/Wüst, Staatsrecht I, Rn. 83 f.

II. Grundrechtsfunktionen[84]

Grundrechtsfunktionen

Über diese erste Einteilung hinaus können aber die Grundrechte einer Art auch jeweils die Funktion anderer Arten übernehmen: Zum einen ist es häufig nur Zufall bzw. situationsabhängig, wie in gleicher Weise wirkendes staatliches Handeln in der rechtlichen Einordnung zu bewerten ist, zum anderen ist das Verständnis der Grundrechte – wie schon erwähnt – auch vom staatstheoretischen Verständnis abhängig. Im Einzelnen können folgende Funktionen unterschieden werden:

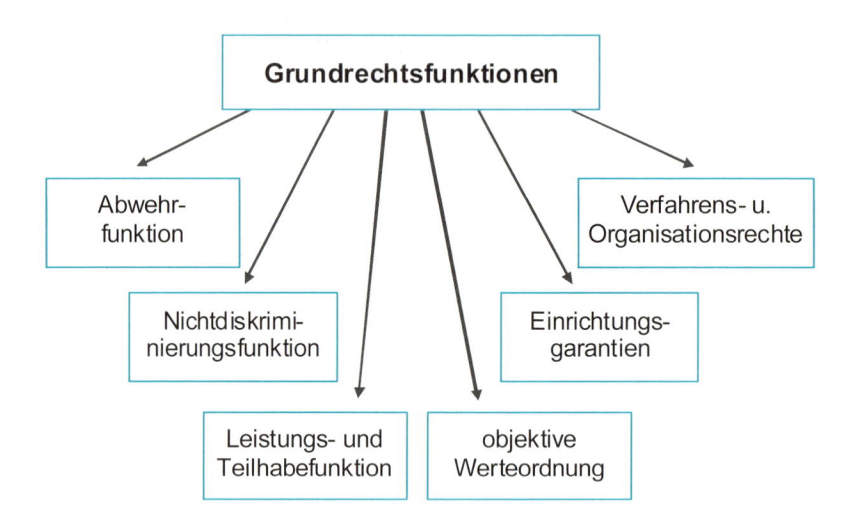

Grundrechtsfunktionen
- Abwehrfunktion
- Nichtdiskriminierungsfunktion
- Leistungs- und Teilhabefunktion
- objektive Werteordnung
- Einrichtungsgarantien
- Verfahrens- u. Organisationsrechte

1. Grundrechte als subjektives Abwehrrecht

Liberal-staatliche Tradition: GRe als subjektive Abwehrrechte

In einer liberal-staatlichen Tradition stehend, sind die meisten Grundrechte überwiegend als subjektive Abwehrrechte zu verstehen, d.h. sie garantieren dem Bürger eine Sphäre persönlicher Freiheit vom Staat. In dieser Funktion (sog. status negativus) tauchen die Grundrechte auch meistens in der Klausur auf.

☑ **hemmer-Methode:** Auch im modernen demokratischen Rechtsstaat hat diese Grundrechtsfunktion nicht an Bedeutung verloren, da auch hier eine (wenngleich demokratisch legitimierte) Herrschaft über den Einzelnen ausgeübt wird. Z.T. sind durch die moderne Technik sogar gerade neue Gefahren für die persönliche Freiheit erwachsen, die in der Klausur problematisiert werden könnten, z.B. Datenschutz und Recht auf informationelle Selbstbestimmung, Genomanalysen,[85] strafprozessuale Abhörtechniken, etc.

---

[84] Vgl. dazu näher Hemmer/Wüst, Staatsrecht I, Rn. 84 ff.

[85] Genomanalyse stellt eine Analyse der Erbanlage dar; problematisch ist dabei immer der Missbrauch (Stichwort „gläserner Mensch").

Im System der Verfassung kommt den Grundrechten deshalb die zentrale Stellung zu. Die Erfahrungen im Dritten Reich legten es nahe, die klassischen liberalen Freiheitsrechte und damit die Rechtsstellung des freien Bürgers besonders zu sichern. Das BVerfG[86] spricht von einer allgemeinen Freiheitsvermutung zugunsten des Bürgers (in dubio pro libertate). Hauptsächlicher Sinn dieses Grundsatzes ist, dass staatliche Gewalt niemals Selbstzweck ist, sondern wie es Art. 1 GG ausdrückt, der Aufgabe dienen soll, die Würde des Menschen zu achten und zu schützen.

2. Nichtdiskriminierungsfunktion

Nichtdiskriminierungsfunktion

Nicht nur Gleichheitsrechte i.e.S., sondern auch Freiheitsgrundrechte können einen Schutz vor Diskriminierung in der Weise leisten, dass ein bestimmtes grundrechtlich geschütztes Verhalten nicht Anknüpfungspunkt einer nachteiligen Unterscheidung sein darf.

79

Bsp.: So könnte es wegen Art. 4 I, 5 I, 6 I GG unzulässig sein, wenn an eine bestimmte Religionszugehörigkeit, eine bestimmte Meinung oder an die Eheschließung eine negative Konsequenz geknüpft wird.

3. Grundrechte als Leistungs- und Teilhaberechte

GRe als Leitungs- und Teilhaberechte

Ein mehr sozialstaatlicher Ansatz geht davon aus, dass die Grundrechte nicht nur Freiheit vom Staat, sondern auch Freiheit durch den Staat garantieren sollen.

80

Diese erscheint nämlich ohne dessen Mithilfe in weiten Bereichen nicht denkbar, so im Bereich der Leistungsverwaltung mit seiner sozialen Vorsorge und Verteilungsfunktion.

Dabei ist zu unterscheiden zwischen:

- derivativen Teilhaberechten, die darauf gerichtet sind, dass gleicher Zugang zu bestehenden staatlichen Leistungsangeboten gewährt wird. Diese haben besondere Bedeutung in den Bereichen eines (weitgehenden) Staatsmonopols, z.B. im Hochschulbereich.

81

- originären Teilhaberechten,[87] die als echte Leistungsrechte erforderlichenfalls einen Anspruch auf Schaffung neuer bzw. zusätzlicher Leistungsangebote geben sollen. Ein solcher Anspruch soll nach dem BVerfG denkbar sein und sich aus der objektiv-rechtlichen Dimension der Grundrechte (vgl. dazu unten Rn. 83 ff.) ableiten lassen.

82

---

[86] BVerGE 17, 313 ff.
[87] Vgl. dazu näher m.w.N. Hemmer/Wüst, Staatsrecht I, Rn. 89.

Jedoch ist ein solches Vorgehen auf Ausnahmefälle beschränkt, da der Verfassungsgeber bewusst auf die Aufnahme sozialer Grundrechte verzichtet hat und außerdem die zu großzügige grundsätzliche Anerkennung eines Anspruchs, der immer unter dem Vorbehalt des praktisch Möglichen stehen müsste, die normative Kraft der Grundrechte als durchsetzbare Rechte und nicht nur bloße Programmsätze aushöhlen würde.[88]

4. Grundrechte als objektive Wertordnung

GRe darüber hinaus als objektive Wertentscheidung

Wie bereits angedeutet, sieht das BVerfG in den Grundrechten nicht nur subjektive Abwehrrechte, sondern auch objektive Wertentscheidungen, die in vielerlei Weise Bedeutung erlangen können.

⇨ Ausstrahlung ins Privatrecht

a) Nach h.M. gelten die Grundrechte grundsätzlich zwischen Privaten nicht unmittelbar, sondern nur mittelbar durch eine sog. *Ausstrahlung ins Privatrecht* v.a. über die Generalklauseln des BGB (sog. mittelbare Drittwirkung).[89]

⇨ Bedeutung bei fiskalischem Handeln, jedenfalls bei Verwaltungsprivatrecht

b) Jedenfalls diese Ausstrahlung gilt auch, wenn der Staat wie ein Privater zum Bürger in Kontakt tritt, so beim sog. fiskalischen Handeln. Gut vertretbar erscheint hier die Annahme, dass diese Bindung für den Vertragspartner „Staat" als originären Grundrechtsadressaten noch verstärkt wird. Für das Verwaltungsprivatrecht (= Wahrnehmung von Verwaltungsaufgaben in den Formen des Privatrechts) nimmt die h.M. sogar eine unmittelbare Grundrechtsgeltung an. Der Staat soll sich nicht durch eine „Flucht ins Privatrecht" den öffentlich-rechtlichen Bindungen entziehen können.

> *Bsp.: Für die Grundrechtsgeltung kann es keinen Unterschied machen, ob eine Gemeinde als staatlicher Hoheitsträger eine öffentliche Einrichtung (z.B. Museum) hoheitlich oder in privatrechtlicher Form betreibt.*

⇨ staatliche Schutzpflichten

c) Ebenfalls aus der objektiv-rechtlichen Dimension abgeleitet werden z.T. staatliche Schutzpflichten für grundrechtlich geschützte Rechtsgüter, so v.a. bei Art. 2 II GG.[90] Zur Erfüllung der Schutzpflichten ist der Staat verpflichtet (das „Ob" ist einklagbar), bzgl. des „Wie" steht ihm aber ein Ermessensspielraum zu.[91]

> *Bsp.: Im sog. ersten Abtreibungsurteil erklärte das BVerfG, dass aus Art. 2 II GG auch eine staatliche Pflicht zum Schutz des ungeborenen Lebens erwachse. Diese könne sogar zu einer Pflicht zur Schaffung eines entsprechenden Straftatbestands führen.*

---

[88] Vgl. BVerfG, NJW 1998, 973.
[89] Vgl. Pieroth/Schlink, Rn.202 ff.; BVerfG, NJW 1998, 1387; BVerfG, NJW 1999, 1326.
[90] Vgl. dazu näher m.w.N. Hemmer/Wüst, Staatsrecht I, Rn. 93; BVerfG, NJW 1998, 1475; NJW 1998, 2961.
[91] Vgl. BVerfGE 88, 203; BVerfG, NJW 2002, 1638 = BayBl. 2002, 368.

⇨ *Wesensgehalt*

d) Z.T. wird die objektiv-rechtliche Seite auch als Wesensgehalt des jeweiligen Grundrechts i.S.d. Art. 19 II GG (vgl. Rn. 124) verstanden.

⇨ *Berücksichtigung in Güterabwägung*

e) Schließlich spielt die objektiv-rechtliche Dimension auch in der Güterabwägung, z.B. i.R.d. Verhältnismäßigkeitsprüfung (vgl. u. Rn. 117 ff.) eine Rolle.

> *Bsp.:* Ist z.B. eine Einschränkung der Meinungs- oder Pressefreiheit, Art. 5 I GG, zu prüfen, so kann bei der Verhältnismäßigkeit die Bedeutung dieser Freiheit nicht nur für den einzelnen Grundrechtsträger, sondern als Kommunikationsgrundrecht auch für Meinungsaustausch und -bildung im demokratischen Staat überhaupt berücksichtigt werden.

☑ **hemmer-Methode:** Den Fallgruppen ist gemeinsam, dass die objektiv-rechtliche Dimension i.d.R. nicht so weit gehen wird wie die subjektive Abwehrfunktion, z.B. kann die weit ausgelegte allgemeine Handlungsfreiheit des Art. 2 I GG nicht zum allgemeinen Ordnungsprinzip eines „Jeder kann tun und lassen, was er will" führen.
Objektiv-rechtlich geschützt ist der Kernbereich des Grundrechts, d.h. alle Handlungsmodalitäten, die nicht hinweggedacht werden können, ohne dass die Freiheitsgarantie als Ganzes entfällt. Unterscheiden Sie dabei für sich im Kopf zwischen dem „Begriffskern" und dem „Begriffshof": Nach der herrschenden Meinung[92] hat jeder Begriff auch im Verfassungsrecht (z.B. Eigentum) einen festen Bedeutungskern, innerhalb dessen seine Anwendung gesichert ist, und einen weiteren Bereich, in dem seine Bedeutung unklarer und verschwommener wird, den sog. Begriffshof. Die begriffliche Abgrenzung zwischen Begriffskern und Begriffshof hilft Ihnen in der Klausur, die Grenze zu bestimmen.

5. Grundrechte als Einrichtungsgarantien[93]

➡ In einigen Grundrechten sind neben subjektiven Rechten außerdem Einrichtungsgarantien des Rechts verbürgt, nämlich:

Institutsgarantien (Institute des Privatrechts)

⊃ Institutsgarantien, d.h. Einrichtungsgarantien des Privatrechts, z.B. in Art. 6 I GG die Ehe oder in Art. 14 I GG das Eigentum und das Erbrecht und

institutionelle Garantien (Institute des öffentlichen Rechts)

⊃ Institutionelle Garantien, d.h. Einrichtungsgarantien des Öffentlichen Rechts, z.B. in Art. 7 III S. 1 GG für den Religionsunterricht an öffentlichen Schulen oder in Art. 33 V GG für das Berufsbeamtentum.

---

[92] Engisch, Einführung in die Rechtswissenschaft, 108 m.w.N.
[93] Vgl. dazu näher m.w.N. Hemmer/Wüst, Staatsrecht I, Rn. 36 f.

☑ **hemmer-Methode:** Wichtiger für den Bürger ist die subjektiv-rechtliche Funktion, weil er sie z.B. bei der Verfassungsbeschwerde geltend machen kann. Ihre Bedeutung haben die Einrichtungsgarantien z.B. genau wie die objektiv-rechtliche Dimension bei der Güterabwägung. Trotzdem sind sie von dieser zu unterscheiden, da z.B. die Meinungs- oder Pressefreiheit (vgl. o.) gesellschaftliche Tatbestände, nicht aber Rechtsinstitut bzw. -institution sind.

6. Grundrechte als Verfahrens- und Organisationsrechte

GRe als Verfahrens- und Organisationsrechte

Schließlich sollen die Grundrechte nach Ansicht des BVerfG auch eine ihren Schutz effektuierende Organisations- und Verfahrensgestaltung gewährleisten: 92

Verfahren müssen also so gestaltet sein, dass schon formale Sicherungsmechanismen für die Grundrechte bestehen, welche dann auch nicht als bloße Ordnungsvorschriften, sondern als drittschützende (und damit z.B. verwaltungsrechtlich angreifbare) Normen zu verstehen sind.

B) Prüfungsschema zur Verletzung von Freiheitsgrundrechten

Prüfungsschema zu den Freiheitsgrundrechten

Zentraler Punkt von Grundrechtsklausuren ist die Prüfung, ob eine Grundrechtsverletzung vorliegt. Dabei kann unterschieden werden zwischen Grundrechten mit Gesetzesvorbehalt und solchen, die dem Wortlaut nach schrankenlos gewährleistet werden, z.B. Art. 4, 5 III GG. Der Regelfall, von dem hier ausgegangen werden soll, sind Grundrechte mit Gesetzesvorbehalt (= Schrankenvorbehalt), die Besonderheiten für vorbehaltlos gewährte Grundrechte werden im Anschluss (Rn. 125 ff.) dargestellt. 93

☑ **hemmer-Methode:** Beachten Sie auch beim nachfolgenden Schema, dass es nicht zu starr und unreflektiert angewendet werden darf. Allerdings sollten zumindest die Überpunkte I - IV, sowie die Prüfung der Verhältnismäßigkeit (IV, 1a - d) immer kurz angesprochen werden.
An anderen Stellen, z.B. bei der formellen Verfassungsmäßigkeit der Schranke, kann häufig der Hinweis genügen, dass nach dem Sachverhalt keine Probleme ersichtlich sind. Neben diesem Schema werden auch dreigliedrige (Schranken-Schranken als Unterpunkt der Schranken) oder zweigliedrige (Eingriff in den Schutzbereich/Rechtfertigung) vorgeschlagen. Zumindest für eine Grundrechtsklausur (d.h. z.B. in der Begründetheit einer Verfassungsbeschwerde) dürfte aber der hier gewählte viergliedrige Aufbau am übersichtlichsten sein. Eine der knapperen Varianten kann sich z.B. aber anbieten, wenn in einer Verwaltungsrechtsklausur im Rahmen der materiellen Rechtmäßigkeit eines Verwaltungsaktes die Vereinbarkeit mit den Grundrechten des Adressaten kurz abgehandelt werden soll.

> **Verletzung eines Grundrechtes mit Gesetzesvorbehalt:**
>
> I. Eröffnung des Schutzbereichs (persönlicher/sachlicher)
>
> II. Eingriff
>
> III. Schranken (Rechtfertigung des Eingriffs)
>   1. Ermittlung eines Schrankenvorbehalts
>   2. Formelle Verfassungsmäßigkeit
>   3. Materielle Verfassungsmäßigkeit
>
> IV. Schranken-Schranken
>   1. Grundsatz der Verhältnismäßigkeit
>   a) Legitimer Zweck
>   b) Geeignetheit
>   c) Erforderlichkeit
>   d) Angemessenheit
>   2. Wesensgehaltsgarantie

I. Eröffnung des Schutzbereichs

Eröffnung des Schutzbereichs

Die einzelnen Grundrechte schützen jeweils einzelne Bereiche, Umstände oder Verhaltensweisen des Grundrechtsträgers. Dabei ist zu unterscheiden zwischen dem persönlichen und dem sachlichen Schutzbereich:

94

persönlicher Schutzbereich: Wer wird geschützt?

1. Vom persönlichen Schutzbereich des Grundrechts werden überhaupt nur die Personen erfasst, die Träger desselben sein können. Problematisch in der Klausur können hier die sog. Bürgerrechte sein, die nach dem eindeutigen Grundgesetz-Wortlaut nur Deutschen zustehen.

95

Wer Deutscher i.S.d. Grundgesetzes ist, bestimmt sich nach Art. 116 GG und ist weiter zu verstehen als der Begriff der deutschen Staatsbürgerschaft. Die Kenntnis problematischer Einzelheiten kann hier im Rahmen einer Klausur nicht verlangt werden.[94]

str. für Art. 2 I GG als Auffanggrundrechte für Nichtdeutsche

Streitig ist, inwiefern sich Nichtdeutsche in den durch Deutschengrundrechte geschützten Lebensbereichen auf den subsidiären Schutz des Art. 2 I GG als Auffanggrundrecht berufen können, doch wird sich diese Frage - wie auch andere des persönlichen Schutzbereichs - i.d.R. schon bei der Zulässigkeit i.R.d. Antragsberechtigung (vgl. o. Rn. 38 ff.) stellen.

---

[94] Näher Jarass/Pieroth, Art. 116 GG, Rn. 1 - 6.

sachlicher Schutzbereich: welches Verhalten/Rechtsgut wird geschützt?

2. Dem sachlichen Schutzbereich des Grundrechts unterfallen die Tätigkeiten, Verhaltensweisen, Rechtsgüter etc., die sein Wortlaut umfasst. I.d.R. hat man hier mit einer (vorläufigen) Definition der zentralen Begriffe (z.B. Versammlung, Beruf) zu beginnen, wobei bei manchen Grundrechten (v.a. für den Kunstbegriff in Art. 5 III GG) schon hier das Problem besteht, dass eine allgemein gültige Definition kaum zu finden ist bzw. von manchen[95] für gar nicht möglich gehalten wird. In solchen Fällen ist es Aufgabe des Bearbeiters, eine zumindest für den Fall tragfähige Umschreibung zu finden.

hemmer-Methode: Man sollte sich für den sachlichen Schutzbereich merken, dass das BVerfG die Interpretation des Schutzbereichs bevorzugt, „welche die juristische Wirkungskraft der Grundrechtsnorm am stärksten entfaltet",[96] also hier grds. extensiv auslegt. Dies kommt Ihnen für die Klausur gelegen, da Sie so mit weiteren Problemen wie der Rechtfertigung und den Schranken-Schranken zusätzliche Punkte sammeln können. Anders als im wirklichen Leben gilt für Klausur und Hausarbeit: Probleme schaffen, nicht wegschaffen.

GR-Konkurrenzen (= ein Verhalten wird von mehreren GRen geschützt)

3. Ebenfalls im Prüfungspunkt „Schutzbereich" kann das Problem der Grundrechtskonkurrenzen[97] angesprochen werden. Dies wird relevant in Konstellationen, in denen ein Verhalten von mehreren Grundrechten zugleich geschützt wird.

Bsp.: Häufiges Beispiel ist eine Demonstration, die sowohl von Art. 8 GG, als auch von Art. 5 I GG geschützt sein kann.

grds. Art. 2 I GG subsidiär

Hier ist zunächst zu beachten, dass das Auffanggrundrecht des Art. 2 I GG subsidiär zu den Spezialgrundrechten der Art. 4 ff. GG und deshalb auch i.d.R. (wenn überhaupt noch) erst nach diesen zu prüfen ist.

i.Ü. nach stärkerer sachlicher Beziehung zu entscheiden; auch Idealkonkurrenz möglich

Im Übrigen ist zu entscheiden, ob ein Grundrecht einem anderen in der speziellen Situation vorgeht, da es „nach seinem Sinngehalt die stärkere sachliche Beziehung zu dem zu prüfenden Sachverhalt"[98] aufweist. Ist auch dies nicht der Fall, sind beide Grundrechte parallel anwendbar, wobei man zweckmäßigerweise mit dem beginnen wird, das einen zumindest „etwas stärkeren Sachbezug" hat.

---

[95] Für die Kunst vgl. Jarass/Pieroth, Art. 5 GG, Rn. 67.
[96] St. Rspr., z.B. E 32, 54 (72); 39, 1 (37).
[97] Vgl. dazu näher m.w.N. Hemmer/Wüst, Staatsrecht I, Rn. 105.
[98] BVerfGE 64, 229 (238 f.); 67, 186 (195).

II. Eingriff

Eingriff: häufig un-problematisch

1. Häufig ist das Vorliegen eines Eingriffs in der Klausur unproblematisch. Dann kann dies durch eine kurze Formulierung, dass das angegriffene staatliche Handeln grundrechtlich garantierte Freiheiten verkürzt, festgestellt werden.

> *Bsp.:* Unproblematisch zu bejahen ist das Vorliegen eines Eingriffes z.B. bei einem belastenden Verwaltungsakt gegenüber dessen Adressaten.

bei mehreren Maßnahmen Eingriffsakt genau benennen

In solchen Fällen kann es allenfalls ratsam sein, in der Klausur den Eingriffsakt genau zu bezeichnen (Beschwerdegegenstand). So wird sich im Beispiel des belastenden Verwaltungsaktes der Beschwerdeführer einer Verfassungsbeschwerde i.d.R. (zumindest auch) gegen das letztinstanzliche Urteil richten.

problematischer bei Ausgestaltungsmöglichkeiten für Gesetzgeber

2. Problematischer ist die Bestimmung des Eingriffs dagegen, wenn das betreffende Grundrecht einer Ausgestaltung durch den Gesetzgeber zugänglich ist oder sogar seiner bedarf (sog. normgeprägte Schutzbereiche), wie das z.B. bei Art. 6 I GG (Bestimmung der Ehe) und v.a. bei Art. 14 GG (Umfang des Eigentums, vgl. dazu unten Rn. 205 ff.) der Fall ist.

hier Eingriff erst dann, wenn Regelung verfassungsrechtlichem Leitbegriff nicht mehr entspricht

In diesen Fällen sind definierende Regelungen erst dann als Eingriff zu betrachten, wenn das Ergebnis dem verfassungsrechtlichen Leitbegriff nicht mehr entspricht. Interessenabwägungen, die sonst über die Verhältnismäßigkeit einer Maßnahme entscheiden, kommen hier also schon bei der Abgrenzung von Eingriff und Ausgestaltung zum Tragen.[99]

> *Bsp.:* Die in Art. 6 GG geschützte Ehe bedarf einer näheren gesetzlichen Ausgestaltung. Die Möglichkeit einer Ehescheidung unter (eng genug) festgelegten Voraussetzungen ist mit dem verfassungsrechtlichen Leitbegriff der Ehe noch in Einklang zu bringen. Dies wäre dagegen bei einer alle drei Jahre automatisch auslaufenden Ehe nicht mehr der Fall.

klassischer und moderner Eingriffsbegriff

3. Ebenfalls mehr Denk- und Schreibarbeit ist in der Klausur gefordert, wenn kein klassischer Eingriff, sondern nur ein sonstiges belastendes staatliches Handeln vorliegt.

klassischer Eingriff

Der klassische Eingriffsbegriff setzte ein finales staatliches Handeln durch Rechtsakt voraus, das mit Befehl und Zwang durchsetzbar ist und unmittelbar das grundrechtlich geschützte Verhalten einschränkt (sog. imperativer Eingriff).

---

[99] Zum Vorgehen bei Art. 14 GG vgl. unten Rn.212 ff.; zur Frage, ob das Vorliegen eines Eingriffs wegen eines Grundrechtsverzicht verneint werden muss, vgl. Hemmer/Wüst, Staatsrecht I, Rn. 108.

Bsp.: Wichtigstes Beispiel für einen solchen klassischen Eingriff ist wieder der belastende Verwaltungsakt.

⇨ für modernen Staat zu eng

Demgegenüber hat sich das Verständnis durchgesetzt, dass dem modernen Staat unter dem Grundgesetz dieser enge Begriff nicht genügen kann, insbesondere kann der Bürger auf viele verschiedene Arten durch staatliches Handeln in seinen Freiheiten beeinträchtigt werden.

Deshalb werden folgende Modifikationen zugelassen:[100]

⇨ erweitert auch auf faktische Maßnahmen

- Fast einhellig wird auf die Kriterien des Rechtsakts und der Durchsetzbarkeit mit Befehl und Zwang verzichtet, vielmehr kommen als Eingriffe auch faktische Maßnahmen in Betracht.

problematisch

- Streitig ist dagegen die Behandlung von Fällen, in denen die Unmittelbarkeit fehlt:

    Bsp.: Wichtige Beispiele sind hier v.a. behördliche Warnungen, z.B. vor kontaminierten Lebensmitteln oder dem Wirken von Jugendsekten.[101]

    Hier kommt es zumindest in der Klausur v.a. auf eine nachvollziehbare eigene Argumentation an, in die folgende Gesichtspunkte einfließen können: die Finalität des Handelns, die Typizität einer Grundrechtsbeeinträchtigung als Folge des staatlichen Handelns, die Intensität der Beeinträchtigung und eine Auslegung des Schutzzwecks des jeweiligen Grundrechts.

- Soweit (nach einem erweiterten Grundrechtsverständnis) Freiheitsgrundrechten auch Nichtdiskriminierungs-, Leistungs- oder Schutzfunktionen zukommen (vgl. o. Rn. 79 ff.), ist an das Vorliegen eines Eingriffs immer auch bei Diskriminierungen oder der Nichtgewährung von Leistungen bzw. Schutz zu denken.

    Bsp.: Aus Art. 7 IV GG wird über die Einrichtungsgarantie der Privatschulfreiheit über die Abwehrfunktion hinaus auch die Möglichkeit eines Leistungsanspruchs angenommen.[102] Wird diese Leistung nicht gewährt, kann darin ein Eingriff liegen.

---

[100] Vgl. dazu näher m.w.N. Hemmer/Wüst, Staatsrecht I, Rn. 110 ff.
[101] Lehrreich zu den Jugendsektenentscheidungen, auch unter dem Gesichtspunkt des mittelbaren Eingriffs Discher, JuS 1993, 463 ff.
[102] Vgl. dazu auch m.w.N. Hemmer/Wüst, Staatsrecht I, Rn. 229.

III. Schranken (Rechtfertigung des Eingriffs)

1. Allgemeines

Eingriff ist nicht verfassungswidrig, wenn von Schranken gedeckt

Erfolgt ein Eingriff in den Schutzbereich eines Grundrechts, kann die betreffende Maßnahme aber gleichwohl verfassungsmäßig sein, wenn sie durch eine entsprechende Schranke gerechtfertigt ist. 103

hemmer-Methode: Achten Sie auf die richtigen Begrifflichkeiten! Obwohl an sich das Schema später richtig weiter geprüft wird, sprechen viele Bearbeiter schon in der Eingriffsstufe von „Verletzung" des Grundrechts. Ein dummer Fehler, der einen schlechten Eindruck macht, und eigentlich sehr leicht vermeidbar ist. Denken Sie an den (oft) genervten Korrektor, der nach leicht objektivierbaren Kriterien für die Notenabstufung sucht.

a) Dabei ist zu unterscheiden zwischen sog. einfachen und qualifizierten Gesetzesvorbehalten (= Schrankenvorbehalten):[103] 104

- einfache Gesetzesvorbehalte verlangen nur, dass der Eingriff durch Gesetz oder aufgrund eines Gesetzes erfolgt, z.B. Art. 2 II S. 3, 8 II, 10 II S. 1 GG.

- qualifizierte Gesetzesvorbehalte lassen dagegen eine Beeinträchtigung des Grundrechts nur zu, wenn das Gesetz bestimmten, näher spezifizierten Zwecken dient bzw. Anforderungen genügt, z.B. Art. 5 II GG (allgemeine Gesetze) oder Art. 11 II GG (drohende Gefahr für die dort näher aufgezählten Rechtsgüter).

verschiedene Arten der Gesetzesvorbehalte (z.B. Eingriff, Ausgestaltung, etc.)

b) Außerdem kann nach dem Wortlaut der jeweiligen Grundrechtsschranken unterschieden werden zwischen „Eingriffsvorbehalten", „Schrankenvorbehalten", „Ausgestaltungsvorbehalten" und „Regelungsvorbehalten", was aber an dieser Stelle keine Rolle spielt, sondern eigentlich nur bei der Anwendbarkeit des Art. 19 I GG von Bedeutung ist.[104] 105

Gesetzesbegriff: grds. im formellen Sinne

c) Soweit die Einschränkung durch Gesetz oder aufgrund eines solchen möglich ist, ist der Begriff des Gesetzes von Interesse:[105] Nach h.M. ist damit im Zweifel ein Gesetz im formellen Sinn, also ein Parlamentsgesetz (im Gegensatz zu Verordnungen oder Satzungen[106]) gemeint. Etwas anderes kann sich aber im Einzelfall aus der Auslegung des Grundrechts ergeben. 106

---

[103] Zur Rechtfertigung bei vorbehaltlos gewährten Grundrechten s. unten Rn. 125.
[104] Vgl. dazu Rn. 111.
[105] Vgl. dazu näher Hemmer/Wüst, Staatsrecht I, Rn. 117 f.; außerdem in diesem Gesamtzusammenhang zum Gesetzesbegriff Staatsrecht II, Rn. 112 ff.
[106] Vgl. unten Rn. 229, 230.

jedenfalls immer auch Eingriffe aufgrund eines Gesetzes möglich

Darüber hinaus ist zu berücksichtigen, dass immer dann, wenn eine Einschränkung aufgrund eines Gesetzes möglich ist, diese nicht nur durch einen (parlaments-) gesetzesvollziehenden Verwaltungsakt, sondern auch durch eine (bzw. auf der Grundlage einer) untergesetzliche(n) Rechtsnorm erfolgen kann. Diese muss aber ihre Grundlage in dem formellen Gesetz haben, was sich für Verordnungen aus Art. 80 GG ergibt und auch für Satzungen anerkannt ist.

> *Bsp.:* Regelungen über Anschluss- und Benutzungszwänge können in gemeindlichen Satzungen getroffen werden, die aber einer (über die allgemeine Verleihung der Satzungsautonomie hinausgehenden) gesetzlichen Grundlage bedürfen, weil sie in die Grundrechte der Bewohner (Art. 14 GG) eingreifen.

Wesentlichkeitstheorie

Im Verhältnis zwischen Gesetzgeber und Verordnungsgeber wird dabei – noch über Art. 80 I S. 2 GG hinausgehend – nach der sog. Wesentlichkeitstheorie verlangt, dass der Gesetzgeber in grundlegenden Bereichen, insbesondere bei der Grundrechtsausübung, alle wesentlichen Entscheidungen selbst zu treffen hat.[107]

Auch solche Schranken, die das Grundgesetz gestattet, können Grundrechte aber nur verfassungsgemäß einschränken, wenn sie auch ihrerseits formell und materiell verfassungsmäßig sind.

hemmer-Methode: Nach dem vorliegenden Schema wird also die formelle und materielle Verfassungsmäßigkeit schon als Anforderung an die Schranke geprüft. Erst im Anschluss werden die Fragen der Verhältnismäßigkeit und der Wesensgehaltsgarantie im Prüfungspunkt „Schranken-Schranken" erörtert. Denkbar wäre es aber auch, bei den Schranken überhaupt nur die Existenz eines Gesetzesvorbehalts sowie die Erfüllung einer eventuellen Qualifikation zu prüfen und die Fragen der formellen und materiellen Verfassungsmäßigkeit bereits als Problem der Schranken-Schranken zu verstehen.
Nochmals zur Klarstellung: Schrankenvorbehalt ist die Passage eines Grundrechts, die eine Einschränkung desselben zulässt. Die Schranke ist dann ein Gesetz, das diesen Schrankenvorbehalt formell und materiell verfassungsgemäß ausfüllt.

2. Formelle Verfassungsmäßigkeit

formelle Verfassungsmäßigkeit der Schranke

Die formelle Verfassungsmäßigkeit eines Gesetzes wirft in der Klausur häufig keine Probleme auf, insbesondere bei realen (also nicht fiktiven neuen) Gesetzen, wird i.d.R. davon auszugehen sein, dass die formellen Erfordernisse eingehalten wurden.

---

[107] Vgl. dazu näher m.w.N. Hemmer/Wüst, Staatsrecht I, Rn. 118, sowie zu den Rechtsverordnungen allgemein Hemmer/Wüst, Staatsrecht II, Rn. 114 ff.; BVerfG, NJW 1998, 669.

§ 2 ALLGEMEINE GRUNDRECHTSLEHREN

☑ **hemmer-Methode:** Noch einmal zur Verdeutlichung: Obwohl die formellen Anforderungen eher eine objektiv-rechtliche Zielsetzung haben, kann ein Verstoß gegen sie z.B. zur Begründetheit einer Verfassungsbeschwerde führen, da ein Grundrecht nur aufgrund eines formell verfassungsmäßigen Gesetzes eingeschränkt werden darf. Bedeutung kann die formelle Verfassungsmäßigkeit außerdem beim „Prüfungsrecht des Bundespräsidenten" (Rn. 278 ff.) haben, da dieses für formelle Verstöße nahezu einhellig anerkannt wird.

mögliche Prüfungspunkte

Prüfungspunkte, die gleichwohl angesprochen und erforderlichenfalls näher ausgeführt werden können, sind:

- Gesetzgebungskompetenz

a) **Gesetzgebungskompetenz:** Hier ist zu unterscheiden zwischen der Kompetenz des Bundes und der Länder, welche nach Art. 70 ff. GG voneinander abzugrenzen sind.[108]

109

- Gesetzgebungsverfahren

b) **Gesetzgebungsverfahren,** Art. 76 ff. GG: Hier werden sich in der Klausur selten Probleme ergeben oder aber diese nur die Grundzüge betreffen.[109]

110

- Zitiergebot (eng ausgelegt)

c) **Zitiergebot:** Nach Art. 19 I S. 2 GG müssen Gesetze, durch die oder aufgrund derer Grundrechte eingeschränkt werden sollen, das betreffende Grundrecht unter Angabe des Artikels nennen. Diese Vorschrift soll den Gesetzgeber zwingen, sich über die grundrechtsrelevanten Auswirkungen seines Handelns klar zu werden.

111

Allerdings wird Art. 19 I S. 2 GG von der h.M. eng ausgelegt: Zum einen soll er (streng nach dem Wortlaut) nur die „Einschränkungsvorbehalte" (also Art. 2 II S. 3, 6 III, 8 II, 10 II, 11 II, 13 II, III und 16 I S. 2 GG) erfassen, nicht dagegen die Regelungsvorbehalte (z.B. Art. 12 I S. 2 GG), Inhaltsbestimmungen (Art. 14 I S. 2 GG) oder auch die ungeschriebenen, verfassungsimmanenten Schranken (dazu vgl. u. Rn. 127 ff.). Vor allen Dingen gilt er nicht bei bloßen Eingriffen in Art. 2 I GG.

Zum anderen soll das Zitiergebot für vorkonstitutionelle Gesetze nicht gelten sowie für solche, die bereits bestehende Einschränkungen lediglich unverändert oder geringfügig modifiziert wiedergeben.

- Verbot des Einzelfallgesetzes

d) **Verbot des einschränkenden Einzelfallgesetzes:** Nach Art. 19 I S. 1 GG kann ein grundrechtseinschränkendes Gesetz nur verfassungsgemäß sein, wenn es allgemein und nicht nur für den Einzelfall gilt. Die Bedeutung des Art. 19 I S. 1 GG ist dabei insofern gering, als dieses Erfordernis sich auch schon aus Art. 3 I GG ergibt, wenn man mit der h.M. Art. 19 I S. 1 GG so auslegt, dass der Gesetzgeber v.a. nicht einen Fall aus einer Reihe gleichartiger Sachverhalte willkürlich herausgreifen und einer Sonderregelung zuführen soll.

112

---

[108] Vgl. dazu unten Rn. 253 ff., sowie näher und m.w.N. Hemmer/Wüst, Staatsrecht I, Rn. 144 ff.
[109] Vgl. dazu unten Rn. 259 ff., sowie näher m.w.N. Hemmer/Wüst, Staatsrecht II, Rn. 168 ff.

☑ **hemmer-Methode:** Da hier inhaltliche Anforderungen eine große Rolle spielen, wäre es auch vertretbar, diesen Punkt in der materiellen Verfassungsmäßigkeit zu prüfen.

Zur Anwendung des Art. 19 I S. 1 ist noch festzuhalten, dass er seinem Sinn nach zwar nicht anwendbar ist, wenn ein Gesetz gegenwärtig nur einen Fall betrifft, seine Anwendung auf weitere Fälle in Zukunft aber durchaus möglich ist, wohl aber dann, wenn ein abstrakt-generell gehaltenes Gesetz in Wahrheit nur einen Fall betrifft und auch nur diesen einen Fall treffen soll („getarntes Einzelfallgesetz").

3. Materielle Verfassungsmäßigkeit

materielle Verfassungsmäßigkeit

Wenn man nach dem hier vorgeschlagenen Schema die Verhältnismäßigkeit als eigenen Prüfungspunkt behandelt, ist die materielle Verfassungsmäßigkeit häufig kurz abzuhandeln. Zwei Probleme, die bei einschlägigen Sachverhalten anzusprechen sind, sind das sog. Rückwirkungsverbot und der Bestimmtheitsgrundsatz. Diese werden hier aber im größeren Zusammenhang als Bestandteile des Rechtsstaatsprinzips dargestellt (vgl. u. Rn. 238 ff.). Im Übrigen können eine Rolle spielen:

Erfüllung von Schrankenqualifikationen

➲ Soweit es sich beim Gesetzesvorbehalt um einen qualifizierten handelt, ist die Frage, ob seine speziellen Voraussetzungen erfüllt sind, eine der materiellen Verfassungsmäßigkeit. Denkbar erscheint es freilich auch, diese unmittelbar an die Benennung des entsprechenden Schrankenvorbehalts anzuschließen.

Bsp.: Bevor man zur Frage kommt, ob ein Gesetz mit Einschränkungen zur Meinungsfreiheit des Art. 5 I GG verhältnismäßig ist, muss geprüft werden, ob es sich überhaupt um ein „allgemeines" Gesetz i.S.d. Art. 5 II GG handelt (vgl. unten Rn. 165 ff.).

Willkürverbot

➲ Das BVerfG prüft z.T. i.R.d. materiellen Verfassungsmäßigkeit noch Verstöße gegen das Willkürverbot. Für die Klausur erscheint es aber vorzugswürdig, diese Prüfung anhand von Art. 3 I GG als eigenen Prüfungspunkt durchzuführen.

IV. Schranken-Schranken

Schranken-Schranken

Häufig wichtigster Prüfungspunkt in einer Klausur sind die sog. „Schranken-Schranken". Sie sind – wie der Wortlaut verdeutlicht – die Schranken der Schranken:

Auch Grundrechte mit Gesetzesvorbehalt dürfen nicht unbegrenzt eingeschränkt werden, sie stehen nicht zur beliebigen Disposition des Gesetzgebers.

Dieser muss umgekehrt bei seinen einschränkenden Gesetzen gleichsam als Wechselwirkung auch die Wertungen des jeweiligen Grundrechts beachten. Außerdem sollen Einschränkungen nicht weiter gehen, als unbedingt erforderlich ist.

Eine Beschränkung ist deshalb nur dann verfassungsrechtlich unbedenklich, wenn sie:

- verhältnismäßig i.w.S. ist (vgl. Rn. 117 ff.) und

- der Wesensgehalt des beschränkten Grundrechts erhalten bleibt (vgl. Rn. 124).

hemmer-Methode: Während die meisten Bearbeiter das allgemeine Prüfungsschema normalerweise ähnlich sicher beherrschen, liegen hier i.d.R. die wesentlichen Unterschiede. Das eigene Denken und Argumentieren im jeweiligen Fall kann und soll Ihnen dieses Skript nicht abnehmen. Eignen Sie sich aber für diese Argumentation schon frühzeitig eine saubere juristische Technik an, mit der Sie Ihre Ideen „bestmöglich verkaufen" können.
Tipp: Versuchen Sie in einer Art Selbstgespräch die maßgeblichen Gedanken nachzuvollziehen. Versetzen Sie sich in die „jeweiligen Personen" und versuchen Sie für beide Positionen schlagkräftige Argumente zu finden.

1. Grundsatz der Verhältnismäßigkeit[110]

Verhältnismäßigkeitsgrundsatz

Für die Verhältnismäßigkeitsprüfung, die das Kernstück vieler Klausuren darstellt, haben sich (wie im Schema bei Rn. 93 schon dargestellt) folgende Prüfungsschritte eingebürgert.

- legitimer Zweck

a) Die Einschränkung muss einem legitimen Zweck dienen: Dazu muss das gesetzgeberische Ziel auf das Wohl der Allgemeinheit gerichtet sein. Dabei ist dem Gesetzgeber freilich ein weiter Beurteilungsspielraum einzuräumen.

Bsp.: Vorschriften über die Sicherheitsanforderungen von Industrieanlagen, welche die Gewerbe- und Eigentumsfreiheit beeinträchtigen können, dienen z.B. dem Schutz der menschlichen Gesundheit (Art. 2 II GG) oder der Erhaltung der natürlichen Lebensgrundlagen (Art. 20a GG).

hemmer-Methode: Trotz des weiten Spielraums sollten Sie in der Klausur versuchen, die Legitimität des Zwecks wenn möglich an verfassungsrechtlichen Vorgaben festzumachen, z.B. am Schutz anderer Grundrechte.

---

[110] Ausführlicher dazu Hemmer/Wüst, Staatsrecht I, Rn. 131 ff.

Das erklärte Ziel des Gesetzgebers ergibt sich gerade bei neueren Gesetzen aus einem der einleitenden Paragraphen, im Übrigen aus der Auslegung der konkreten Norm. Dieser Punkt ist seltener problematisch. Die Anforderungen an den legitimen Zweck sind weitaus höher, soweit es um Grundrechte ohne geschriebenen Schrankenvorbehalt geht.[111]

- Geeignetheit

b) Das gewählte Mittel muss geeignet sein, das gesetzgeberische Ziel zu erreichen. Auch hier ist ein Beurteilungsspielraum des Gesetzgebers zu berücksichtigen und im Einzelfall sind selbstverständlich Hypothesen zulässig.

- Erforderlichkeit

c) Das gewählte Mittel muss ferner erforderlich sein, d.h. es darf kein milderes (= weniger eingreifendes) Mittel denkbar sein, das den gleichen Erfolg erzielt.

- Angemessenheit

d) Schließlich muss das Mittel angemessen (= verhältnismäßig i.e.S.) sein, d.h. das angestrebte Ziel und die dafür in Kauf genommene Belastung des Bürgers dürfen nicht außer Verhältnis zueinander stehen. Um dies zu ermitteln, ist eine präzise Abwägung zwischen den betroffenen Interessen vorzunehmen, für die folgendes Vorgehen empfohlen wird.

keine Position vollständig verdrängt

aa) Zunächst gehört es zu einer Abwägung bzw. zu einem gerechten Ausgleich, dass keine der im Streit stehenden Positionen völlig verdrängt werden.

abstrakte Wertigkeit

bb) In einem ersten Prüfungsschritt ist sodann das abstrakte Wertverhältnis der betroffenen Positionen zu vergleichen: Hier kann z.B. ein Unterschied bestehen zwischen verfassungsrechtlichen und einfachgesetzlichen Positionen, zwischen Grundrechten mit und ohne Gesetzesvorbehalt oder zwischen solchen, die „nur" der Selbstverwirklichung dienen, und solchen, die auch eine Bedeutung für die politische Willensbildung haben.

konkrete Wertigkeit

cc) Ist man so zu einer ersten Einschätzung gelangt, wird in einem zweiten Schritt die eigentliche (und für das Ergebnis wichtigere) Abwägung im konkreten Fall vorgenommen:

Hierbei ist v.a. nach der Eingriffsintensität zu fragen, wobei ein Eingriff intensiver ist, wenn er das Grundrecht in seinem Kernbereich trifft, als wenn er nur die Peripherie berührt. Es ist also zu prüfen, ob eine Ausübung des Grundrechts nahezu völlig unmöglich wird oder ob nur eine bestimmte Modalität beschnitten wird, die durch funktional gleichwertige Grundrechtsbetätigungen ersetzbar ist.

☑ **hemmer-Methode:** Merken Sie sich als schnell einprägsamen Leitsatz: Der Grundsatz der Verhältnismäßigkeit verlangt, dass Umfang und Intensität des Eingriffs auf das zur Erreichung des Ziels unerlässliche Maß beschränkt bleibt.

---

[111] Vgl. hierzu Rn. 132.

Sicher dürfen „Spatzen nicht mit Kanonen" beschossen werden.
Hier werden in der Klausur viele Punkte vergeben! Machen Sie also Ihre Argumentation dem Korrektor nachvollziehbar. So unterscheiden Sie sich von einer „Abwägung", die nur in den Kategorien „Vorteile - Nachteile - Ergebnis" auf dem Niveau eines Deutschaufsatzes aus der Mittelstufe arbeitet. Wichtig ist hierbei neben einem geschulten Judiz auch die Sachverhaltsanalyse: Nehmen Sie die von den handelnden Personen vorgebrachten Argumente auf („Echoprinzip")!
Unterscheiden Sie auch schon bei der Sachverhaltsaufnahme Tatsachen von vorgenommenen Wertungen. Trainiert wird diese klausurtypische Vorgehensweise am großen Fall im Hauptkurs des Juristischen Repetitoriums Hemmer.

Ein anschauliches Beispiel für das Vorgehen in der Verhältnismäßigkeitsprüfung bildet der vom BVerfG entschiedene sog. „Liquorentnahme-Fall".[112]

Bsp.: Arm (A) wird wegen einer Bagatellstraftat strafrechtlich verfolgt. Als sich Zweifel an seiner Schuldfähigkeit ergeben, wird gestützt auf § 81a StPO eine Liquorentnahme angeordnet, bei der durch eine Hohlnadel Rückenmarksflüssigkeit aus der Wirbelsäule entnommen wird.

Der Gerichtsarzt hatte erklärt, nur so über eine mögliche Nervenerkrankung und eine damit verbundene Schuldunfähigkeit Auskunft geben zu können. Ein solches Verfahren ist sehr schmerzhaft, nicht selten mit Nebenwirkungen verbunden und in wenigen Fällen können Komplikationen auftreten.

Hinsichtlich der Verhältnismäßigkeit ist zwischen der Norm des § 81a StPO selbst und dem konkreten Einschreiten zu unterscheiden.

1. § 81a StPO dient der Aufklärung von Straftaten und damit einem legitimen Zweck: Dies ergibt sich zum einen aus dem Rechtsstaatsgebot (Art. 20 III GG), zum anderen daraus, dass der Staat mit der Verfolgung von Straftaten auch individuelle Rechtsgüter des Einzelnen schützt. Da § 81a StPO diesem Ziel grds. auch dienen kann, ist er auch geeignet und - soweit keine andere Möglichkeit der Aufklärung besteht - auch erforderlich.

Zur Frage, der Verhältnismäßigkeit i.e.S. ist zunächst das Interesse an der Strafverfolgung mit der durch § 81a StPO berührten körperlichen Unversehrtheit abstrakt abzuwägen. Hier ergibt sich zwar wohl ein Übergewicht des zentralen Rechtsguts der körperlichen Unversehrtheit, allerdings kann im konkreten Einzelfall ein Vorrang der Strafverfolgung vor geringfügigen Eingriffen (z.B. Blutentnahme) bestehen. § 81a StPO als solches ist damit verfassungsgemäß.

---

[112] BVerfGE 16, 194.

> **hemmer-Methode:** Normen, die Behörden für den Einzelfall ein Ermessen oder einen Beurteilungsspielraum einräumen, sind regelmäßig nicht unverhältnismäßig, da die Behörden die Norm im Einzelfall verhältnismäßig, d.h. verfassungskonform, auslegen müssen.

2. Hinsichtlich der Anordnung im vorliegenden Fall gilt bzgl. des legitimen Zwecks und der Geeignetheit das oben Gesagte.

Da auf anderem Wege auch nichts über eine Nervenkrankheit herausgefunden werden kann, ist die Anordnung auch erforderlich. Allerdings ist sie nicht verhältnismäßig i.e.S. (= angemessen):

Hier überwiegt nämlich die körperliche Unversehrtheit das Interesse an weiterer Sachverhaltsaufklärung nicht nur abstrakt, sondern auch (und vor allem) konkret. Es handelt sich nämlich einerseits um eine Bagatellstraftat, andererseits um einen sehr schmerzhaften Eingriff mit Nebenwirkungen und dem nicht ganz unerheblichen Risiko von Folgeschäden.

2. Wesensgehaltsgarantie[113]

Wesensgehaltsgarantie

Nach Art. 19 II GG muss bei einer Grundrechtsbeschränkung jedenfalls dessen Wesensgehalt erhalten bleiben. Die überwiegende Ansicht fordert die Erhaltung dieses Wesensgehaltes nicht nur „gesamtgesellschaftlich", sondern für jeden einzelnen Grundrechtsträger.

124

> *Bsp.: Die Todesstrafe könnte verfassungswidrig sein, da dem Einzelnen hier niemals ein Restbereich bleibt.*[114]

Für die Bestimmung des Wesensgehalts gibt es zwei Ansätze, nämlich

absolute Theorie
- die absolute Theorie, die einen unabhängig von der jeweiligen Situation zu bestimmenden absoluten Wesensgehalt postuliert, und

relative Theorie
- die relative Theorie, nach der zu untersuchen ist, ob in jeder konkreten Situation ein relativer Wesensgehalt gewahrt bleibt.[115]

---

[113] Ausführlicher dazu Hemmer/Wüst, Staatsrecht I, Rn. 136.
[114] Beachten Sie die damit verbundene Problematik des finalen Todesschusses im Polizeirecht.
[115] Das BVerfG vertritt diese relative Theorie, vgl. BVerfG, NJW 2006, 751 = **Life & Law 2006, 269** (Luftsicherheitsgesetz). Nach diesem Ansatz ist der finale Rettungsschutz im Polizeirecht zumindest nicht zwingend verfassungswidrig.

V. Besonderheiten für vorbehaltlos gewährte Grundrechte[116]

Schema für schrankenlose GRe

Da sich das oben dargestellte Schema an den Schranken und Schranken-Schranken orientiert, gilt es primär für Grundrechte mit Gesetzesvorbehalt. Es gibt aber auch Grundrechte ohne Gesetzesvorbehalt. Für diese ergibt sich folgendes Schema:

Verletzung eines Grundrechtes ohne Gesetzesvorbehalt:

1. Eröffnung des Schutzbereichs
2. Eingriff in den Schutzbereich
3. Schranken, v.a. Schrankenvorbehaltsgewinnung
4. Praktische Konkordanz

Schutzbereich und Eingriff wie oben

Für die Punkte 1. und 2. (Schutzbereich und Eingriff) ergeben sich also grds. keine Abweichungen. Unterschiede gelten vielmehr nur für Schranken eines Eingriffs in das Grundrecht.

vorbehaltlos garantiert: nach Wortlaut keine Schranken

Bei den vorbehaltlos gewährten Grundrechten gibt es nach dem Wortlaut überhaupt keine Einschränkungsmöglichkeiten, gleichwohl besteht Einigkeit darüber, dass auch diese Rechte nicht grenzenlos verwirklicht werden können.

> **Bspe.:** *Das öffentliche Schlachten von Säuglingen kann weder als religiöse Kulthandlung im Sinne des Art. 4 I, II GG noch als künstlerische Darbietung oder soziologische Feldforschung (etwa „Wie reagieren Passanten auf das öffentliche Abschlachten von Kleinkindern?") im Sinne des Art. 5 III S. 1 GG zulässig sein.*
>
> *Aber auch in weniger extremen Fällen kann sich die Frage stellen, ob z.B. künstlerische Anliegen am Bau über die Verletzung bauordnungsrechtlicher Vorschriften hinweghelfen können.*

gleichwohl nach h.M.: verfassungsimmanente Schranken möglich

Um diese Schranken zu gewinnen, gab und gibt es verschiedene Ansätze, wobei das BVerfG und die wohl h.M. nur verfassungsimmanente Schranken anerkennen, d.h. solche, die sich aus kollidierendem Verfassungsrecht ergeben.[117]

---

[116] Ausführlicher dazu Hemmer/Wüst, Staatsrecht I, Rn. 137 ff.
[117] Vgl. zur Schrankengewinnung und zur praktischen Konkordanz das Musterbeispiel des „Mephisto-Urteil" BVerfGE 30, 173.

☑ **hemmer-Methode:** Unterscheiden Sie diese Grundrechtskollision vom oben (Rn. 97) genannten Phänomen der Grundrechtskonkurrenz, bei der ein Verhalten von zwei Grundrechten desselben Grundrechtsträgers geschützt wird.

allerdings keine Schranken durch Schrankenübertragung, ...

Damit erteilt die h.M. zugleich allen Versuchen[118] eine Absage, Schranken der Grundrechte mit Gesetzesvorbehalt auf die schrankenlos Gewährten zu übertragen, z.B. die Schrankentrias des Art. 2 I GG, die Einschränkungsmöglichkeit durch allgemeine Gesetze nach Art. 5 II GG oder diejenigen eines konkurrierenden Grundrechts. Gegen eine solche Schrankenübertragung sprechen die Entstehungsgeschichte des Grundgesetzes und die Systematik der Schranken. 129

... sondern nur kraft kollidierenden Verfassungsrechts (v.a. GRe Dritter)

Als kollidierendes Verfassungsrecht kommen v.a. und unproblematisch grundrechtlich geschützte Positionen Dritter in Betracht, aber auch andere Rechtsgüter von Verfassungsrang. Die umfangreichen Kompetenztitel der Art. 73 ff. GG können dabei aber nur angeführt werden, wenn ihnen durch Auslegung auch die Wertung zu entnehmen ist, dass der entsprechende Gegenstand Verfassungsrang haben soll. 130

☑ **hemmer-Methode:** Ein Schulbeispiel zur praktischen Konkordanz stellt das sog. „Schächt"-Urteil des BVerfG dar. Religiös motiviertes Schächten konnte grundsätzlich nicht verboten werden bzw. das Verbot des § 4a TierSchG war verfassungskonform auszulegen, da dem Tierschutz kein Verfassungsrang zukam, der nötig gewesen wäre, um einen Eingriff in Art. 4 I GG zu rechtfertigen[119]. Erst als Reaktion auf diese Entscheidung des BVerfG wurde der Tierschutz in Art. 20a GG aufgenommen.[120]

Da die schrankenlosen Grundrechte nicht leichter eingeschränkt werden können als solche mit Gesetzesvorbehalt, müssen freilich auch hier einschränkende Gesetze formell und materiell verfassungsmäßig sein. 131

VI. Praktische Konkordanz/Verfassungsmäßiger Ausgleich

praktische Konkordanz

Zwischen den kollidierenden Verfassungsgütern muss schließlich ein angemessener Ausgleich (sog. praktische Konkordanz) erzielt worden sein. 132

---

[118] Zur Begründung vgl. näher Hemmer/Wüst, Staatsrecht I, Rn. 141.
[119] BVerfG, NJW 2002, 663 = DVBl. 2002, 328 mit interessanter Anmerkung Volkmann = **Life & Law 2002, 333** = BayBl. 2002, 300
[120] Die Einführung des Art. 20a GG ändert nach Ansicht des BVerwG aber nichts am Anspruch eines muslimischen Metzgers auf eine Schächterlaubnis, vgl. BVerwG v. 23.11.2006, 3 C 30.05 = LNRB 2006, 31276.

= angem. Ausgleich zw. kollidierenden Rechtspositionen

Dazu muss die Einschränkung des schrankenlos gewährten Grundrechts einem legitimen Zweck (nämlich dem Schutz kollidierenden Verfassungsgut) dienen und zu dessen Erreichung geeignet, erforderlich und angemessen sein (vgl. o. Rn. 117 ff.).

hemmer-Methode: Schon hier zeigt sich ein großer Unterschied zu „normalen" Grundrechten. Während dort der Gesetzgeber einen weiten Spielraum im Hinblick auf den legitimen Zweck hat, kommt hier nur der Schutz kollidierender Verfassungsgüter in Betracht!

Bei der Angemessenheit ist wieder eine Güterabwägung vorzunehmen (vgl. o. Rn. 120 ff.). Dabei ist allerdings der gesetzgeberische Beurteilungsspielraum geringer und damit die Kontrolldichte enger als bei Grundrechten mit Gesetzesvorbehalt, da diese ja von vornherein z.T. der Dispositionsbefugnis des Gesetzgebers unterstellt wurden.

hemmer-Methode: Diese größere Kontrolldichte wird sich auf die Klausurlösung i.d.R. nicht auswirken, zumindest in einer ausführlichen Bearbeitung, z.B. bei einer Verfassungsbeschwerde, sollte aber auf sie hingewiesen werden. Stellen Sie in der Klausur fest, ob kollidierende Grundrechte oder sonstiges Verfassungsrecht (⇨ weiteste Auslegung ⇨ Gesetzeskatalog, wenn Wertentscheidung) vorliegen und prüfen Sie dann die Verhältnismäßigkeit hauptsächlich als Interessenabwägung i.R.d. Angemessenheit (= Verhältnismäßigkeit i.e.S.).

Bsp.: Im oben (Rn. 127) genannten Beispiel wurden die Religions- bzw. die Kunst- und Wissenschaftsfreiheit durch das kollidierende Lebensrecht (Art. 2 I, 1 I GG) der Kinder eingeschränkt. Dieses ist i.R.d. praktischen Konkordanz unproblematisch vorrangig.

§ 3 ÜBERBLICK ÜBER WICHTIGE GRUNDRECHTE

In diesem Kapitel soll ein Überblick über die wichtigsten und klausurrelevantesten Grundrechte gegeben werden, wobei die Darstellung sich grds. an der durch das Aufbauschema vorgegebenen Gliederung (Schutzbereich, Eingriff, Schranken) orientiert und - der Funktion des Basics-Skripts entsprechend - auf die wichtigsten Probleme beschränkt ist. Eine erweiterte und in den Problemen vertiefte Darstellung findet sich im Skript Hemmer/Wüst, Staatsrecht I im Abschnitt über die Begründetheit der Verfassungsbeschwerde.

A) Freie Entfaltung der Persönlichkeit, Art. 2 I GG[121]

I. Schutzbereich

Art. 2 I GG: freie Entfaltung der Persönlichkeit i.S.v. allgemeiner Handlungsfreiheit

Art. 2 I GG schützt die freie Entfaltung der Persönlichkeit. Darunter wird nach h.M. nicht nur ein „Kernbereich der Persönlichkeit" verstanden, sondern die allgemeine Handlungsfreiheit i.S. eines „Tun und Lassen, was man will". Somit ist ein umfassender Schutz vor (einschränkenden) staatlichen Maßnahmen gewährleistet, der mehrere klausurrelevante Problemkonstellationen mit sich bringt:

Subsidiarität gegenüber Einzelgrundrechten

1. Art. 2 I GG würde eigentlich auch die Bereiche erfassen, die durch speziellere Einzelgrundrechte geschützt sind (z.B. die Berufsfreiheit, Art. 12 I GG). Im Verhältnis zu diesen Einzelgrundrechten ist Art. 2 I GG jedoch subsidiär. Daraus folgt zum einen, dass grds. in der Klausur mit der Prüfung der Einzelgrundrechte zu beginnen ist, zum anderen, dass sich ein Rückgriff auf Art. 2 I GG verbietet, wenn eine Maßnahme in den Schutzbereich eines speziellen Grundrechts fällt, ein Eingriff nach diesem aber gerechtfertigt ist.

str. ob Auffanggrundrecht für Nichtdeutsche bei Deutschen-GRen

2. Umstritten ist dagegen, ob ein Rückgriff auf Art. 2 I GG möglich ist, wenn das speziellere Grundrecht deshalb nicht einschlägig ist, weil der Betroffene nicht in seinen persönlichen Schutzbereich fällt.[122]

> *Bsp.: Ein Ausländer fühlt sich durch eine Maßnahme in seiner Berufsfreiheit beeinträchtigt. Nach Art. 12 I GG genießen nur Deutsche das spezielle Grundrecht der Berufsfreiheit.*

Nach der wohl vorzugswürdigen Ansicht können sich Nicht-Deutsche in solchen Konstellationen auf den (freilich schwächeren) Schutz des Art. 2 I GG berufen (vgl. o. Rn. 39).

---

[121] Vgl. dazu näher Hemmer/Wüst, Staatsrecht I, Rn. 156 ff.
[122] Vgl. dazu näher Hemmer/Wüst, Staatsrecht I, Rn. 159.

§ 3 ÜBERBLICK ÜBER WICHTIGE GRUNDRECHTE

nicht speziell geschützte Tätigkeiten

3. Bedeutung erlangt Art. 2 I GG v.a. für Betätigungen, die von keinem speziellen Grundrecht geschützt sind.

Bspe. aus der Rechtsprechung des BVerfG: Die Veranstaltung von Sammlungen (E 20, 150, 154), das Führen eines Kraftrades ohne Schutzhelm (E 59, 275, 278) und das Reiten im Wald (E 80, 137, 154).

hemmer-Methode: Denken Sie an diese Auffangfunktion auch in Fällen aus der aktuellen öffentlichen Diskussion, in denen zunehmende staatliche Reglementierungen die Freiheit des Einzelnen (u.U. durchaus gut gemeint) einschränken, z.B. Verpflichtung zur Mülltrennung, Verbot von Cannabiskonsum oder Beschränkung des Rauchens in der Öffentlichkeit.

wichtige Sonderausprägungen

4. Zwei Sonderausprägungen dieses Schutzes nicht spezialgrundrechtlich erfasster Lebensbereiche sind die wirtschaftliche Handlungsfreiheit und das allgemeine Persönlichkeitsrecht.

- wirtschaftliche Handlungsfreiheit

a) Die wirtschaftliche Handlungsfreiheit hat Bedeutung für Formen wirtschaftlichen Handelns, die nicht bereits von Art. 12 I GG bzw. Art. 14 I GG erfasst sind, z.B. für den Abschluss von Verträgen als solchen oder für gelegentliche Tätigkeiten, die keinen Beruf darstellen.[123] Ausfluss der allgemeinen Handlungsfreiheit ist auch die Vertragsfreiheit (Privatautonomie).

- allgemeines Persönlichkeitsrecht

b) Der Schutz des allgemeinen Persönlichkeitsrechts wurde vom BVerfG aus den Art. 1 I GG und Art. 2 I GG entwickelt und umfasst die „engere persönliche Lebenssphäre (...) namentlich auch im Blick auf moderne Entwicklungen und die mit ihnen verbundenen neuen Gefährdungen für den Schutz der menschlichen Persönlichkeit".[124]

hemmer-Methode: Denken Sie an das allgemeine Persönlichkeitsrecht v.a. bei aktuelleren Fallbeispielen, bei denen in der öffentlichen Diskussion eine gewisse Sensibilität zu verspüren ist, so etwa bei statistischen Erhebungen („Recht auf informationelle Selbstbestimmung") oder Genomanalysen bei Arbeitsverträgen (vgl. oben Rn. 78) oder im Rahmen heimlicher Vaterschaftstests.[125]

Das BVerfG hat dabei eine – freilich z.T. heftig kritisierte – Abstufung nach der innersten (= Intim-) Sphäre, der Privat- oder Geheimsphäre und der äußeren (= Sozial-) Sphäre entwickelt („Sphärentheorie"), wobei Eingriffe mit zunehmendem Sozialbezug leichter zulässig sein sollen.[126]

---

[123] Zum Berufsbegriff vgl. unten Rn. 195.
[124] BVerfGE 54, 148 (153), aus der neueren Rechtsprechung vgl. BVerfG, NJW 1999, 2358.
[125] Hierzu BVerfG, Urteil vom 13.02.2007, 1 BvR 421/05 = LNRB 2007, 10599 = **Life & Law 2007, Heft 4.**
[126] Näher zum allgemeinen Persönlichkeitsrecht Hemmer/Wüst, Staatsrecht I, Rn. 162; aus zivilrechtlicher Sicht vgl. Hemmer/Wüst, Deliktsrecht I, Rn. 49 ff.

II. Eingriffe

Eingriff bei jeder Beeinträchtigung des weit gefassten Schutzbereiches

Dem umfassenden Schutzbereich entsprechend liegt in jeder belastenden staatlichen Maßnahme ein Eingriff in die allgemeine Handlungsfreiheit vor, wobei aber hier entweder auf den klassischen Eingriffsbegriff abgestellt (vgl. o. Rn. 101) oder sonst das Vorliegen eines Eingriffs besonders sorgfältig geprüft werden muss, um bloße „Belästigungen" ausscheiden zu lassen.

140

III. Schranken

Schranken: Sittengesetze, Rechte anderer und v.a. verfassungsmäßige Ordnung (= Gesamtheit der verfassungsgemäßen Normen)
⇨ v.a. Verhältnismäßigkeitsprüfung

Während die „Rechte anderer" und das „Sittengesetz" nur von geringerer Bedeutung sind,[127] ist die verfassungsmäßige Ordnung i.S.d. Art. 2 I GG regelmäßig zu prüfen. Dabei ist zu beachten, dass diese hier seit der sog. „Elfes"-Entscheidung (im Gegensatz z.B. zu Art. 9 II GG) - dem weiten Schutzbereich entsprechend - weit verstanden wird als die Gesamtheit aller Rechtsnormen, die formell und materiell verfassungsmäßig sind.[128] Die allgemeine Handlungsfreiheit kann damit durch alle gesetzlichen und untergesetzlichen Normen, sowie darauf basierendem Verwaltungshandeln eingeschränkt werden.

141

☑

hemmer-Methode: Eine entsprechend wichtige Rolle spielt gerade bei Art. 2 I GG die Prüfung der Schranken-Schranken, insbesondere des Grundsatzes der Verhältnismäßigkeit. Soweit Art. 2 I GG nicht subsidiär zurücktritt, liegt dort ein Schwerpunkt der Prüfung.

Berücksichtigen Sie hierbei in den Abwägungen, dass Art. 2 I GG Tätigkeiten der unterschiedlichsten sozialen Wertigkeit umfasst!

Beachten Sie schließlich noch, dass Entscheidungen des BVerfG gerne „getauft" werden: „Elfes-Urteil" (vgl. Rn. 141), „Solange I" und „Solange II" sowie „Maastricht-Urteil" (vgl. Rn. 47), „Lüth-Urteil" (vgl. Bsp. Rn. 169), „Mephisto-Beschluss" (Rn. 172) oder „Apotheken-Urteil" (vgl. Rn. 196) sind dafür nur exemplarische Beispiele. Solche „Schlagworte" ersetzen zwar keine eigene juristische Argumentation, gleichwohl zeichnet sich speziell die gute Verfassungsrechtsklausur auch durch die Integration wegweisender Rspr. aus. Wichtige Urteile sollten deshalb am besten anhand der Originalentscheidung durchgelesen werden, um sie in der Klausur auch gezielt einsetzen zu können.

---

[127] Vgl. dazu knapp Hemmer/Wüst, Staatsrecht I, Rn. 165.
[128] Grundlegend BVerfGE 6, 32, 37; vgl. auch Pieroth/Schlink, Rn. 440.

B) Allgemeine und spezielle Gleichheitsgrundsätze, Art. 3 GG[129]

Gleichheitsrechte ↔ Freiheitsrechte

Die Gleichheitsrechte und die Abwehrrechte stehen sich zwar nicht zusammenhangslos gegenüber, gleichwohl sind sie nach Regelungszweck und einschlägigen Sachverhalten so verschieden,[130] dass sie nicht in der Weise dargestellt werden sollen wie die übrigen Grundrechte, und auch ein eigenes Prüfungs-Schema vorgeschlagen wird. Dabei wird zunächst vom allgemeinen Gleichheitssatz (Art. 3 I GG) ausgegangen; im Anschluss werden die speziellen Gleichheitsverbürgungen des Art. 3 GG dargestellt.

142

I. Geltung des Gleichheitssatzes

Geltung des Gleichheitssatzes: für gesamte staatliche Gewalt

Über den Wortlaut des Art. 3 I GG hinaus („vor dem Gesetz") verpflichtet der Gleichheitssatz nicht nur Behörden und Gerichte bei der Anwendung von Gesetzen, sondern auch den Gesetzgeber selbst. Diese Rechtssetzungsgleichheit ist i.d.R. schwerer zu prüfen als die Rechtanwendungsgleichheit: Für Exekutive und Judikative ergeben sich die Differenzierungskriterien für mögliche Ungleichbehandlungen meist schon aus den Gesetzen, während die Legislative diese gerade - den Anforderungen des Art. 3 GG gerecht werdend - finden muss.

143

Grundrechtsträger sind alle natürlichen Personen. Wiederum über den Wortlaut („alle Menschen") hinausgehend nach Maßgabe des Art. 19 III GG auch juristische Personen (vgl. o. Rn. 40).

II. Anforderungen an den Gleichheitssatz

Der Gleichheitssatz gebietet grundsätzlich, Gleiches gleich und Ungleiches seiner jeweiligen Eigenart nach ungleich zu behandeln.[131]

144

Problematisch ist an dieser Formel, dass es in der Realität niemals zwei völlig gleiche Sachverhalte gibt, sodass auf die Gleichheit hinsichtlich des für die Regelung ausschlaggebenden Merkmals abzustellen ist, z.B. auf die Eigenschaft als Eigentümer, Soldat, Familienvater, etc.

Um Inhalt und Gründe der möglichen Ungleichbehandlung deutlich heraus zu arbeiten, müssen die Vergleichsgruppen allerdings durch das gemeinsame Tatbestandsmerkmal (sog. tertium comparationis) abschließend erfasst sein, d.h. es sollten keine weiteren Gruppen der gemeinsamen Obergruppe angehören.

---

[129] Vgl. dazu näher Hemmer/Wüst, Staatsrecht I, Rn. 177 ff.

[130] Der Unterschied spiegelt sich z.B. auch in der Rechtsfolge wieder, dass bei Verstößen gegen Art. 3 I GG das BVerfG Gesetze z.T. nicht für nichtig, sondern nur für mit dem Grundgesetz unvereinbar erklärt, damit kein „noch verfassungswidrigeres Vakuum" entsteht. Dem Gesetzgeber wird dann die Schaffung einer anderen Regelung aufgetragen, vgl. näher Hemmer/Wüst, Staatsrecht I, Rn. 79, 186.

[131] So oder ähnlich die ständige Formulierung des BVerfG seit E 1, 14 (52); vgl. auch Jarass/Pieroth, Art. 3 GG, Rn. 5.

Entsprechende Anforderungen stellt der Gleichheitssatz auch an die Gleichbehandlung von Ungleichem, sodass ein ähnliches Vorgehen möglich wäre. Es empfiehlt sich jedoch, wenn möglich, durch Suche nach geeigneten Vergleichsgruppen aus dem Gleichbehandlungs- ein Ungleichbehandlungsproblem zu machen.

Bsp.:[132] *Während Bahnhofsapotheken den Ladenschlusszeiten für Apotheken unterworfen sind, d.h. außerhalb der allgemeinen Ladenschlusszeiten nur im Rahmen des Notdienstes geöffnet haben dürfen, können sonstige Bahnhofsgeschäfte ihren Betrieb rund um die Uhr geöffnet haben.*

Man könnte nun also eine ungerechtfertigte Gleichbehandlung zwischen Bahnhofsapotheken und sonstigen Apotheken oder aber eine unzulässige Ungleichbehandlung zwischen Bahnhofsapotheken und sonstigen Bahnhofsgeschäften prüfen.

allerdings Rechtfertigung von Ungleichbehandlungen möglich:

Allerdings können Ungleichbehandlungen gerechtfertigt sein, da auch die im obigen Sinne „gleichen" Sachverhalte (z.B. alle Soldaten) nicht völlig identisch sind (so gibt es Soldaten beim Heer, bei der Marine, bei der Luftwaffe, etc.). Dabei verfolgt der Gesetzgeber mit diesen Ungleichbehandlungen i.d.R. ein bestimmtes Ziel und bedient sich bestimmter Mittel.

- Differenzierungsziel

Das Differenzierungsziel ergibt sich dabei durch Auslegung des Gesetzes und seine Zulässigkeit aus anderen verfassungsrechtlichen Wertvorgaben.

Bsp.: So läge einer unterschiedlichen steuerlichen Belastung von Anlagen nach ihren Emissionen das legitime Ziel des Umweltschutzes (vgl. Art. 20a GG) zugrunde.

Verheiratete Beamte länger nicht zu befördern, um somit die Ehelosigkeit der Beamten zu fördern (da sich die Ehe negativ auf die Arbeitsmoral auswirken soll), wäre dagegen wegen Art. 6 I GG ein unzulässiges Ziel.

hemmer-Methode: Zu beachten ist, dass gerade hinsichtlich des Differenzierungsziels dem Gesetzgeber ein weiter Beurteilungsspielraum zusteht, d.h. man wird es nur als unzulässig erachten können, wenn eindeutig verfassungsrechtliche Vorgaben verletzt sind, nicht schon, wenn einem selbst das Ziel nicht opportun erscheint.

- Differenzierungskriterium

Das Differenzierungskriterium ist nur zulässig, wenn es zur Erreichung des Ziels geeignet, erforderlich und angemessen (vgl. o. Rn. 117 ff.) ist.

---

[132] BVerfGE 13, 225.

§ 3 ÜBERBLICK ÜBER WICHTIGE GRUNDRECHTE

Willkürverbot

Ohne genau nach Differenzierungsziel und -mittel zu trennen, wird häufig formuliert, die Ungleichbehandlung dürfe nicht „willkürlich" erfolgen.[133]

149

Diese Begrifflichkeit zeigt einerseits den weiten Beurteilungsspielraum des Gesetzgebers, kann aber andererseits „übers Ziel hinausschießen", wenn man über Art. 3 I GG auf diese Weise Gesetze einer allgemeinen Gerechtigkeitskontrolle unterziehen will.

„neue Formel"

Deshalb verwendet das BVerfG die (heute immer noch so bezeichnete) „Neue Formel",[134] nach der eine Ungleichbehandlung, vornehmlich bei personenbezogenen Differenzierungen,[135] nur dann gerechtfertigt sein kann, wenn „zwischen beiden Gruppen (...) Unterschiede von solcher Art und solchem Gewicht bestehen, dass sie die ungleiche Behandlung rechtfertigen können". Es erfolgt also anders als bei nur sachbezogenen Differenzierungen keine bloße Willkürkontrolle, sondern es wird eine Rechtfertigung der Differenzierung verlangt. Diese Formel führt zu einer engeren, der oben genannten Unterscheidung zwischen Differenzierungsziel und Differenzierungskriterium eher angenäherten Verhältnismäßigkeitsprüfung

150

III. Prüfung in der Klausur

Prüfungsschema für Klausur

Nach dem oben Dargestellten ergibt sich folgendes ausführliches Prüfungsschema:

151

Prüfungsschema zu Art. 3 I GG:

1. Ausscheiden besonderer Gleichheitssätze, somit Anwendbarkeit des Art. 3 I GG
2. Evtl. kurzes Skizzieren der Anforderungen an den allgemeinen Gleichheitssatz, etwa anhand der neuen Formel
3. Darstellung der ungleich behandelten Vergleichsgruppen unter Benennung einer Obergruppe
4. Darstellung und Prüfung von Differenzierungsziel und -kriterium, insbesondere Prüfung der Verhältnismäßigkeit i.e.S.

---

[133] Vgl. z.B. BVerfGE 50, 142 (162); auch E 71, 39, 53, 58, BayVerfGH, BayVBl. 1999, 461; 493.
[134] Grundlegend BVerfGE 55, 72 (88).
[135] Vgl. BVerfG, NJW 2009, 48 ff. = **Life & Law 2009, 194**.

Das Schema kann freilich verknappt angewendet werden, wenn kein Schwerpunkt der Klausur auf Art. 3 I GG liegt, z.B. wenn sich der Betroffene durch ein Landesgesetz ungleich im Verhältnis zu den Bewohnern anderer Länder behandelt fühlt, da unstreitig Art. 3 I GG nur für die Behandlung durch jeweils den gleichen Hoheitsträger gilt.

hemmer-Methode: Gerade die Prüfung von Art. 3 I GG verlangt ein ausgeprägtes Argumentationsvermögen! Wenngleich die Frage der Gleich- bzw. Ungleichbehandlung letztlich mit dem sog. „gesunden Menschenverstand" beurteilt wird, so muss die Argumentation unter Ausführung der Differenzierungskriterien und Vergleichsgruppen in einem übersichtlichen Konzept ausgeführt und somit nachvollziehbar gestaltet werden.

IV. Besondere Gleichheitssätze, insbesondere Art. 3 II, III GG[136]

Art. 3 II GG: Geschlechtergleichbehandlung

1. Durch Art. 3 II GG ist die Gleichberechtigung von Männern und Frauen noch einmal speziell grundrechtlich geschützt, wobei der 1994 neu aufgenommene Art. 3 II S. 2 GG klarstellt, dass auch Maßnahmen zulässig bzw. sogar geboten sein können, die durch eine momentane Ungleichbehandlung (i.d.R. zugunsten der Frauen) eine Angleichung in Bereichen noch bestehender gesellschaftlicher Ungleichheiten anstreben.

152

Bsp.: Das BVerfG entnimmt in seinem Urteil zur Feuerschutzabgabe[137] Art. 3 III GG das Diskriminierungsverbot und Art. 3 II GG „lediglich" ein Gleichbehandlungsgebot.

hemmer-Methode: Verfolgen Sie zu dieser Problematik auch die aktuelle juristische und politische Diskussion z.B. über Frauenquoten u.Ä. Achten Sie darauf, dass gerade in diesem Zusammenhang auch immer wieder wichtige Entscheidungen des Europäischen Gerichtshofes ergehen, insbesondere im Bereich des Arbeitsrechts.[138]

Ungleichbehandlung nur bei objektiven biologischen Unterschieden

Unterscheidungen können ferner gerechtfertigt sein, wo diese auf „objektiven biologischen und funktionalen Unterschieden" beruhen, wobei besonders hinsichtlich der „funktionalen Unterscheidung" stets genau zu prüfen ist, ob es sich insoweit nicht nur um sozial tradierte Vorstellungen handelt, die eine Ungleichbehandlung gerade nicht rechtfertigen.[139]

153

---

[136] Vgl. dazu und zu weiteren Diskriminierungsverboten im Grundgesetz Hemmer/Wüst, Staatsrecht I, Rn. 188 ff.
[137] BVerfGE 92, 91 a.A. Jarass/Pieroth, Art. 3 GG, Rn. 67.
[138] Vgl. bspw. EuGH, NJW 2000, 2653, vgl. auch DVBl. 2000, 1760.
[139] Im Hinblick auf Art. 3 III GG ist auch die auf Männer beschränkte Wehrpflicht problematisch. Das BVerfG geht auf diese Frage in seinen neueren Entscheidungen zur Wehrpflicht nicht ein; BVerfG, DVBl. 2002, 769, 771.

Art. 3 III GG: verbotene Differenzierungskriterien

2. Seine größte Bedeutung erhält Art. 3 III GG durch die Klarstellung, dass die dort genannten Merkmale keinesfalls verfassungsrechtlich zulässige Diskriminierungskriterien sind.

3. Neben den Gleichheitssätzen des Art. 3 GG enthält das Grundgesetz noch einige weitere speziellere Gleichheitssätze bzw. Diskriminierungsverbote, so z.B. Art. 6 I[140], 38 I S. 1,[141] 33 III GG (jeweils lesen!).

hemmer-Methode: Im Rahmen des Art. 6 I GG war im Zusammenhang mit der Einführung des LPartG[142] heftig diskutiert worden, ob sich dieser Norm neben dem Verbot, die Ehe schlechter zu stellen als andere Lebensformen, auch ein Gebot entnehmen lässt, nachdem die Ehe zwingend besser zu stellen ist als alle anderen Lebensformen.[143] Begründet wurde dies damit, dass andernfalls der Schutz der Ehe kein „besonderer" mehr sei i.S.d. Art. 6 I GG. Das BVerfG lehnt diesen Ansatz ab. Der Schutz der Ehe ist schon deshalb ein besonderer, da nur die Ehe von Verfassungs wegen garantiert ist. Während die Lebenspartnerschaft auch wieder abgeschafft werden kann, steht die Ehe nicht zur Disposition des Gesetzgebers.[144]

C) Religions- und Gewissensfreiheit, Art. 4 GG

Im Grundgesetz ist die Religions- und Gewissensfreiheit zum einen im Grundrechtskatalog in Art. 4 GG geregelt, zum anderen enthält Art. 140 GG i.V.m. den Vorschriften der Weimarer Reichsverfassung zusätzliche Regelungen.

I. Schutzbereich

1. Abgrenzungen und Definitionen

h.M.: einheitl. Schutzbereich des Art. 4 GG, nur klarstellender Charakter des Art. 4 II GG

Das BVerfG und ihm folgend die h.L. sehen in Art. 4 GG ein umfassendes Grundrecht auf Religions-, Weltanschauungs- und Gewissensfreiheit, wobei Art. 4 I GG umfassenden Schutz des sog. „forum internum" aber auch des Bekenntnisses und des dem entsprechenden Handelns, insbesondere des kultischen Handelns und der Verbreitung, gewährt.[145] Art 4 II GG hat nur noch klarstellenden Charakter und ist auch insoweit zu eng, als hier der Wortlaut nur auf die Religionsausübung abstellt.

---

[140] Vgl. BVerfG, NJW 1999, 557; BVerfG, FamRZ 2005, 2047 = **Life & Law 2006, Heft 1**.
[141] Vgl. zu diesem Grundrecht die Problematik der Überhangmandate und der Gleichheit der Wahl BVerfG, NJW 1997, 153 ff.; BVerfG, NJW 1999, 43.
[142] Gesetz zur Beendigung der Diskriminierung gleichgeschlechtlicher Lebenspartnerschaften, Schönfelder Nr. 43.
[143] M.w.N. Diederichsen, „Homosexuelle – von Gesetzes wegen?", NJW 2000, 1841.
[144] BVerfG, NJW 2002, 2543.
[145] Vgl. schon BVerfGE 12, 1 (3); E 32, 98 (106).

Glaube: Überzeugung von Stellung des Menschen in der Welt

Glaubensfreiheit bedeutet dabei die Freiheit, sich eine (nach vorzugswürdiger Ansicht religiöse oder auch areligiöse[146]) Überzeugung von der Stellung des Menschen in der Welt und seiner Beziehung zu höheren Mächten und tieferen Seinsschichten zu bilden. Geschützt ist nach BVerfG nicht nur das Recht zu glauben, das sog. „forum internum", sondern auch das Recht, sein gesamtes Leben danach auszurichten, das sog. „forum externum".

Dabei gibt es insbesondere keine Beschränkung auf christliche Traditionen.[147]

hemmer-Methode: Art. 4 GG kann schon aus Gründen der staatlichen Neutralität nicht auf die althergebrachten und bekannten Glaubensrichtungen beschränkt sein, sondern muss auch offen sein für „neue" Religionen.

Gewissen: Phänomen, dessen Forderungen evidente Gebote unbedingten Sollens sind

Gewissen i.S.d. Art. 4 I GG wird vom BVerfG als „real erfahrbares seelisches Phänomen, dessen Forderungen (...) unmittelbar evidente Gebote unbedingten Sollens sind", definiert. Eine Gewissensentscheidung soll jede ernste sittliche, d.h. an den Kategorien von „Gut" und „Böse" orientierte Entscheidung sein.[148]

154c

2. Negative und kollektive Freiheit

auch kollektive Freiheit geschützt

Obwohl Glauben und Gewissen an sich sehr persönliche Dinge sind, ist anerkannt, dass Art. 4 GG auch die kollektive Freiheit, insbesondere also auch eine Religionsgemeinschaft als solche schützen kann.[149]

154d

In dieser Funktion verstärkt Art. 4 GG noch den Schutz, der durch die staatskirchenrechtlichen Bestimmungen des Art. 140 GG i.V.m. Art. 137 ff. WRV gewährt wird, welche in diesem Rahmen aber nicht näher dargestellt werden sollen.[150]

Negative Glaubensfreiheit

Eine besondere Bedeutung spielt bei Art. 4 GG auch die sog. negative Bekenntnis- oder Glaubensfreiheit.

Ein wichtiges Beispiel ist das Kopftuch der islamischen Lehrerin. Hier wird in die negative Glaubensfreiheit der Schüler bzw. der Eltern eingegriffen, da die Kinder unter dem Zeichen eines für sie fremden Glaubens lernen müssen. Allerdings geht es auch um die positive Glaubensfreiheit der Lehrerin, sodass eine Abwägung der widerstreitenden Grundrechtspositionen vorzunehmen ist.

---

146 BVerwGE 90, 1 (4).
147 BVerfG, NJW 1989, 3269 zur „Transzendentalen Meditation".
148 E 12, 45 (54 f.).
149 Vgl. BVerfGE 19, 129 (132); 23, 236 (243); Steiner, JuS 1982, 157 (159).
150 Dazu knapp z.B. Pieroth/Schlink, Rn. 592 ff.; Maunz/Zippelius, § 27; Steiner, JuS 1982, 157 (165 f.); lesenwert auch Renck, JuS 1989, 451 ff.

Angesichts der Bekenntnisfreiheit der Schule, vgl. Art. 140 GG, Art. 137 I WRV, Art. 7 GG und des Erziehungsrechts der Eltern muss nach h.M. die Religionsfreiheit der Lehrerin, die (anders als die Schüler) freiwillig diesen Beruf gewählt hat, zurückstehen.[151]

II. Eingriffe

Eingriffe: z.B. Verbote und Verletzung der staatl. Neutralität

Eingriffe in das Grundrecht des Art. 4 GG liegen v.a. in Verletzungen der staatlichen Neutralitätspflicht und im Verbot oder der Beeinträchtigung eines bestimmten Denkens, Bekennens oder Handelns, das vom Schutzbereich umfasst wird.

154e

Wichtig ist hier auch der mittelbare, faktische Eingriff, etwa dann, wenn durch staatliche Stellen vor bestimmten neuen Religionsgemeinschaften gewarnt wird.[152]

III. Schranken

keine geschriebenen Schranken

Art. 4 GG ist dem Wortlaut nach schrankenlos gewährleistet, sodass sich die Frage nach der Schrankengewinnung stellt.

154f

Der Ansatz, die Schrankenvorbehalte aus Art. 140 GG, Art. 136, 137 WRV zu übertragen, widerspricht der Systematik des Grundgesetzes.[153] Dieser Ansatz wird von der h.M. allenfalls für den Bereich der kollektiven Religionsfreiheit vertreten, und auch da nur für das Auftreten der Religionsgemeinschaften nach außen.

h.M.: nur kollidierendes Verfassungsrecht

Wichtig für die Klausur ist deshalb auch hier die Einschränkungsmöglichkeit durch kollidierendes Verfassungsrecht, wobei hier insbesondere negative und positive Bekenntnisfreiheit einander begrenzen können.[154] Bei der Abwägung kann es (den allgemeinen Regeln entsprechend) dann zum einen eine Rolle spielen, welcher Bereich betroffen ist (z.B. wird das forum internum kaum mit einem anderen Recht kollidieren können), zum anderen ob der Kernbereich der Religionsausübung oder nur ihre Peripherie betroffen ist.

---

151 BVerwG, NJW 2004, 3581 = BayVBl. 2005, 24 = Life & Law 2005, 54 ff.
152 Vgl. oben Rn. 102.
153 Vgl. oben Rn. 125.
154 BVerwG, NJW 2004, 3581 = BayVBl. 2005, 24 = Life & Law 2005, 54 ff. (Kopftuchgesetz des Landes Baden-Württemberg).

D) Meinungs-, Informations-, Presse- und Rundfunkfreiheit, Art. 5 I GG[155]

GRe d. Art. 5 I GG

Art. 5 I GG enthält genau genommen fünf Freiheitsgarantien:

Übersicht zu Art. 5 I GG:

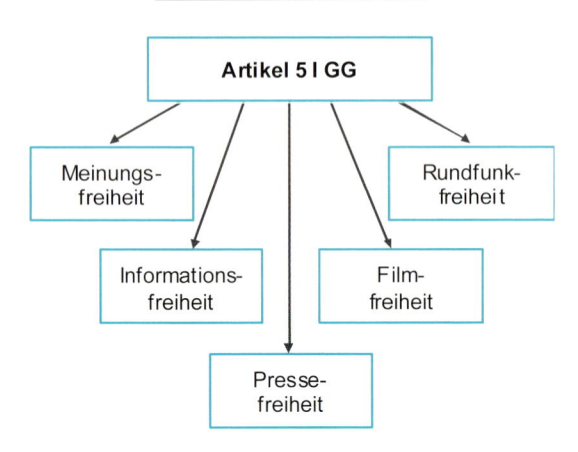

```
                    Artikel 5 I GG
          ┌──────────┬────┬──────────┐
     Meinungs-                    Rundfunk-
     freiheit                     freiheit
     
     Informations-          Film-
     freiheit               freiheit
     
              Presse-
              freiheit
```

Kommunikationsgrundrecht

Da diese Garantien alle kommunikatives Verhalten betreffen, wird Art. 5 I GG auch als „Kommunikationsgrundrecht" bezeichnet, und das BVerfG betont oft seine Bedeutung „für eine freiheitlich-demokratische Staatsordnung".[156] Der besseren Übersichtlichkeit halber werden hier jeweils Schutzbereich und Eingriff für die einzelnen Garantien zusammen dargestellt.

I. Schutzbereich und Eingriff

1. Meinungsfreiheit

Die Meinungsfreiheit ist die übergeordnete Freiheitsgarantie in Art. 5 I GG, weshalb viele hier genannte Gesichtspunkte auch für die anderen Garantien gelten. Außerdem ist zu beachten, dass z.B. Presse- und Rundfunkfreiheit z.T. als leges speciales vorgehen können.[157]

Meinungsäußerung ⇔ Tatsachenäußerung

a) Meinungsäußerungen i.S.d. Art. 5 I GG sind zu unterscheiden von (als solchen nicht geschützten) Tatsachenäußerungen und zeichnen sich durch ein Element wertender Stellungnahme aus, während Tatsachenäußerungen grds. objektiv nach den Kategorien richtig und falsch überprüft werden können.

---

[155] Vgl. dazu Hemmer/Wüst/, Staatsrecht I, Rn. 200 ff.
[156] Vgl. bereits BVerfGE 7, 198 (208).
[157] Zum Verhältnis von Meinungs- und Pressefreiheit vgl. Hemmer/Wüst, Staatsrecht I, Rn. 206 a.E. m.w.N.

Allerdings ist die h.M. insoweit großzügig, als eine Meinungsäußerung schon dann vorliegt, wenn mit dem Tatsachenvortrag zusammen eine wertende Stellungnahme erfolgt. Außerdem kann eine Tatsachenäußerung auch deshalb unter den Schutzbereich des Art. 5 I S. 1 GG fallen, da sie zur Begründung oder Bildung einer Meinung dienen kann.

hemmer-Methode: Denken Sie ferner daran, dass Meinungen nicht nur klassisch, also z.B. mit Handzetteln oder einem Megaphon, geäußert werden können. Große Bedeutung hat Art. 5 I GG – insoweit mit Art. 8 GG korrespondierend - z.B. auch bei Demonstrationen, die durchaus schweigend ablaufen können.

Meinungsäußerung großzügig ausgelegt

Somit genießen fast alle Äußerungen den Schutz des Art. 5 I GG, soweit nicht bloße Angaben zu statistischen Zwecken o.Ä. vorliegen. Außerdem sollen bewusst falsche Tatsachen und Zitate aus dem Schutzbereich fallen.[158]

Bsp.: Eine als unwahre Tatsachenbehauptung nicht dem Schutz des Art. 5 I GG unterstellte Äußerung ist die Leugnung der Judenverfolgung im Dritten Reich.[159]

Dagegen soll die Leugnung der Kriegsschuld Deutschlands am Zweiten Weltkrieg als überwiegend wertungs- und damit meinungsbestimmte Äußerung vom Schutzbereich erfasst sein, da eine zu starke Gewichtung der Tatsachenelemente den Schutz des Art. 5 I GG zu stark einschränken würde.[160]

Eingriffe

b) Eingriffe in die Meinungsfreiheit liegen vor, wenn durch Verbote die Meinungsäußerung überhaupt, eine bestimmte Meinung oder die Äußerung einer Meinung in einer bestimmten Weise untersagt bzw. zum Anknüpfungspunkt negativer Sanktionen gemacht wird. Außerdem kann ein Eingriff auch durch rein faktische, schutzbereichsverkürzende Maßnahmen stattfinden.

2. Informationsfreiheit

Informationsfreiheit: schützt v.a. Adressaten der Nachricht

a) Art. 5 I Alt. 2 GG schützt die Freiheit, sich aus allgemein zugänglichen Quellen ungehindert zu unterrichten. Die eigene Bedeutung gegenüber der Meinungsfreiheit erlangt die Informationsfreiheit dadurch, dass sie den Adressaten einer Information gerade in seiner aktiven Funktion schützt.

allgemein zugängliche Quelle

Unter einer „allgemein zugänglichen Quelle" ist der Träger, aber auch der Inhalt einer Information gemeint, die an einen nicht abgegrenzten Personenkreis gerichtet ist.

---

[158] Beispiele u. Nachweise zur umfangreichen Kasuistik gerade in neuerer Zeit in Hemmer/Wüst, Staatsrecht I, Rn. 200 f.
[159] Vgl. BVerfGE 90, 241 = NJW 1994, 1779.
[160] Vgl. BVerfGE 90, 1 = NJW 1994, 1781.

Der allgemein zugänglichen Quelle ist die Quelle gleichzustellen, die verfassungswidrig verschlossen ist.[161]

Nicht geschützt ist die rechtswidrige Informationsbeschaffung (etwa durch Industriespionage), wobei hier regelmäßig schon keine „allgemein zugänglichen Quellen" vorliegen werden.

Eingriffe

b) Eingriffe liegen im Ausschluss von einem Informationsmedium, wobei u.U. auch eine nicht unerhebliche Verzögerung genügen kann. Da die „ungehinderte" Unterrichtung garantiert wird, sind Eingriffe auch schon bei psychischen Erschwernissen, z.B. der Registrierung aller Käufer einer Zeitschrift, möglich.[162]

3. Pressefreiheit

Pressebegriff

a) Der Begriff der Presse ist in vielen Landespressegesetzen legaldefiniert. Diese können als einfachgesetzliche Regelungen zwar die Verfassung nicht verbindlich interpretieren, allerdings entsprechen die meisten Legaldefinitionen in etwa dem verfassungsrechtlichen Pressebegriff, der alle, d.h. nicht nur periodisch erscheinende, Druckerzeugnisse erfasst, die zur Verbreitung geeignet und bestimmt sind.

Schutz von Informationsverschaffung bis Nachrichtenverbreitung

Geschützt werden die pressespezifischen Tätigkeiten „von der Beschaffung der Information bis zur Verbreitung der Nachricht" und alle „im Pressewesen tätigen Personen".[163] Der Schutz ist dabei nicht von einem bestimmten Darstellungsniveau abhängig.

☑ **hemmer-Methode: Ein Comic-Heftchen ist damit grds. genauso geschützt wie eine Boulevardzeitung, diese wiederum wie ein politisch orientiertes Nachrichtenmagazin! Anderer Ansicht ist zum Teil der Europäische Gerichtshof für Menschenrechte, der unter die Pressfreiheit nur die Druckwerke subsumiert, an deren Inhalt ein berechtigtes Informationsinteresse der Öffentlichkeit besteht.
Unterschiede könnten sich aber bei der Güterabwägung ergeben, wenn in die Verhältnismäßigkeitsprüfung die Bedeutung der Pressefreiheit als solcher im demokratischen Staatswesen mit eingeht.**

Eingriffe

b) Eingriffe können grds. in der gleichen Art vorliegen wie bei der Meinungsfreiheit (vgl. o. Rn. 158), wobei die Pressefreiheit im Vorfeld der Informationsverbreitung natürlich wesentlich sensibler ist, soweit es z.B. um Erschwernisse bei der Informationsbeschaffung o.Ä. geht.[164]

---

[161] BVerfGE 103, 44 ff.
[162] Beachten Sie auch BVerfG, NJW 1994, 1147: Das Recht des Mieters auf eine Parabolantenne besteht u.U. auch, wenn ein Kabelanschluss vorliegt.
[163] BVerfGE 20, 162 (175 f.).
[164] Die Pressefreiheit ist auch wichtig als objektive Werteordnung unabhängiger Presse beim Verbot staatlicher Pressesubventionen. Vgl. BVerfGE 80, 124 (134).

☑ **hemmer-Methode:** Achten Sie darauf, dass sich die Pressefreiheit über die mittelbare Drittwirkung der Grundrechte auch im Zivilrecht beim Eingriff ins Persönlichkeitsrecht auswirken kann, so z.B. bei der Frage, ob ein Widerruf oder sogar eine Geldentschädigung geschuldet wird: Ob das entsprechende Presseorgan zum Widerruf verpflichtet ist, ergibt sich dann durch eine entsprechende Güterabwägung i.R.d. § 823 BGB.[165]

4. Rundfunkfreiheit

Begriff des Rundfunks

Der Begriff des Rundfunks umfasst – über den allgemeinen Sprachgebrauch hinaus – jede an eine Vielzahl von Personen gerichtete Übermittlung von Gedankeninhalten i.w.S. durch physikalische, insbesondere elektromagnetische Wellen, ohne Rücksicht darauf, ob dies drahtlos oder über Leitungen erfolgt.[166] **163**

Geschützt sind also Hörfunk, Fernsehen, aber grds. auch neue Medien wie Btx, Videotext, etc.

Von größerer Bedeutung als die Freiheit des Einzelnen, einen Rundfunksender zu betreiben o.Ä., ist die Frage der Programmgestaltung, zu der eine Reihe von wichtigen Urteilen ergangen ist.[167] **164**

Diese diffizilen und für die Klausur nur bedingt geeigneten Probleme sollen aber i.R.d. Basics-Skripts ausgeklammert bleiben.[168]

☑ **hemmer-Methode:** Denkbar wäre eine Aufgabenstellung zur Funktion der Rundfunkfreiheit als Abwehrrecht des Einzelnen noch am ehesten in Form eines neuen Mediums bzw. eines etwas atypischen Falles, bei dem Sie dann erst das Vorliegen von „Rundfunk" zu untersuchen haben.[169] Bei den neuen Medien ist zu beachten, dass die Verfassungsauslegung an die technische Entwicklung angeglichen werden muss, um auch heute den beabsichtigten Schutz zu gewähren. Bei vielen neuen Medien ist auch zudem zu berücksichtigen, dass sie auf Interaktion angelegt sind, sodass zu fragen ist, ob mehr die unbestimmte Anzahl möglicher Adressaten oder die individuelle Kommunikation (dann möglicherweise Schutz über Art. 10 GG!) prägend sind.

---

[165] Vgl. BVerfG, NJW 1998, 1381, zur Gegendarstellung.
[166] Vgl. Pieroth/Schlink, Rn. 654.
[167] Einen Überblick über einige der sog. Rundfunkurteile geben Richter/Schuppert, 163 - 170.
[168] Vgl. dazu knapp Hemmer/Wüst, Staatsrecht I, Rn. 208 m.w.N.
[169] Vgl. z.B. die Konstellation in BVerfG, NJW 1993, 1190, in der ein Geistlicher einen privaten Sender zu gottesdienstlichen Zwecken betrieben hat. Diese Entscheidung ist auch wegen weiterer verfassungsrechtlicher Probleme lesenswert. Problematisch im Hinblick auf die unbestimmte Vielzahl von Personen wären auch die in manchen Kaufhäusern und Supermärkten ausgestrahlten „Haussender".

II. Schranken

Schranken: Gesetze zum Schutz der Jugend und der persönlichen Ehre und v.a. „allgemeine Gesetze"

Eines der wichtigsten Klausurprobleme i.R.d. des Art. 5 I GG beinhaltet der qualifizierte Schrankenvorbehalt des Art. 5 II GG (lesen!). Dabei machen die Gesetze zum Schutz der Jugend und der persönlichen Ehre meist keine großen Schwierigkeiten, zu diskutieren ist dagegen regelmäßig der Begriff der „allgemeinen Gesetze". 165

„allgemein" nicht nur „allgemein geltend"

1. Dabei ist unstreitig, dass „allgemeine Gesetze" nicht schon alle die sind, die für jedermann gleichermaßen gelten, da Art. 5 II GG insoweit keine über Art. 19 I GG hinausgehende Bedeutung hätte. Die weitere Bedeutung des Begriffes war dagegen schon zur vergleichbaren Gewährleistung durch Art. 118 WRV umstritten. 166

Sonderrechtslehre und Abwägungslehre

2. Während nach der sog. Sonderrechtslehre allgemeine Gesetze solche sein sollten, die eine Meinung nicht als solche verbieten, also kein „Sonderrecht" gegen eine Meinung darstellen, waren nach der sog. Abwägungslehre solche Gesetze allgemeine, die ein Rechtsgut schützen, weil es bei einer Güterabwägung höher zu gewichten sei als die Meinungsäußerung. 167

⇨ vom BVerfG kombiniert

Als Synthese dieser beiden Ansätze arbeitet das BVerfG mit der Formel, allgemeine Gesetze seien solche, „die nicht eine Meinung als solche verbieten und die sich nicht gegen die Äußerung der Meinung als solche richten, sondern die dem Schutz eines schlechthin, ohne Rücksicht auf eine bestimmte Meinung zu schützenden Rechtsguts dienen, das gegenüber der Betätigung der Meinungsfreiheit den Vorrang hat".[170] 168

hemmer-Methode: Für die Klausur empfiehlt sich danach ein zweistufiger Aufbau, nach dem zuerst zu fragen ist, ob sich das Gesetz gegen die Meinungsfreiheit als solche richtet (wobei die Rechtsprechung hier großzügig verfährt), und anschließend eine Güterabwägung zwischen Schutz der Meinungsfreiheit und dem geschützten Verfassungsgut vorzunehmen ist.

III. Schranken-Schranken

1. Als spezielle Ausprägung des Verhältnismäßigkeitsgrundsatzes hat das BVerfG die sog. Wechselwirkungslehre entwickelt,[171] wonach das beschränkende Gesetz seinerseits wieder im Lichte des Grundrechts auszulegen und in seiner „diese Grundrechte beschränkenden Wirkung wieder selbst einzuschränken" ist.

---

[170] Grundlegend BVerfGE 7, 198 (209 f.); seitdem st. Rspr. und in den Grundzügen auch Ansatz der h.L.

[171] Grundlegend E 7, 198 (207 ff.); vgl. auch ausführlich E 35, 202 (219 ff.).

§ 3 ÜBERBLICK ÜBER WICHTIGE GRUNDRECHTE

Schranken-Schranke: Wechselwirkungslehre

Bsp.:[172] L, der Leiter einer Pressestelle einer Großstadt, ruft bei der Eröffnung eines Filmfestivals dazu auf, den neuen Film des Regisseurs H nicht in den Kinos zu zeigen, da H früher in seinen Filmen „für die mörderische Judenhetze der Nazis" geworben hat. Die D-GmbH, die den neuen Film des H im Verleih hatte, erwirkte ein Unterlassungsurteil gegen L.

169

Nach dem weiteren Meinungsbegriff der h.M. hat L hier unproblematisch eine Meinung geäußert. In § 826 BGB, auf den die Unterlassungsklage gestützt war, könnte aber eine zulässige Schranke in Form eines allgemeinen Gesetzes liegen. § 826 BGB richtet sich nicht gegen die Meinungsfreiheit als solche und kann (abstrakt) auch wichtigere Rechtsgüter schützen. § 826 BGB ist somit ein allgemeines Gesetz i.S.d. Art. 5 II GG. Allerdings ist § 826 BGB seinerseits wieder im Lichte des Art. 5 GG zu sehen und zu interpretieren (Wechselwirkungslehre). Dadurch wird eine Güterabwägung im konkreten Einzelfall erforderlich, die hier nach Ansicht des BVerfG dazu führte, dass das Unterlassungsurteil aufzuheben sei.

hemmer-Methode: Hier findet eine Güterabwägung statt, bei der Sie - wie sonst auch - in der Verhältnismäßigkeit gewohnt argumentieren können. Sie sollten jedoch den speziellen Begriff der Wechselwirkungslehre ausdrücklich erwähnen und erläutern.
Nicht ganz einfach erscheint allerdings der Aufbau im Verhältnis zum „Abwägungslehreelement" in der Formel des BVerfG. Denkbar wäre folgendes Vorgehen: Nachdem Sie bei den Schranken festgestellt haben, dass ein allgemeines Gesetz i.S.d. „Sonderrechtslehreelements" vorliegt, prüfen Sie als zusätzliches Kriterium, dass das geschützte Rechtsgut abstrakt zumindest vorrangig sein kann.
Bei den Schranken-Schranken erwähnen Sie nach Geeignetheit und Erforderlichkeit als spezielle Ausprägung der Verhältnismäßigkeit i.e.S. die Wechselwirkungslehre, bei der es dann v. a. um die konkrete Gewichtung im Einzelfall geht.

2. Nach h.M. bildet das Zensurverbot des Art. 5 I S. 3 GG eine weitere spezielle Schranken-Schranke, welche folglich auch nicht unter den Voraussetzungen des Art. 5 II GG stattfinden darf. Gemeint ist dabei nach h.M. nur die sog. Vor- oder Präventivzensur.

E) Kunst- und Wissenschaftsfreiheit, Art. 5 III GG

170

Zensurverbot, Art. 5 I S. 3 GG (h.M.: nur Vorzensur)

Die Freiheitsgarantien des Art. 5 III GG dürften zwar nicht ganz die Klausurbedeutung des Art. 5 I GG erreichen, spielen aber ebenfalls oft eine Rolle, wobei hier typischerweise zwei Problemschwerpunkte auftauchen: der Begriff der „Kunst" (weniger der der „Wissenschaft") bei der Bestimmung des Schutzbereichs und die Rechtfertigung eines Eingriffs in die schrankenlos gewährleisteten Garantien.

---

[172] Nach BVerfGE 7, 198 („Lüth-Urteil"), wichtig zu diesem Bereich auch BVerfGE 25, 256 („Blinkfuer").

I. Schutzbereich

Schutzbereich des Art. 5 III GG

- **Kunstfreiheit**
  ⇨ formaler
  ⇨ materieller
  ⇨ offener Kunstbegriff

- **Wissenschaftsfreiheit**
  ⇨ Forschung
  ⇨ Lehre
  ⇨ u.a.

Kunstbegriff sehr schwierig zu bestimmen

Ansätze: formaler, materieller und offener Kunstbegriff

1. Der Begriff der Kunst ist schwierig zu definieren, z.T. wird sogar vertreten, dass ihm inhärent sei, dass er sich einer Definition entziehe. Gleichwohl muss in der Klausur eine Schutzbereichsbeschreibung geleistet werden, wofür (nebeneinander) verschiedene Kunstbegriffe verwendet werden können: Nach einem mehr formalen Kunstbegriff ist charakteristisch, dass bestimmte Werktypen (etwa Gedicht, Bildhauerei, Malerei) vorliegen, während nach einem sog. materiellen Kunstbegriff als wesentlich an der Kunst „die freie schöpferische Gestaltung, in der Eindrücke, Erfahrungen und Erlebnisse des Künstlers durch das Medium einer bestimmten Formensprache zu unmittelbarer Anschauung gebracht werden" betrachtet wird.[173]

Dagegen ist nach einem eher offenen Kunstbegriff kennzeichnend für die Kunst, dass es wegen der „Mannigfaltigkeit ihres Aussagegehalts möglich ist, der Darstellung im Wege einer fortgesetzten Interpretation immer weiter reichende Bedeutungen zu entnehmen".[174]

in Klausur grds. eher Großzügigkeit angebracht

Tendenziell ist hier in der Klausur jedenfalls eine gewisse Großzügigkeit angezeigt, auch wenn das in Frage stehende Verhalten nicht dem eigenen Kunstgeschmack entspricht.

Insbesondere darf – ähnlich wie bei der Pressefreiheit – nicht schon im Schutzbereich eine (vermeintliche) Niveaukontrolle stattfinden, da diese gerade ein „staatliches Kunstrichtertum" zur Folge hätte.

Dem Umfang nach sind sowohl Werk- als auch Wirkbereich geschützt, also sowohl die Vorbereitung und Schaffung des Kunstwerks als auch dessen Ausstellung.[175]

---

[173] BVerfGE 30, 173 (188 f.) - Mephisto-Beschluss.
[174] BVerfGE 67, 213 (265) - Anachronistischer Zug; wegen dieser, typischerweise weiten Deutbarkeit, verlangt die Kunstfreiheit auch, im Zweifel eine Deutung vorzunehmen, mit der die künstlerische Betätigung z.B. nicht verboten werden kann oder strafbewehrt ist, vgl. a.a.O., 230. Zum viel diskutierten Verhältnis von Kunst und Pornographie vgl. Hemmer/Wüst, Staatsrecht I, Rn. 218 m.w.N.
[175] Näher zum Umfang m.w.N. Hemmer/Wüst, Staatsrecht I, Rn. 219.

§ 3 ÜBERBLICK ÜBER WICHTIGE GRUNDRECHTE

Wissenschaft: ernsthafter und planmäßiger Versuch der Wahrheitsermittlung

2. Wissenschaft ist nach einer Definition des BVerfG „jede Tätigkeit, die nach Inhalt und Form als ernsthafter planmäßiger Versuch der Wahrheitsermittlung anzusehen ist".[176] Erforderlich ist nach h.M. sowohl das Aufbauen auf einen gewissen Kenntnisstand (wobei natürlich auch „Grundlagenforschung" umfasst ist) als auch das Bemühen um Kenntniserweiterung mit einer planvollen Methode. Im Gegensatz zur Kunstfreiheit werden sich hier regelmäßig keine Schwierigkeiten ergeben. Die „Forschung und Lehre" in Art. 5 III GG sind dabei als Unterbegriffe bzw. Teilbereiche der Wissenschaftsfreiheit zu verstehen.

174

II. Eingriffe

Eingriffe

Eingriffe in Kunst- oder Wissenschaftsfreiheit können wie bei Art. 5 I GG in allen schutzbereichsverkürzenden Verboten, Sanktionen oder tatsächlichen Maßnahmen liegen.

175

III. Schranken

schrankenlose Gewährleistung ⇨ kollidierendes Verfassungsrecht

Art. 5 III GG ist schrankenlos gewährleistet und nach ganz h.M. ist insbesondere ein Rückgriff auf die Schranken der Art. 5 II, 2 I GG abzulehnen. Möglich bleibt somit nur die Schrankengewinnung aus kollidierendem Verfassungsrecht im Wege der praktischen Konkordanz (vgl. o. Rn. 132), für welche Art. 5 III GG wohl einen der wichtigsten Anwendungsfälle in der Klausur bietet.

176

> *Bsp.: Ein klassisches Beispiel für die Schwierigkeiten bei der Schrankengewinnung ist der Tierschutz; dieser kann eine Rolle spielen, wenn Tiere bei künstlerischen Darbietungen gequält (Kunstfreiheit) oder zu Forschungs- bzw. Schulungszwecken im Medizinstudium (Wissenschaftsfreiheit) getötet werden. Eine verfassungsrechtliche Verankerung des Tierschutzes könnte z.B. auf die Gewissensfreiheit der Studenten (sofern sie für ihre Scheine zu Tierversuchen „gezwungen" werden), auf die allgemeinen Sittengesetze (vgl. Art. 2 I GG), auf die in der Präambel angesprochene Verantwortung vor Gott oder auf die Kompetenznorm des Art. 74 I Nr. 20 GG gestützt werden,[177] freilich sind all diese Versuche methodisch wenig überzeugend und eher scheinpositivistisch.*

F) Versammlungsfreiheit, Art. 8 GG[178]

Art. 8 GG schützt – zusammen mit Art. 5 I GG – in besonderem Maße die Freiheit der politischen Willensbildung. Dies kann in der Klausur z.B. bei einer Güterabwägung i.R.d. Verhältnismäßigkeitsprüfung erwähnt und auch berücksichtigt werden.

177

---

[176] E 35, 79 (113); 47, 327 (367).
[177] Vgl. Hufen, JuS 1995, 641, zur Entscheidung des VGH Kassel, NJW 1994, 1608; ferner zum Tierschutz unter dem Gesichtspunkt des Schächtens und Art. 4 GG: Pache, Jura 1995, 150 ff.
[178] Vgl. näher Hemmer/Wüst, Staatsrecht I, Rn. 232 ff.

Art. 8 GG ist auch eines der Grundrechte, die besondere Bedeutung in verwaltungsrechtlichen Klausuren haben, soweit es um die sehr klausurrelevanten Fragen des Versammlungsrechts geht.

I. Schutzbereich

Art. 8 GG: Deutschengrundrecht

1. Zunächst ist darauf zu achten, dass der persönliche Schutzbereich des Art. 8 GG nur Deutsche (i.S.d. Art. 116 I GG) umfasst, Ausländer damit allenfalls über Art. 2 I GG geschützt werden können.[179]

Versammlung

2. Eine Versammlung ist die Zusammenkunft mehrerer Personen zur Verfolgung eines gemeinsamen Zwecks, wobei umstritten ist, ob es dafür zwei, drei oder sogar sieben Teilnehmer bedarf.[180]

☑ **hemmer-Methode:** Denken Sie an dieses Problem, wenn sehr wenige Teilnehmer vorhanden sind bzw. übersehen Sie nicht die Fragestellung, ob dann Art. 8 GG überhaupt anwendbar sein kann! Oft wird es sich aber z.B. um Demonstrationen von nicht unerheblicher Größe handeln, sodass Sie diesen Punkt mit dem Verweis auf die „Zusammenkunft mehrerer" schnell abhaken können.

str., in welchem Umfang und in welcher Art gemeinsamer Zweck erforderlich ist

Über das Merkmal des gemeinsamen Zwecks ist die Versammlung abzugrenzen von der bloßen Ansammlung, z.B. einer Menge von Schaulustigen bei einem Unfall. Hinsichtlich dieses Merkmals geht die h.M. dahin, dass die Zusammenkunft in irgendeiner Weise der Bildung oder Äußerung eines gemeinsamen Willens dienen muss.[181] Nicht überzeugen kann dabei die vielfach vertretene weitere Einschränkung, dass diese Meinungsbildung bzw. -äußerung zu Angelegenheiten von öffentlichen Interessen stattfinden muss, schließlich schützt auch der korrespondierende Art. 5 I GG jede Meinungsäußerung.

☑ **hemmer-Methode:** Auch hier wird häufig kein Problem liegen, wenn es sich z.B. um eine politisch motivierte Demonstration handelt. Sollte es dagegen auf die Frage nach dem Versammlungszweck ankommen, wird es klausurtaktisch i.d.R. am Geschicktesten sein, der h.M. zu folgen. Die „Meinungsbildung und -äußerung" sollte allerdings extensiv ausgelegt werden, sodass z.B. auch kulturelle Veranstaltungen i.d.R. erfasst sind: So argumentieren Sie sich nicht frühzeitig aus der Prüfung heraus.

---

[179] Zu dieser Frage vgl. oben Rn. 39; zum Sonderproblem, welche Auswirkungen die Tatsache, dass ein Teil der Teilnehmer Ausländer sind, auf das Vorliegen einer Versammlung haben könnte, vgl. Hemmer/Wüst, Staatsrecht I, Rn. 234.

[180] Vgl. näher m.w.N. Hemmer/Wüst, Staatsrecht I, a.a.O., sowie Deutelmooser, NVwZ 1999, 240: „Angst vor einem weiten Versammlungsbegriff?".

[181] Vgl. näher m.w.N. (auch zur beachtlichen Mindermeinung, die die „bloße Freude am Zusammensein" genügen lassen, da Schutzgut des Art. 8 GG v.a. der „Schutz vor systematischer Isolierung" sei), Hemmer/Wüst, Staatsrecht I, Rn. 235; keine Versammlung liegt demnach dann vor, soweit kommerzielle Aspekte im Vordergrund stehen, „Love Parade", vgl. OVG Berlin, NJW 2001, 1740, bestätigt von BVerfG, NJW 2001, 2459.

Sie können jedoch schon an dieser Stelle erwähnen, dass die unterschiedliche Bedeutung für die Allgemeinheit bei einer späteren Güterabwägung eine Rolle spielen kann.

geschütztes Verhalten

Geschütztes Verhalten ist v.a. die Veranstaltung der Versammlung selbst, aber auch schon die Vorbereitung und Anreise, soweit dies für effektiven Grundrechtsschutz erforderlich ist.[182]

181

„friedlich und ohne Waffen" (bereits Schutzbereichsbeschränkung)

Beschränkt wird der Schutzbereich aber auf solche Versammlungen, die friedlich und ohne Waffen verlaufen. Dabei sind Waffen solche nach § 1 WaffenG, aber auch weitere gefährliche Gegenstände, die mit aggressiver Intention mitgeführt werden.

182

Bspe.: Knüppel, große Gartengeräte. Keine Waffen sind dagegen Schutzgegenstände wie Helme oder Gasmasken.

teleologische Reduktion

Eine teleologische Reduktion kann erforderlich sein, wenn die Waffen gebrauchsuntauglich ohne aggressive Intention mitgeführt werden, z.B. antike Kanonen in einem historischen Umzug.

182a

Friedlich ist eine Versammlung, die keinen gewalttätigen, aufrührerischen Verlauf nimmt und bei der keine „körperlichen Handlungen von einiger Gefährlichkeit" auftreten. Dabei wird der friedlichen Mehrzahl von Demonstranten der Schutz des Art. 8 GG nicht dadurch genommen, dass sich einzelne Teilnehmer oder sogar außenstehende Personen unfriedlich verhalten.

II. Eingriffe

Eingriffe

Eingriffe in die Versammlungsfreiheit können in allen rechtlichen oder faktischen Maßnahmen liegen, die vom Schutzbereich erfasste Verhaltensweisen erschweren, insbesondere also auch in der Registrierung der Teilnehmer oder der Behinderung des Zugangs.

183

III. Schranken

Gesetzesvorbehalt

1. Art. 8 II GG enthält einen Gesetzesvorbehalt für Versammlungen unter freiem Himmel (im Gegensatz zu solchen in geschlossenen Räumen).

184

Seinem Sinn und Zweck nach ist dafür nicht auf eine Überdachung o.Ä. abzustellen, sondern darauf, ob die Versammlung nach allen Richtungen von der Umwelt abgeschlossen und dadurch weniger gefährlich ist, also v.a. auf seitliche Abgrenzungen.

---

[182] Näher zum Umfang des Schutzes m.w.N. Hemmer/Wüst, Staatsrecht I, Rn. 236.

Versammlungsgesetz

Wichtigstes (aber nicht einziges[183]) einschränkendes Gesetz ist das VersammlG[184], wobei v.a. die (angesichts des Wortlauts des Art. 8 GG zumindest überraschende) Anmeldungspflicht des § 14 VersammlG sowie die ordnungsrechtliche Generalklausel des § 15 VersammlG von Bedeutung sind. Eine nähere Darstellung würde den Rahmen dieses Kapitels sprengen. Erwähnenswert erscheint jedoch eine dreifache Einschränkung der Anmeldungspflicht des § 14 VersammlG durch Auslegung im Lichte des Art. 8 GG: Für Spontanversammlungen ist eine Anmeldung gar nicht erforderlich und für Eilversammlungen muss die Frist des § 14 VersammlG (lesen!) nicht eingehalten werden, wenn die Anmeldung nur baldmöglichst erfolgt.

Außerdem soll ein Verstoß gegen die Anmeldungspflicht alleine ein Verbot nach § 15 VersammlG nicht rechtfertigen. Gleiches gilt nach der Rechtsprechung des BVerfG für einen bloßen Verstoß gegen die öffentliche Ordnung.

Diese wird herkömmlicherweise als die Gesamtheit der ungeschriebenen Normen verstanden, die nach der Moralvorstellung der breiten Mehrheit unerlässlich für ein geordnetes Zusammenleben sind. Solche Überzeugungen der Mehrheit können nach BVerfG einen Eingriff in Art. 8 I GG schon deswegen nicht rechtfertigen, weil dadurch der Charakter der Grundrechte als Minderheitenrechte umgangen würde.[185] Dies gilt jedenfalls, wenn es sich um die durch die Versammlung kundgegebene Meinung und nicht allein um die Art und Weise der Meinungskundgabe geht.[186] Bei einer bloßen Verletzung der öffentlichen Ordnung wird deshalb meist nur eine Auflage in Betracht kommen.[187]

185

☑ **hemmer-Methode:** Art. 8 GG spielt sehr häufig eine Rolle in Klausuren aus dem Bereich des Sicherheitsrechts. Hier ist es wichtig zu wissen, dass das VersammlG - schon im Interesse eines effektiven Grundrechtsschutzes - eine abschließende Spezialregelung darstellt und Rückgriffe auf das allgemeine Polizei- und Sicherheitsrecht daneben unzulässig sind, Grundsatz der sog. Polizeifestigkeit des VersammlG. Ausnahmen gelten im Vorfeld einer Versammlung, nach Auflösung einer Versammlung sowie dann, wenn die Maßnahme nach den Polizeigesetzen die mildere Maßnahme im Vergleich zu einem Versammlungsverbot darstellen.

---

[183] Einschränkungen sind z.B. auch möglich durch das allgemeine Sicherheits- und Polizeirecht, wobei das Konkurrenzverhältnis dieser Normen zum VersammlG umstritten und dementsprechend in der Verwaltungsrechtsklausur von Bedeutung ist.

[184] Das VersammlG gilt nach Art. 125a I GG weiter fort, auch wenn der Bundesgesetzgeber seit der Föderalismusreform keine Gesetzgebungskompetenz mehr hat. Allerdings können die Länder hiervon abweichende Gesetze erlassen. Hiervon hat bislang nur Bayern Gebrauch gemacht. Dort gilt nunmehr das BayVersG, das in den klausurrelevanten Bereichen allerdings weitgehend dem VersammlG entspricht.

[185] BVerfG, NJW 2001, 2069, 2072, 2075, 2078, a.A. OVG Münster, NJW 2001, 2111, 2113, 2114, 2987.

[186] BVerfG, NVwZ 2005, 80.

[187] BVerfG, BayVBl. 2006, 348.

§ 3 ÜBERBLICK ÜBER WICHTIGE GRUNDRECHTE

in geschlossenen Räumen nach kollidierendem Verfassungsrecht

2. Für Versammlungen in geschlossenen Räumen - hierfür gilt der Gesetzesvorbehalt des Art. 8 II GG gerade nicht - sind Einschränkungen kraft kollidierenden Verfassungsrechts möglich, so z.B. wenn Gefahr für Leib und Leben der Teilnehmer wegen der Einsturzgefahr des Gebäudes droht.

186

G) Vereinigungsfreiheit, Art. 9 I GG[188]

Im Vergleich zu Art. 5 GG oder Art. 8 GG spielt Art. 9 I GG seltener eine Rolle. Die Vorschrift bietet sich aber zur Kombination mit anderen Grundrechten an, zumal es einige Klassiker dafür gibt, die man kennen sollte, sodass es jedenfalls sinnvoll erscheint, auch hier einen kurzen Überblick zu geben.

187

I. Schutzbereich

Art. 9 I GG: Deutschengrundrecht

1. Vom personalen Schutzbereich des Art. 9 I GG sind nur Deutsche umfasst, Ausländer genießen aber nach h.M. Schutz über den sonst subsidiären Art. 2 I GG (vgl. o. Rn. 39).

188

Nach ganz h.M. gewährt Art. 9 I GG als eine Art „Doppelgrundrecht" darüber hinaus auch den „Vereinen" selbst Schutz, ohne dass ein Rückgriff auf Art. 19 III GG erforderlich ist (kollektive Vereinsfreiheit).

sachlicher Schutzbereich

2. Sachlich sind unter „Vereinen und Gesellschaften" nicht abschließend die Korporationsformen i.S.d. BGB oder anderer Gesetze gemeint. Die grundgesetzliche Freiheit ist vielmehr gerade auf keine bestimmte Organisationsform beschränkt. Orientieren kann man sich am weit gefassten Begriff des § 2 I VereinsG.

189

geschütztes Verhalten

Geschütztes Verhalten ist zunächst die Gründung, aber auch der Bestand von Vereinigungen, da der Schutz sonst weitgehend leer laufen würde. Geschützt ist außerdem auch die negative Koalitionsfreiheit, d.h. das Recht, einer Vereinigung fernzubleiben oder aus ihr auszutreten.[189]

Nach wohl herrschender, wenngleich nicht unbestrittener Ansicht erfasst die negative Koalitionsfreiheit aber nur den Schutz vor Zwangsmitgliedschaften in privatrechtlichen Vereinigungen, nicht dagegen in öffentlich-rechtlichen Verbänden, da auch positiv deren Gründung nicht von Art. 9 I GG geschützt sei. Insoweit bleibt nur der Rückgriff auf Art. 2 I GG.[190]

---

[188] Vgl. näher Hemmer/Wüst, Staatsrecht I, Rn. 245 ff.; Art. 9 III GG dürfte größere Bedeutung in (kollektiv-) arbeitsrechtlichen als in öffentlich-rechtlichen Klausuren haben und soll deshalb in diesem Skript nicht näher dargestellt werden. Ein knapper Überblick (ebenfalls ohne arbeitsrechtliche Detailfragen) wird gegeben in Hemmer/Wüst, Staatsrecht I, Rn. 251.
[189] Vgl. BVerwG, NJW 1997, 824 (Zwangsmitgliedschaft in einem Apothekenverbund).
[190] Vgl. BVerwG, BayVBl. 1999, 121.

problematisch dagegen externe Betätigungsfreiheit

Ein Problem, das sich gut in eine Klausur einbauen ließe, ist weiterhin die Frage, inwieweit Art. 9 I GG auch eine externe Betätigungsfreiheit, d.h. das Auftreten der Vereinsmitglieder nach außen, schützt. Einerseits gibt es (grds. zulässige) Vereinszwecke, die gerade in einer nach außen bemerkbaren Tätigkeit liegen (z.B. Umzüge eines Karnevalsvereins); andererseits sind viele Verhaltensweisen spezieller durch andere Grundrechte geschützt (im Beispiel v.a. durch Art. 8 GG). Nach heute h.M. sind (außerhalb des Bereichs des Art. 9 III GG) die Betätigungen deshalb abschließend durch die Spezialgrundrechte geschützt, allerdings können zumindest Tätigkeiten, die in den Kernbereich der Vereinsbetätigung fallen, auch über Art. 9 I GG Schutz genießen.

190

✓ **hemmer-Methode:** Dies lässt sich für die Klausur gut vertreten für Tätigkeiten, für die ohnehin kein spezieller, sondern „nur" der Schutz aus Art. 2 I GG besteht. In anderen Fällen erscheint es auch möglich, Art. 9 I GG nur ergänzend in der Güterabwägung heranzuziehen, wobei meist der Schutz durch das spezielle Grundrecht ohnehin weiter gehen wird, soweit es in seinem Kernbereich, Art. 9 I GG nur in einer Modalität betroffen ist.

II. Eingriffe

Eingriffe

Eingriffe können in jedem Verbot oder jeder Beeinträchtigung vom Schutzbereich erfasster Verhaltensweisen liegen. Soweit es um gesetzliche Ausgestaltungen z.B. im GmbHG oder AktG geht, ist aber zu beachten, dass Art. 9 I GG auch ein normgeprägtes Grundrecht ist und somit nicht immer ein Eingriff anzunehmen ist.[191]

191

III. Schranken

Schranken

Nach h.M. keine Schutzbereichsbegrenzung, sondern eine Schranke, ist die Möglichkeit eines (konsequenterweise konstitutiv verstandenen) Verbots in Art. 9 II GG, bei dem zu beachten ist, dass die „verfassungsmäßige Ordnung" anders als in Art. 2 I GG[192] eng i.S.v. elementaren Verfassungsgrundsätzen zu verstehen ist.

192

H) Berufsfreiheit, Art. 12 I GG[193]

große Klausurbedeutung der Berufsfreiheit

Art. 12 I GG ist von der Anfängerübung bis zum Examen eines der zentralen Grundrechte für die öffentlich-rechtliche Klausur. Insbesondere spielt er nicht nur in reinen Grundrechtsklausuren, sondern auch für verwaltungsrechtliche Arbeiten z.B. aus dem Bereich des Wirtschaftsverwaltungsrechts eine Rolle.[194]

193

---

[191] Vgl. oben Rn. 100.
[192] Vgl. oben Rn. 141.
[193] Vgl. näher Hemmer/Wüst, Staatsrecht I, Rn. 259 ff.; zu den hier nicht näher dargestellten Art. 12 II, III GG (Schutz vor Arbeitszwang und Zwangsarbeit) vgl. a.a.O. Rn. 278.
[194] Interessante Einscheidungen aus diesem Bereich mit grundrechtlichen Bezügen sind z.B. BVerfGE 94, 244 (Laden-

I. Schutzbereich

Art. 12 I GG: Deutschengrundrecht

1. Vom personalen Schutzbereich des Art. 12 I GG werden nur Deutsche erfasst, Ausländer genießen nach h.M. Schutz über Art. 2 I GG.[195] Ferner werden juristische Personen über Art. 19 III GG miterfasst, für den die Berufsfreiheit ein geradezu typisches Beispiel ist.

hemmer-Methode: Auch das zweite „Wirtschaftsgrundrecht", Art. 14 I GG, ist auf juristische Personen nach Maßgabe des Art. 19 III GG anwendbar. In der Abgrenzung zu diesem schützt Art. 12 GG nicht das Eigentum als bereits „Erworbenes", sondern die Berufsfreiheit als „Erwerbsmöglichkeit". Wirtschaftliches Handeln außerhalb der Art. 12, 14 GG wird von Art. 2 I GG geschützt.[196]

Wenngleich Art. 12 GG auf juristische Personen anwendbar ist, so darf dies dennoch nicht darüber hinweg täuschen, dass dieses Grundrecht für natürliche Personen nicht nur Bedeutung für die erwerbswirtschaftliche Tätigkeit, sondern auch für die Selbstverwirklichung des Einzelnen hat. Diese kann z.B. eine Rolle spielen, wenn es um Höchstaltersgrenzen für Berufe geht, deren Eingriffsintensität dadurch nur unerheblich verringert wird, dass der Betroffene Ansprüche auf Altersversorgung hat.[197]

2. Bei der Bestimmung des sachlichen Schutzbereichs der Berufsfreiheit sind mehrere Problemfelder für die Klausur eröffnet:

Berufsbegriff

a) Der Begriff des Berufes wird definiert als eine Tätigkeit, die auf Dauer angelegt ist und der Schaffung und Erhaltung einer Lebensgrundlage dient, die also über bloße Hobbys jedenfalls hinausgeht.

extensive Auslegung (offener und zukunftsgerichteter Berufsbegriff)

Im Interesse eines optimierten Grundrechtsschutzes ist dabei eine extensive und insbesondere auch zukunftsgerichtete, offene Betrachtungsweise gefordert. Bei dieser ist mit der z.T. vertretenen weiteren Anforderung, die Tätigkeit dürfe nicht „verboten" sein, Zurückhaltung geboten, da sie die Gefahr eines Zirkelschlusses impliziert. Zu fordern ist vielmehr nur, dass sie an sich, d.h. auch nicht berufsmäßig betrieben, erlaubt ist.

Bspe.: „Berufsmäßige" Terroristen, Einbrecher oder Killer können sich selbstverständlich nicht auf Art. 12 GG berufen, da ihre Tätigkeit schon an sich verboten ist.

---

schluss für Tankstellen), BVerfGE 121, 317 = **Life & Law 2008, 619** (Rauchverbot in Gaststätten); BVerfGE 115, 276 = **Life & Law 2006, Heft 6** (Zulässigkeit privater Sportwettenanbieter).

[195] Vgl. oben Rn. 39; dieser Schutz bleibt in der Rechtsprechung des BVerfG kaum noch hinter dem des Art. 12 I GG zurück; vgl. BVerfG, NJW 2002, 663 = DVBl. 2002, 328 mit interessanter Anmerkung Volkmann = **Life & Law 2002, 333** = BayBl. 2002, 300.

[196] Vgl. oben Rn. 39.

[197] Vgl. BVerfG, NJW 1998, 1776.

Des Weiteren ist die Beschränkung auf gewisse fixierte und tradierte Berufsbilder nicht unbeschränkt zulässig, da damit kein Raum für Innovationen bestehen würde, vielmehr können auch untypische Tätigkeiten einen Beruf i.S.d. Art. 12 GG darstellen.

einheitliches Grundrecht der Berufsfreiheit (Wahl und Ausübung)

b) Dem Umfang nach betrachtet das BVerfG und ihm folgend die ganz h.M. seit dem Apothekenurteil[198] Art. 12 I GG als einheitliches Grundrecht, das Berufswahl (also die Frage des „Ob?") und Berufsausübung (also die Frage des „Wie?") umfasst.

196

Da hierbei an Einschränkungen unterschiedliche Anforderungen gestellt werden,[199] kann hier die angesprochene Fixierung eines Berufsbildes eine Rolle spielen:

Bsp.: Wegen der zunehmenden Unfälle mit sog. Kampfhunden wird deren Züchtung verboten. Wenn man die Betätigung als „Kampfhundezüchter" als eigenen Beruf anerkennt, liegt darin eine Regelung der Berufswahl („ob?"). Sieht man dagegen im Kampfhundezüchten nur eine Modalität des Berufs „Hundezüchter", so liegt lediglich eine Beschränkung einer partiellen Ausübung („wie?") vor.

auch staatliche/staatlich gebundene Berufe geschützt

c) Geschützt werden von Art. 12 I GG außerdem die Berufsausbildung sowie auch „staatliche" bzw. „staatlich gebundene Berufe", wobei bei diesen Art. 12 GG durch Art. 33 (insbesondere Absatz V) GG überlagert bzw. modifiziert wird.[200]

197

II. Eingriffe

Eingriffsakte

Der obigen Einteilung des Schutzbereiches entsprechend sind verschiedene Eingriffe in die Berufsfreiheit denkbar, die überwiegend durch einen steuernden Rechtsakt, u.U. auch einmal auf andere Weise erfolgen können. Dabei ist allgemein zu berücksichtigen, dass diese Maßnahmen nur dann Eingriffe in den (sog. funktionalen) Schutzbereich des Art. 12 I GG darstellen, wenn ihnen subjektiv oder objektiv eine berufsregelnde Tendenz innewohnt, d.h. wenn eine Berufsregelung entweder beabsichtigt ist oder unmittelbare und gewichtige Auswirkungen auf die Berufsfreiheit vorliegen.[201]

198

Bspe.: Tempolimits auf Autobahnen sind keine Eingriffe in die Berufsfreiheit, auch wenn die Berufsausübung von Kosmetikvertretern dadurch u.U. negativ beeinflusst wird.

---

[198] BVerfGE 7, 377 ff.
[199] Vgl. unten Rn. 203.
[200] Vgl. zur Ausbildung und den staatlichen Berufen auch Hemmer/Wüst, Staatsrecht I, Rn. 264 ff.
[201] In neueren Entscheidungen verzichtet das BVerfG teilweise auf diese Begrifflichkeit; BVerfG, NJW 2006, 1261 ff. = **Life & Law 2006, Heft 6.** Allerdings sind dann regelmäßig Eingriffe auf der ersten Stufe gegeben, sodass die Dreistufentheorie ohnehin nicht weiterhelfen würde.

§ 3 ÜBERBLICK ÜBER WICHTIGE GRUNDRECHTE

Dagegen könnte man immissionsrechtlichen Anforderungen an bestimmte Industrieanlagen möglicherweise sogar eine subjektive Regelungsabsicht hinsichtlich der Berufsgruppe der Betreiber, jedenfalls aber objektiv unmittelbare und gewichtige Auswirkungen zusprechen.

Im Einzelnen gilt es zu unterscheiden:

Berufsausübungsregelungen

1. Berufsausübungsvorschriften regeln i.S. obiger Differenzierung, wie ein bestimmter Beruf ausgeübt werden muss bzw. darf.

199

subjektive Zulassungsbeschränkungen

2. Subjektive Zulassungsbeschränkungen machen die Frage, ob ein Bewerber den Beruf ergreifen bzw. weiter ausüben darf, von subjektiven, d.h. in der Person des Erwerbers liegenden Kriterien abhängig.

200

Bspe.: Befähigungen, Leistungsnachweise, gewerberechtliche Zuverlässigkeit, etc. Besonders im Wirtschaftsverwaltungsrecht spielen diese Anforderungen eine große Rolle.

hemmer-Methode: Nach der h.M. sind auch Höchstaltersgrenzen subjektive Zulassungsbeschränkungen, da sie in der Person des Bewerbers liegen.[202]
Dies ist freilich zweifelhaft, da sie – insofern wie objektive Zulassungsbeschränkungen – vom Einzelnen nicht einmal theoretisch zu beeinflussen sind und letztlich jeden Bewerber unabhängig von seiner Qualifikation treffen. Folgt man gleichwohl der Einordnung der h.M., ist dies einer der Fälle, in denen man in der Klausur klarstellen kann, dass die verschiedenen Eingriffsformen durchaus gleich belastend für den Bewerber sein können und deshalb die gleichen Anforderungen an ihre Rechtfertigung[203] gestellt werden müssen.

objektive Zulassungsbeschränkungen

3. Objektive Zulassungsbeschränkungen machen die Wahl des Bewerbers (also die Frage nach dem „Ob") von Kriterien abhängig, die nichts mit der individuellen Person des Bewerbers zu tun haben.

201

Bspe. Bedürfnisklauseln, Errichtungsverbote oder Kontingentierungen.

III. Schranken und Schranken-Schranken

Dreistufentheorie des BVerfG

Während nach dem Wortlaut des Art. 12 I S. 2 GG eine Regelungsbefugnis nur für die Berufsausübung besteht, wendet das BVerfG seit dem Apotheken-Urteil[204] der Deutung als einheitlichem Grundrecht entsprechend den Gesetzesvorbehalt für das Grundrecht der Berufsfreiheit im Ganzen, also auch für die Berufswahl an.

202

---

[202] Vgl. BVerfG, NJW 1998, 1776.
[203] Vgl. sogleich unten Rn. 203.
[204] BVerfGE 7, 377 ff., insb. 401 ff.

Dabei differenziert es in Anlehnung an die Unterscheidung im Verfassungstext und unter Berücksichtigung der Wirkung der verschiedenen Eingriffe auf den Betroffenen für deren Zulässigkeit folgendermaßen (sog. Dreistufentheorie[205]):

- Für Berufsausübungsregelungen müssen nur vernünftige Gründe des Allgemeinwohls bestehen.

- Subjektive Zulassungsregeln müssen dem Schutz wichtiger Gemeinschaftsgüter dienen.

- Objektive Zulassungsschranken sind nur durch den Schutz überragend wichtiger Gemeinschaftsgüter gegen nachweisbare oder höchstwahrscheinliche schwere Gefahren gerechtfertigt.

Dreistufentheorie zu Art. 12 GG

Berufsfreiheit, Art. 12 GG, wird eingeschränkt durch:

1. Stufe: **Berufsausübungsregeln**
⇨ bei vernünftigen Erwägungen des Allgemeinwohls

2. Stufe: **Subjektive Zulassungsbeschränkungen**
⇨ zum Schutz wichtiger Gemeinschaftsgüter

3. Stufe: **Objektive Zulassungsbeschränkungen**
⇨ zum Schutz überragend wichtiger Gemeinschaftsgüter

hemmer-Methode: Dabei fällt auf, dass eine gewisse Beliebigkeit der Wertigkeiten zu bestehen scheint; so hat das BVerfG als überragend wichtig so unterschiedliche Güter wie die Volksgesundheit, die Steuerrechtspflege und die Wirtschaftlichkeit der (damaligen) Deutschen Bundesbahn anerkannt. Letztlich kommt es auch auf Ihre Argumentation an, wobei es von Vorteil ist, wenn man für das „Gemeinschaftsgut" eine verfassungsrechtliche Verortung findet.

Subsidiaritätsverhältnis der Eingriffsformen

Außerdem besteht zwischen den genannten Stufen ein Subsidiaritätsverhältnis, d.h. ein Eingriff auf einer Stufe ist erst gerechtfertigt, wenn kein Eingriff auf einer weniger belastenden Stufe gleich wirksam möglich ist.

---

[205] In neueren Entscheidungen prüft das BVerfG die Verhältnismäßigkeit z.T. ohne Rückgriff auf die Dreistufentheorie, vgl. BVerfG, NJW 2006, 1261 ff. = **Life & Law 2006, Heft 6**.

> **hemmer-Methode:** Die Dreistufentheorie ist also im Klausuraufbau i.R.d. Verhältnismäßigkeitsprüfung zu integrieren, und zwar ausführlich wie folgt:
> - Die Prüfung eines legitimen Zwecks und der Geeignetheit sind wie gewohnt durchzuführen.
> - Die Erforderlichkeitsprüfung findet in Form der Subsidiaritätsprüfung (vgl. o.) zwischen den Stufen statt.
> - In der Angemessenheitsprüfung wird untersucht, ob die jeweiligen Maßnahmen die an sie gestellten Anforderungen (vgl. o.) erfüllen.
>
> Ergänzend ist u.U. zu beachten, dass die Dreistufentheorie nur eine spezielle Ausformung der Verhältnismäßigkeitsprüfung darstellt und deshalb ihren Anforderungen entsprechend zu modifizieren ist, wenn z.B. eine Ausübungsregelung den Betroffenen ausnahmsweise ebenso hart trifft wie eine Zulassungsbeschränkung: z.B. betrifft die Zulassung als Kassenarzt nur eine Ausübungsmodalität des Berufes „Arzt", doch kann ein (zumindest junger) Arzt ohne Kassenzulassung kaum wirtschaftlich überleben, sodass deren Verweigerung ihn vergleichbar einer Berufswahlbeschränkung trifft.[206] Arbeiten Sie abschließend die Fälle in Hemmer/Wüst, Staatsrecht I, vor Rn. 259 bzw. 278 a.E. durch!

I) Schutz des Eigentums, Art. 14 GG[207]

Schutz des Eigentums, Art. 14 GG

Art. 14 GG gilt als besonders schwieriges Grundrecht, unterfällt aber seit der Nassauskiesungsentscheidung des BVerfG[208] weitgehend den gleichen Regeln wie die anderen Grundrechte.

Schwierigkeit: starke Normgeprägtheit

Freilich muss dabei beachtet werden, dass Art. 14 I GG in ganz besonderem Maße normgeprägt ist.[209]

I. Schutzbereich

keine Beschränkung im persönlichen Schutzbereich

1. Persönlich enthält Art. 14 GG keine Beschränkungen, sodass sich natürliche und nach Maßgabe von Art. 19 III GG[210] juristische Personen auf ihn berufen können, nach Rechtsprechung des BVerfG freilich nicht Gebietskörperschaften des öffentlichen Rechts.

sachlicher Schutzbereich

2. Sachlich bedeutet die Normgeprägtheit des Schutzbereichs bzw. der Ausgestaltungsauftrag in Art. 14 I S. 2 GG natürlich nicht, dass die Bestimmung des Eigentums völlig zur Disposition des Gesetzgebers stünde.

---

[206] Vgl. BVerfG, NJW 1998, 1776.
[207] Vgl. dazu näher Hemmer/Wüst, Staatsrecht I, Rn. 285 ff.; der vergleichbar strukturierte (vgl. a.a.O. Rn. 302) Schutz des Erbrechts soll im Rahmen dieses Basics-Skripts nicht näher dargestellt werden.
[208] E 58, 300 ff.
[209] Zur Problematik der Bestimmung eines Eingriffs bei normgeprägten Schutzbereichen vgl. oben Rn. 100.
[210] Vgl. oben Rn. 40.

Vielmehr gibt es einen verfassungsrechtlich vorgegebenen Eigentumsbegriff, der grds. zu beachten ist.

a) Zu diesem Eigentumsbegriff gehören:

- das Sacheigentum (an Fahrnis und Grundstücken)
- private vermögenswerte Forderungen
- öffentlich-rechtliche Positionen, soweit sie „Äquivalent eigener Leistung" sind, also z.B. Renten oder Anwartschaften der Sozialversicherungen, dagegen i.d.R. keine Subventionen.

Auch weitere private Rechtspositionen, wie z.B. das Besitzrecht des Mieters und nach wohl h.M. das Recht am eingerichteten und ausgeübten Gewerbebetrieb werden durch Art. 14 GG geschützt.[211]

b) Nicht geschützt (und damit taugliche Elemente einer Negativabgrenzung) sind:

- Vermögen als solches: Daher wird Art. 14 GG grds. durch die Auferlegung öffentlich-rechtlicher Geldleistungspflichten nicht beeinträchtigt, soweit diese keinen erdrosselnden oder konfiskatorischen Charakter haben.[212]
- makelbehaftete, d.h. vor allem rechtswidrig erlangte Vermögenspositionen
- bloße Aussichten, Erwartungen, Gewinnchancen.[213]

hemmer-Methode: Denken Sie bei den Gewinnaussichten aber wieder an einen möglichen Schutz über Art. 12 GG! Im Übrigen gilt: Bei neuen, Ihnen unbekannten Rechtspositionen können Sie die Zuweisung zu Art. 14 GG durch einen Vergleich mit den beiden Positiv- bzw. Negativlisten treffen. Stellen Sie z.B. auf die vergleichbare Privatnützigkeit, die Verfügungsbefugnis und die Schutzwürdigkeit des Betroffenen ab.

c) Jedenfalls geschützt sind somit aus den eigentumsrelevanten Bereichen diejenigen Positionen, die „einem Eigentümer zum Zeitpunkt der gesetzgeberischen Maßnahme konkret zustehen."[214]

---

[211] Vgl. zum Besitzrecht BVerfGE 89, 1, 5 ff. = NJW 1993, 2035; zum Recht am Gewerbebetrieb vgl. Hemmer/Wüst, Staatsrecht I, Rn. 287 m.w.N.
[212] Krit. zur Begründung dieser h.M., aber im Ergebnis weitgehend übereinstimmend Jarass/Pieroth, Art. 14 GG, Rn. 12.
[213] Vgl. BVerfGE 28, 119 (142); 68, 193 (222); 74, 129 (148).
[214] BVerfGE 70, 191 (201).

Soweit also Eigentumsbefugnisse eingeschränkt werden, ist zum jeweils gegenwärtigen Zeitpunkt der Schutzbereich betroffen, während er für die Zukunft zugleich auf ein neues Maß reduziert wird.

II. Eingriffe

zwei eigentumsrelevante Maßnahmen möglich

1. Art. 14 GG sieht zwei unterschiedliche „eigentumsrelevante Maßnahmen" vor, die unterschieden werden müssen, nämlich die Inhalts- und Schrankenbestimmung, Art. 14 I S. 2 GG, und die Enteignung, Art. 14 III GG (jeweils lesen!).

212

Während die früher h.M., insbesondere die Rechtsprechung des BGH, zwischen diesen beiden Formen lediglich einen quantitativen Unterschied (etwa nach dem Kriterium des „Sonderopfers" oder der „Schwere") sah, unterscheidet das BVerfG seit der Nassauskiesungsentscheidung Inhaltsbestimmung und Enteignung qualitativ voneinander.

nach BVerfG kein quantitativer, sondern qualitativer Unterschied

Eine Inhaltsbestimmung kann damit nicht ab einer bestimmten Intensität in eine Enteignung „umschlagen" und dadurch ausgleichspflichtig werden, sondern höchstens verfassungswidrig sein. Konsequenz für den Rechtsschutz des Bürgers ist, dass er sich gegen diesbezügliche Akte (verwaltungsgerichtlich) wehren kann und muss. Er hat also nicht die Möglichkeit, eine verfassungswidrige Maßnahme hinzunehmen und dann eine nicht vorgesehene Entschädigung zu verlangen („dulden und liquidieren").

213

hemmer-Methode: Es gilt der Vorrang des Primärrechtschutzes. Der Bürger muss danach zunächst den VA (wenn vorhanden) anfechten und Rückgängigmachung der Vollziehung[215] beanspruchen. Nur wenn der Folgenbeseitigungsanspruch aus rechtlichen oder technischen Gründen nicht mehr möglich ist, bekommt der Bürger eine Entschädigung in Geld (= enteignungsgleicher Eingriff).

Inhaltsbestimmung: generell-abstrakt, dolus eventualis

2. Da der Unterschied damit qualitativ zu bestimmen ist, ist von Interesse, wie sich Enteignung und Inhalts- und Schrankenbestimmung voneinander unterscheiden. Hierfür wird zum einen das Begriffspaar „generell-abstrakt (Inhaltsbestimmung)/konkret-individuell (Enteignung)" oder – da auch eine (zumindest gesetzliche) Enteignung abstrakt erfolgen muss – zum anderen wird das Finalitätskriterium herangezogen: Nach diesem regeln Inhalts- und Schrankenbestimmungen die allgemeine Eigentumsordnung für die Zukunft, wobei bestehende Rechtspositionen nur als (unbeabsichtigte) Nebenfolge beeinträchtigt werden, während die Enteignung gezielt Zugriff auf konkrete Rechtspositionen nimmt.

214

---

[215] Vgl. dazu den Folgenbeseitigungsanspruch im Teil Verwaltungsrecht.

> ☑ **hemmer-Methode:** Die Inhaltsbestimmung bedeutet somit eine zukunftsorientierte Neudefinition, die Enteignung eine Entziehung konkreter gegenwärtiger Eigentumspositionen zur Erfüllung bestimmter Aufgaben.
> Letztlich sind beide Kriterien nicht hundertprozentig scharf voneinander zu trennen. Vertrauen Sie deshalb in der Klausur auch auf Ihr geschultes Judiz. Wenn Sie intuitiv ein Ergebnis gefunden haben, wird es Ihnen nicht schwer fallen, dieses argumentativ zu begründen. Wesentlich häufiger treten dabei Inhalts- und Schrankenbestimmungen auf, da der Enteignungsbegriff nach dem BVerfG sich schon wieder dem engen klassischen Enteignungsbegriff der staatlichen Güterbeschaffung annähert.[216]

rein faktische Maßnahmen weder Enteignung noch Inhaltsbestimmung

3. Aus dem Gesagten ergibt sich zugleich auch, dass faktische Maßnahmen weder eine Enteignung noch eine Inhalts- und Schrankenbestimmung darstellen können. Rechtsschutz gegen rein faktische Maßnahmen ist nicht denkbar, späterer Ausgleich für daraus resultierende Beeinträchtigungen ist nach den Grundsätzen über den enteignenden und enteignungsgleichen Eingriff möglich.

III. Schranken

Schranken

Entscheidende Bedeutung hat die Unterscheidung zwischen Enteignung und Inhaltsbestimmung bei der Frage der Schranken, weil an beide verfassungsrechtlich unterschiedliche Anforderungen gestellt werden.

> ☑ **hemmer-Methode:** Deshalb müssen Sie sich auf der Stufe des Eingriffs noch nicht unbedingt entscheiden und können neutral von einer „eigentumsrelevanten Maßnahme" sprechen, was zugleich zum Ausdruck bringt, dass bei einem normgeprägten Schutzbereich nicht unbedingt ein Eingriff i.e.S. vorliegt. Sie können die Maßnahme aber auch gleich richtig qualifizieren und bei der Schrankenprüfung die Konsequenz daraus ziehen.

1. Voraussetzungen einer Inhalts- und Schrankenbestimmung

Inhalts- und Schrankenbestimmung

Nach Art. 14 I S. 2 GG bestimmt der Gesetzgeber Inhalt und Schranken des Eigentums. Dabei ist ihm das Eigentum aber nicht zur freien Disposition überlassen, vielmehr ist in einer Art Wechselwirkung die Garantie des Eigentums als Wertentscheidung zu berücksichtigen, die mit der Sozialbindung des Art. 14 II GG in Ausgleich zu bringen ist.

---

[216] Vgl. aus der neueren Rspr. BVerfG, NJW 1998, 367; BVerfG, BayBl. 2002, 112.

Somit ergibt sich auch hier eine modifizierte Verhältnismäßigkeitsprüfung, in deren Abwägung u.a. folgende Kriterien eingebracht werden können:

➲ die Existenz von Übergangs- und Härteklauseln

➲ die Eigenart des vermögenswerten Gutes, z.B. sein Sozialbezug sowie seine Bedeutung für die Allgemeinheit und den Eigentümer

➲ die Möglichkeit einer finanziellen Entschädigung, die von der früher angenommenen Enteignungsentschädigung zu unterscheiden ist und „nur" für die Verhältnismäßigkeit der Inhalts- und Schrankenbestimmung von Bedeutung ist (ausgleichspflichtige Inhaltsbestimmung). Bei der Frage, wann zur Verfassungsmäßigkeit eine Entschädigungspflicht besteht, können freilich die früher verwandten Abgrenzungskriterien (Schwere, Sonderopfer) wieder herangezogen werden. Auf eine solche finanzielle Entschädigung zur Sicherstellung der Verhältnismäßigkeit darf der Gesetzgeber aber nur als ultima ratio zurückgreifen, da sie nur Vermögensschutz und nicht den von Art. 14 I GG geforderten Bestandsschutz gewährleistet. Ausnahme- und Befreiungsregelungen sind aus diesem Grund vorrangig in Betracht zu ziehen.[217]

Bsp.: Wenn die Nutzungsmöglichkeiten eines Grundstücks durch naturschutzrechtliche Bestimmungen extrem eingeschränkt werden, muss der Gesetzgeber zunächst versuchen, die Verhältnismäßigkeit durch Ausnahme- oder Übergangsvorschriften zur gewährleisten. Nur wenn dies nicht möglich ist, darf auf eine Entschädigungszahlung zurückgegriffen werden.

2. Voraussetzungen einer Enteignung

Enteignung

Art. 14 III S. 2 GG bestimmt, dass Enteignungen nur durch Gesetz (sog. Legalenteignung) oder aufgrund eines Gesetzes (Administrativenteignung) erfolgen dürfen.

Dabei gilt grds. der Vorrang der Administrativenteignung, da bei dieser Rechtsschutz für den Betroffenen erheblich leichter zu erreichen ist, Art. 19 IV GG.

hemmer-Methode: Das oben dargestellte Abgrenzungsproblem stellt sich v.a. zwischen Inhaltsbestimmung und Legalenteignung. Allerdings darf nicht übersehen werden, dass in einem Einzelakt der Exekutive durchaus der Vollzug eines inhaltsbestimmenden Gesetzes liegen kann. Umgekehrt kann die Inhaltsbestimmung auch von der gesetzlichen Grundlage der Legalenteignung abzugrenzen sein.

---

[217] BVerfG, NJW 1999, 2877.

Weitere Anforderungen an eine verfassungsmäßige Enteignung sind:

Wohl der Allgemeinheit

a) Die Enteignung ist nur zum Wohl der Allgemeinheit zulässig, welches freilich in Einzelfällen auch bei einer Enteignung zugunsten Privater gefördert sein kann.[218]

Junktimklausel

b) Nach der Junktimklausel des Art. 14 III S. 2 GG muss das enteignende Gesetz selbst Art und Ausmaß[219] der Entschädigung regeln. Für ihre Höhe sind nach Art. 14 III S. 3 GG die Interessen der Allgemeinheit und des Betroffenen abzuwägen; sie muss nicht (wird aber häufig) mit dem Verkehrswert identisch sein.

Für Rechtsstreitigkeiten über die Entschädigung ist der Rechtsweg zu den ordentlichen Gerichten eröffnet, Art. 14 III S. 4 GG.

z.T.: ultima ratio

c) Z.T. wird noch verlangt, dass im Gesetz und ggf. im vollziehenden Akt sichergestellt wird bzw. zum Ausdruck kommt, dass es sich bei der Enteignung um die ultima ratio handelt. Jedenfalls bei der Legalenteignung ist es (auch im Verhältnis zur Administrativenteignung) ratsam, diesen Punkt kurz anzusprechen.

☑ **hemmer-Methode: Im Übrigen sind selbstverständlich je nach Konstellation weitere Rechtmäßigkeitsvoraussetzungen zu prüfen, wie z.B. das Gesetzgebungsverfahren, bei der Administrativenteignung die Zuständigkeit der Behörde, etc. Darauf kommen Sie aber in der Klausur von selbst, wenn der Sachverhalt entsprechende Probleme enthält. Wichtig sollen hier die spezifischen Probleme der Enteignung sein. Wer sich ein (solche Selbstverständlichkeiten umfassendes) an die fünfzehn (!) Gliederungspunkte umfassendes Schema alleine für die Rechtmäßigkeit einer Administrativenteignung merken will, wie es in einschlägiger Ausbildungs-„Literatur" vorgelegt wird, muss ein Gehirn wie eine Festplatte haben oder wird dafür alle wirklich wichtigen Problemkonstellationen des Verfassungsrechts vergessen.**

---

[218] Vgl. BVerfGE 74, 264 (298) – Boxberg-Entscheidung, vgl. auch BVerfG, NJW 1999, 178; NJW 1999, 1176.
[219] Salvatorische Entschädigungsklauseln sind nicht ausreichend!

§ 4 WICHTIGE FRAGEN DES STAATSORGANISATIONSRECHTS

Problematik des Staatsorganisationsrechts in der Klausur

Das Staatsorganisationsrecht ist bei den Studenten z.T. recht unbeliebt, weil seine Probleme sich nur schwer in ein für die Klausur handhabbares System bringen lassen. Allerdings enthält auch dieses Rechtsgebiet eine Reihe von Fragen, die zu den „Basics" des Öffentlichen Rechts gezählt werden müssen, sei es, weil sie immer wieder beliebter Prüfungsstoff in staatsrechtlichen Klausuren sind, sei es weil sie auch in verwaltungsrechtliche Fragestellungen hineinspielen können.

222

Das vorliegende Kapitel ist dabei untergliedert in eine Darstellung der Staatszielbestimmungen (insbesondere des Rechtsstaatsprinzips), der drei Staatsgewalten Legislative, Exekutive und Judikative (einschließlich der Frage, wer im Bundesstaat jeweils die Kompetenz hat, sie auszuüben) sowie der obersten Staatsorgane (beschränkt auf die für die Klausur wichtigsten, nämlich den Bundespräsidenten, die Bundesregierung und den Bundestag). Auf eine Darstellung staatstheoretischer Grundlagen aus der Allgemeinen Staatslehre sowie eine eigene Erläuterung der politischen Parteien sowie der Finanzverfassung und der auswärtigen Gewalt wird dagegen verzichtet. Verwiesen sei hinsichtlich der letzten drei Themen aber auf die Bearbeitung im Skript Staatsrecht II.[220]

☑ **hemmer-Methode: Motivieren Sie sich selbst frühzeitig für dieses wichtige Rechtsgebiet! Zum einen gehen Sie schon ruhiger in eine Prüfung, wenn Sie wissen, in keinem Gebiet „völlig blank" zu sein, zum anderen geht es gerade in diesem Bereich auch um eine gute Allgemeinbildung.**

A) Staatsziele, insbesondere Rechtsstaatsprinzip

Staatsziele: zentrale Prinzipien der Verfassung

Die zentralen Prinzipien der Verfassung, die sowohl für die Auslegung der Verfassung selbst, aber auch des einfachen Gesetzesrechts eine große Rolle spielen,[221] sind v.a. in Art. 20 GG und Art. 28 GG festgehalten. Es sind dies die Entscheidungen des Bonner Grundgesetzes für Republik, Demokratie, Bundesstaat, Rechtsstaat und Sozialstaat. Diese Prinzipien werden als Staatszielbestimmungen, parallel zur Terminologie anderer Wissenschaften auch als Strukturprinzipien bezeichnet.

223

---

[220] Vgl. Hemmer/Wüst, Staatsrecht II, Rn. 293 ff. zur Finanzverfassung, Rn. 315 ff. zu den auswärtigen Beziehungen und Rn. 343 ff. zu den politischen Parteien.
[221] Zur Bedeutung der Staatsziele in der Klausur auch Hemmer/Wüst, Staatsrecht II, Rn. 64 ff.

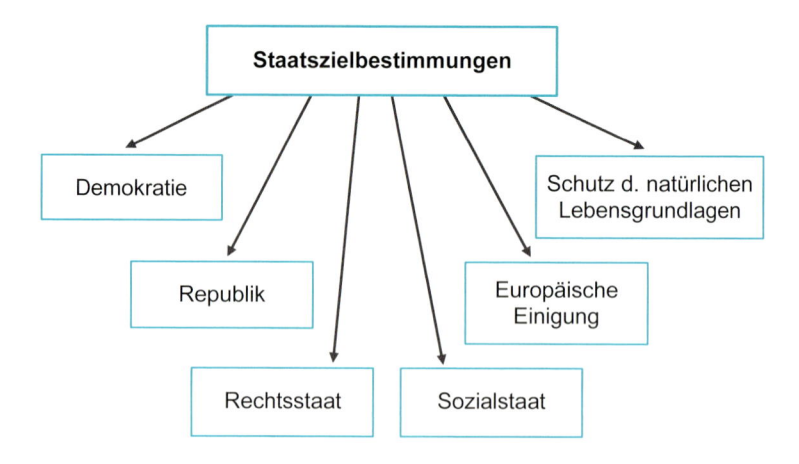

```
                    ┌─────────────────────────┐
                    │  Staatszielbestimmungen │
                    └─────────────────────────┘
           ┌──────────────┬──────┼──────┬──────────────────┐
    ┌──────────┐          │      │      │        ┌──────────────────────┐
    │ Demokratie│         │      │      │        │ Schutz d. natürlichen│
    └──────────┘          │      │      │        │    Lebensgrundlagen  │
                          │      │      │        └──────────────────────┘
                   ┌──────────┐  │   ┌──────────────┐
                   │ Republik │  │   │  Europäische │
                   └──────────┘  │   │   Einigung   │
                                 │   └──────────────┘
                  ┌──────────────┐  ┌──────────────┐
                  │  Rechtsstaat │  │  Sozialstaat │
                  └──────────────┘  └──────────────┘
```

wechselseitige Beeinflussung der Staatsziele

Diese Prinzipien stehen in einem Verhältnis gegenseitiger Beeinflussung und Wechselwirkung und begrenzen sich z.T. gegenseitig.

224

Bsp.: So könnte es in bestimmten Fällen dem Gebot sozialer Sicherheit als Ausfluss des Sozialstaatsprinzips eher entsprechen, wenn bei unzureichenden gesetzlichen Regeln in richterlicher Rechtsfortbildung Regeln zum Schutz der sozial Schwächeren geschaffen werden. Allerdings sind der richterlichen Rechtsfortbildung durch das Rechtsstaatsprinzip (Gewaltenteilung; Rechtssicherheit und -klarheit) Grenzen gesetzt.[222]

In ihrer Bedeutung für die politische Praxis lassen sie sich wegen dieser Wechselwirkungen schwer gewichten, für die Übungs- und Examensklausur sind dagegen die meisten Probleme mit Ausprägungen des Rechtsstaatsprinzips verknüpft, weshalb allein dieses hier ausführlicher dargestellt wird.

hemmer-Methode: Die unmittelbare Klausurrelevanz der Staatszielbestimmungen ist weniger leicht einsichtig als z.B. die des Prüfungsschemas zur Verfassungsbeschwerde oder zur Grundrechtsverletzung. Lesen Sie die Passagen aber trotzdem und versuchen Sie die wesentlichen verfassungsrechtlichen Wertentscheidungen und ihre Ausprägungen zu verstehen: Dies gehört nicht nur zur „juristischen Allgemeinbildung" und kann für eine mündliche Prüfung wichtig sein, vielmehr können Sie sich auch in einer „normalen" Klausur positiv absetzen, wenn Sie dieses Hintergrundwissen in die Argumentation einfließen lassen. Z.T. werden auch grundlegende Begriffe, wie z.B. der des Gesetzes geklärt, mit dem Sie immer umgehen können müssen.

---

[222] Vgl. dazu den Beispielsfall bei Hemmer/Wüst, Staatsrecht II, Rn. 74.

§ 4 WICHTIGE FRAGEN DES STAATSORGANISATIONSRECHTS

I. Rechtsstaatsprinzip

Rechtsstaatsprinzip

Die verschiedenen Ausprägungen des Rechtsstaatsprinzips dürften in der Klausur i.d.R. am ehesten eine Rolle spielen und sollen daher hier etwas ausführlicher dargestellt werden.

225

hemmer-Methode: Merken Sie sich dabei für die Klausur schon jetzt Zweierlei: Zum einen sollten Sie nicht unbestimmt das Rechtsstaatsprinzip heranziehen, sondern wenn möglich besser seine konkrete Ausprägung nennen, z.B. das Prinzip des Vertrauensschutzes oder von Vorrang und Vorbehalt des Gesetzes. Machen Sie sich aber klar, dass diese Ausprägungen eben aus dem Rechtsstaatsprinzip und damit aus dem Grundgesetz abgeleitet werden und deshalb von besonderer Bedeutung sind.

wichtige Rechtsstaatselemente

Unter Rechtsstaat wird ein Normenkomplex verstanden, der in wechselnder Akzentuierung Folgendes umfasst: Herrschaft der Gesetze, Mäßigung der Staatsgewalt, Sicherung der Bürgerfreiheit, Entwurf materieller Gerechtigkeit.

Überblicksartig lässt sich der Inhalt des Rechtsstaatsprinzips nach deutscher Tradition[223] folgendermaßen darstellen:

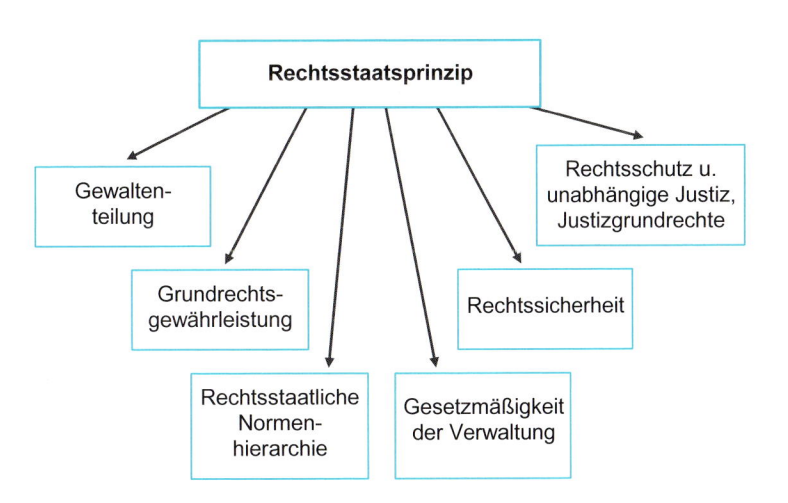

```
                    Rechtsstaatsprinzip
         ┌──────────┬──────────┬──────────┐
   Gewalten-    Grundrechts-  Rechts-   Rechtsschutz u.
   teilung      gewährleistung sicherheit unabhängige Justiz,
                                          Justizgrundrechte
              Rechtsstaatliche  Gesetzmäßigkeit
              Normen-           der Verwaltung
              hierarchie
```

Von den genannten Punkten sollen an dieser Stelle das Gewaltenteilungsprinzip, die Normenhierarchie, die Gesetzmäßigkeit der Verwaltung und das Prinzip des Vertrauensschutzes und der Bestimmtheit etwas näher erläutert werden. Die Grundrechtsgewährleistung ist umfassend oben unter Rn. 75 ff., der verfassungsrechtliche Individualrechtsschutz oben unter Rn. 35 ff. dargestellt.

---

[223] Vgl. auch Hemmer/Wüst, Staatsrecht II, Rn. 105, zur historischen Entwicklung der Rechtsstaatsidee a.a.O., Rn. 101 ff.

1. Prinzip der Gewaltenteilung

Gewaltenteilung

Unter dem Begriff der „Gewaltenteilung" versteht man nur, dass die Staatsgewalt nicht bei einigen wenigen (im Extremfall nur einer einzigen) Stelle(n) gebündelt ist, sondern dass sie von verschiedenen Stellen ausgeübt wird, die nicht zuletzt in einem Verhältnis der gegenseitigen Kontrolle stehen.

Bedeutung für Staat und Bürger

Für den Staat bedeutet Gewaltenteilung eine sinnvolle Aufgabenverteilung, die eine Erfüllung durch das jeweils geeignetste Organ sicherstellt. Für den Bürger führt sie zu einer verstärkten Freiheitssicherung, indem die aufgeteilte Schlagkraft der Staatsgewalt zugleich eine gemäßigte ist.

Dabei ist Gewaltenteilung in mehreren Richtungen denkbar:

Unterteilung in Staatsgewalten

⊃ Zum einen durch die Unterteilung der Staatsgewalt in Legislative, Exekutive und Judikative. Zur Sicherung der jeweiligen Unabhängigkeit dieser Bereiche bestehen teilweise Verbote der Ämterhäufung (Inkompatibilitätsregelungen), was Art. 137 GG ausdrücklich vorsieht. Allerdings führt gerade das Prinzip der gegenseitigen Kontrolle „checks and balances" (insbesondere der Exekutive durch die Judikative) dazu, dass im Einzelfall Eingriffe in den Herrschaftsbereich der jeweils anderen Gewalt vorkommen.

Bsp.: Hebt das Verwaltungsgericht eine Entscheidung der Exekutive auf oder verpflichtet es sie sogar dazu, eine bestimmte Maßnahme vorzunehmen, liegt darin ein notwendiger Eingriff in deren Herrschaftsbereich.

Allerdings dürfen diese Eingriffe nicht in den Kernbereich der jeweils anderen Gewalt erfolgen, darin würde eine Verletzung des Grundsatzes der Gewaltenteilung liegen.

Bsp.: Die Ermessensausübung der Exekutive als deren Kernbereich darf das Verwaltungsgericht nur in engen Grenzen überprüfen und dabei keinesfalls sein Ermessen an die Stelle dessen der Behörde setzen (vgl. § 114 S. 1 VwGO).

In den Herrschaftsbereich der Judikative darf wegen ihrer Sonderstellung sogar überhaupt nicht eingegriffen werden.

staatliche Gewaltausübung durch verschiedene Rechtspersönlichkeiten

⊃ Zum anderen findet Gewaltenteilung dadurch statt, dass auch dieselbe Art der Gewalt innerhalb des Staats von verschiedenen Rechtspersönlichkeiten ausgeübt wird, also z.B. durch den Bund, die Länder und die Gemeinden. Insoweit ergeben sich Überschneidungen mit dem Bundesstaatsprinzip.

☑ hemmer-Methode: Die Gewaltenteilung sollte auch in ihren geschichtlichen Dimensionen bekannt sein; dies wird nicht selten in der mündlichen Prüfung gefragt. Namen wie Montesquieu oder Locke sollten dann geläufig sein und richtig eingeordnet werden können.

2. Normenhierarchie - Primat des Rechts[224]

a) Auch in einem Rechtsstaat muss (und kann) zwar nicht das gesamte Leben völlig durchnormiert sein, soweit allerdings Rechtsnormen bestehen, haben sie den Vorrang vor allen anderen, d.h. nicht-rechtlichen Maßstäben.

Normenhierarchie

Dabei besteht im Rechtsstaat typischerweise eine klare Normenhierarchie, d.h. es gibt Normen verschiedener Rangstufen, von denen die oberen den unteren vorgehen. Graphisch lässt sich das Verhältnis der Normen untereinander folgendermaßen darstellen:

Art. 79 III GG

Verfassung

Formelle = Parlamentsgesetze

Untergesetzliche Normen
v.a. Satzungen u. Verordnungen

Auch ungeschriebenes Recht ist im Rechtsstaat möglich, allerdings nur unter dem Vorbehalt des geschriebenen Rechts, d.h. nur, wo dieses planwidrige Lücken enthält. In seiner Rangordnung kann das ungeschriebene Recht dann freilich theoretisch auf allen Ebenen eingeordnet sein, d.h. es gibt auch Verfassungsgewohnheitsrecht, das geschriebenen einfachgesetzlichen Vorschriften vorgeht.

Gesetzesbegriff

b) Innerhalb der Normenhierarchie ist ein zentraler Begriff der des Gesetzes. Dabei kann - wie oben schon angedeutet - unterschieden werden zwischen:

---

[224] Vgl. dazu näher Hemmer/Wüst, Staatsrecht II, Rn. 110 ff.

- geschriebenen und ungeschriebenen und innerhalb der geschriebenen zwischen

- förmlichen und nicht-förmlichen Gesetzen

Während das ungeschriebene Recht in der Klausur eher selten und nur in engen Fallgruppen eine Rolle spielt, ist die zweite Unterscheidung zwischen förmlichen und nicht-förmlichen Gesetzen eine zentrale Frage. Förmliche Gesetze sind dabei solche, die als Willensakte der Gesetzgebungsorgane in dem durch die Verfassung vorgesehenen Gesetzgebungsverfahren zustande kommen. Nicht-förmliche Gesetze sind dagegen solche, die nicht von einem Parlament geschaffen wurden. Es gilt also:

Förmliche Gesetze	=	**Parlamentsgesetze**
Nicht-förmliche Gesetze	=	**Exekutivgesetze**

hemmer-Methode: Diese Unterscheidung spielt bspw. eine Rolle im Rahmen der konkreten Normenkontrolle nach Art. 100 I GG.[225] **Ein Vorlagerecht und eine entsprechende Pflicht bestehen nur hinsichtlich formeller nachkonstitutioneller Gesetze.**

Exekutivrecht: Satzungen und Verordnungen

c) Die wichtigsten Arten des Exekutivrechts (d.h. eines Rechtssatzes, den nicht das Parlament, sondern eine Behörde erlässt) sind die Verordnungen und die Satzungen. Konstruktiver Unterschied zwischen beiden ist, dass Satzungen aufgrund eigener, wenngleich durch Gesetz verliehener, autonomer Satzungsgewalt erlassen werden können, während die Rechtsverordnung eine spezielle gesetzliche Ermächtigung zum Erlass der speziellen Verordnung voraussetzt. Gemeinsam ist aber beiden, dass sie für Eingriffe in Rechte des Bürgers einer Grundlage durch ein förmliches Gesetz bedürfen. Bei Satzungen ergibt sich der Umfang der Satzungsautonomie aus den betreffenden Spezialgesetzen, bei Verordnungen aus Art. 80 I S. 2 GG (lesen!), wonach die Ermächtigungsgrundlage zum Verordnungserlass Inhalt, Zweck und Ausmaß der erteilten Ermächtigung hinreichend genau bestimmen muss.

hemmer-Methode: Satzungen können von Gebietskörperschaften, aber auch von Anstalten des Öffentlichen Rechts, erlassen werden. Wichtigster Fall des Satzungserlasses in der Klausur ist aber sicher die gemeindliche Satzung.

---

[225] Vgl. hierzu Rn. 27 ff.

3. Gesetzmäßigkeit der Verwaltung[226]

Gesetzmäßigkeit der Verwaltung:

a) Das Verhältnis der Exekutive zur Legislative ergibt sich aus Art. 20 III GG und Art. 83, 86 GG, wonach die Verwaltung die Gesetze ausführt und dabei an Gesetz und Recht gebunden ist. Diese Bindung der Verwaltung, sog. Gesetzmäßigkeit der Verwaltung, wird spezifiziert durch die Prinzipien von Vorrang und Vorbehalt des Gesetzes.

Dabei bedeutet:

Vorrang des Gesetzes

- Vorrang des Gesetzes, dass die Verwaltung nicht gegen bestehende Gesetze handeln darf, und

Vorbehalt des Gesetzes

- Vorbehalt des Gesetzes noch weiter gehend, dass die Verwaltung überhaupt nur handeln darf, wenn ein entsprechendes Gesetz dies gestattet.

Gesetzmäßigkeit der Verwaltung

Vorrang des Gesetzes ⇨ kein Handeln **gegen** Gesetz	**Vorbehalt des Gesetzes** ⇨ kein Handeln **ohne** Gesetz

b) Während der Vorrang des Gesetzes grds. uneingeschränkt gilt und i.d.R. keine Probleme aufwirft, sind beim Vorbehalt des Gesetzes mehrere Konstellationen zu unterscheiden:

im GR-Bereich grds. immer erforderlich

- Im Grundrechtsbereich gilt der Vorbehalt des Gesetzes ebenfalls uneingeschränkt, was sich schon aus dem Grundgesetz selbst ergibt.[227]

Wesentlichkeitstheorie

- Soweit der Gesetzgeber einzelne Bereiche nicht selbst erschöpfend regelt, sondern die Exekutive dazu ermächtigt,[228] führt der Vorbehalt des Gesetzes über Art. 80 I S. 2 GG hinaus zu der Forderung, dass alle wesentlichen Fragen vom Gesetzgeber selbst zu entscheiden sind (sog. Wesentlichkeitstheorie).[229]

---

[226] Vgl. dazu näher Hemmer/Wüst, Staatsrecht II, Rn. 119 ff.
[227] Zur Problematik der Grundrechtsgeltung in sog. Sonderstatus- oder Besonderen Gewaltverhältnissen vgl. Hemmer/Wüst, Staatsrecht II, Rn. 123 f.
[228] Vgl. oben Rn. 231.
[229] Vgl. BVerfG, NJW 1998, 2515 **= Life & Law 1998, 802.**

Hauptproblem: Vorbehalt des Gesetzes in der Leistungsverwaltung

⊃ Der problematischste Punkt zum Vorbehalt des Gesetzes ist seine Geltung in der Leistungsverwaltung,[230] also in Fällen, in denen nicht in Rechte des Bürgers eingegriffen wird, sondern im Gegenteil diesem vom Staat eine Leistung gewährt wird, z.B. bei der Vergabe von Subventionen. Während z.T. vertreten wird, dass in diesen Fällen mangels der Gefahr einer Rechtsverletzung der Vorbehalt des Gesetzes nicht gelten soll, wird überwiegend zumindest ein Gesetz im (nur) materiellen Sinn, konkret ein entsprechender Titel in einem Haushaltsgesetz gefordert.

236

Allerdings können sich in Einzelfällen strengere Anforderungen ergeben, z.B. wenn die Gefahr einer Grundrechtsbeeinträchtigung eines Dritten durch die Leistung an den Begünstigten besonders naheliegt oder wenn die Subventionierung einen wesentlichen, grundrechtssensiblen Bereich betrifft.[231] In einem solchen Fall gilt der „volle" Gesetzesvorbehalt.

☑ **hemmer-Methode:** Da diese Gefahr eigentlich immer besteht und der Staat angesichts knapper Kassen nichts zu verschenken hat, spricht einiges dafür, den Vorbehalt des Gesetzes auch in der Leistungsverwaltung konsequenter anzuwenden, als es die noch h.M. tut. Dies gilt insbesondere auch in der technischen Durchführung, also bei der Erstellung von Vergaberichtlinien, etc. In der Klausur sollte man aber dieser h.M. im Ausgangspunkt folgen und strengere Anforderungen nur in extremen Fällen (z.B. bei der Subventionierung im künstlerischen Bereich) und unter Anknüpfung an spezielle verfassungsrechtliche Vorgaben vertreten.

4. Vertrauensschutz und Bestimmtheit

Bestimmtheit und Rechtssicherheit

Eine wichtige Anforderung an einen Rechtsstaat ist auch die Vorhersehbarkeit und Berechenbarkeit staatlichen Handelns sowie die Rechtssicherheit.

237

☑ **hemmer-Methode:** Hier kann man sehr schön sehen, wie sogar einzelne Ausprägungen eines Staatsziels miteinander in Widerspruch treten können. Neben der Rechtssicherheit ist nämlich u.a. auch das Gebot materieller Gerechtigkeit staatlichen Handelns ein Element des Rechtsstaatsprinzips. Diese beiden Elemente können sich aber geradezu entgegenstehen, wenn es z.B. um die Möglichkeit geht, Gerichtsentscheidungen (u.U. sogar nach deren Rechtskraft) wieder aufzuheben. Die Rechtssicherheit fordert, getroffene Entscheidungen nicht mehr anzutasten, die materielle Gerechtigkeit fordert, jede falsche Entscheidung zu revidieren.

---

[230] Vgl. dazu ausführlicher Hemmer/Wüst, Staatsrecht II, Rn. 126 ff.
[231] Vgl. zum Problem der Pressesubventionen Degenhart, Staatsorganisationsrecht, Rn. 290 sowie BVerfGE 121, 30 = **Life & Law 2008, 683**.

Die Anfechtungsfristen für Gerichtsentscheidungen und der dreigliedrige Instanzenzug bilden insofern einen Kompromiss: Bis zu einem gewissen Punkt wird die Einzelfallgerechtigkeit stärker gewichtet, ab diesem Punkt (nämlich der formellen Rechtskraft) steht die Rechtssicherheit im Vordergrund und kann nur noch in engen Einzelfällen überwunden werden.

Zwei wichtige Ausprägungen des Rechtsstaatsprinzips in diesem Zusammenhang sind Vertrauensschutz und Rückwirkungsverbot sowie der Bestimmtheitsgrundsatz.

a) Vertrauensschutz und Rückwirkungsverbot

Vertrauensschutz und Rückwirkungsverbot

Der Vertrauensschutz spielt in verschiedenen Kontexten eine Rolle, spezielle Regelungen sind z.B. die §§ 48, 49 VwVfG oder der Schutz des Erworbenen durch Art. 14 GG. Eine wichtige Ausprägung ist auch das Rückwirkungsverbot für belastende Gesetze: 238

Art. 103 II GG

aa) Als (freilich nicht verallgemeinerungsfähige) Sondervorschrift verbietet Art. 103 II GG rückwirkende Strafvorschriften generell. 239

bb) Im Übrigen ist zu unterscheiden:

echte Rückwirkung: grds. unzulässig

⊃ Bei der echten (retroaktiven) Rückwirkung greift die Norm nachträglich in solche Tatbestände ein, die bereits in der Vergangenheit abgeschlossen sind. Eine solche Rückwirkung von Gesetzen ist grds. unzulässig, entsprechende Gesetze sind nichtig. 240

Bsp.: Ein Gesetz aus dem Jahre 2009 bestimmt, dass für alle Einkünfte aus den Jahren 2003 bis 20007 noch einmal ein Solidaritätszuschlag von 7,5 % nachgezahlt werden muss.

Ausnahmen gelten, wenn „ungeordnete Schwebezustände" geklärt werden sollen oder ein neues Gesetz an Stelle eines nichtigen Gesetzes tritt, da kein Vertrauensschutz besteht, wenn der Betroffene aufgrund der verworrenen Gesetzeslage mit einer entsprechenden Klärung rechnen musste.

unechte Rückwirkung: grds. zulässig

⊃ Bei der unechten (retrospektiven) Rückwirkung wirkt die Norm auf Tatbestände ein, die zwar aus der Vergangenheit herrühren, aber noch nicht abgeschlossen sind. 241

Bsp.: Änderung der gesetzlichen Voraussetzungen für das Betreiben eines Handelsgewerbes:

Ein Gewerbetreibender hat in der Vergangenheit den Gewerbebetrieb aufgenommen. Die Aufnahme selbst ist ein vergangener Tatbestand, er betreibt das Gewerbe aber immer noch.

Bei diesen so genannten Dauertatbeständen ergibt sich kein Rückwirkungsproblem. Die Grenzen hier sind die eines gewissen Vertrauensschutzes, der aber keineswegs so weit geht wie bei der echten Rückwirkung.

Die unechte Rückwirkung ist grundsätzlich zulässig, da es grundsätzlich kein schutzwürdiges Vertrauen in den Fortbestand einer bestehenden Rechtslage gibt, es sei denn es wurde ein besonderer Vertrauenstatbestand geschaffen.

Rückwirkung von Rechtsfolgen und tatbestandliche Rückanknüpfung

Ohne wesentliche Unterschiede in den Ergebnissen unterscheidet der zweite Senat des BVerfG statt zwischen echter und unechter Rückwirkung auch oft zwischen Rückwirkung von Rechtsfolgen und tatbestandlicher Rückanknüpfung.

242

Unzulässig ist damit ein Gesetz, das bereits vor seiner Verkündung gelten soll, im Unterschied zu einem solchen, das (auch hinsichtlich bereits vergangener Tatsachen) erst für die Zukunft Änderungen mit sich bringt.[232]

b) Bestimmtheit

Erfordernis der Bestimmtheit

Auch Bestimmtheitsprobleme stellen sich in verschiedenen Kontexten ein. Bei einer Ordnungsverfügung etwa, die dem Bürger die Beseitigung einer Störung aufgibt, müssen für ihn Ziel und Mittel der Störungsbeseitigung erkennbar sein. Eine Verfügung, die ihm aufgibt, alles Erdenkliche zu tun, um die Lärmbelästigung auf ein vertretbares Maß zu reduzieren, genügt diesen Anforderungen nicht. Ein Gesetz dagegen betrifft eine Vielzahl von Adressaten und eine Vielzahl von Fällen. Bestimmtheitserfordernisse stellen sich hier ganz anders als bei der Einzelverfügung. So ist z.B. grundsätzlich die Verwendung unbestimmter Rechtsbegriffe angesichts der Vielgestaltigkeit der Lebenssachverhalte notwendig und zulässig. Strengere Grundsätze gelten nach Art. 103 II GG für Strafgesetze bzw. Gesetze über Ordnungswidrigkeiten.

243

hemmer-Methode: D.h. für Sie, dass Bestimmtheitsprobleme immer bezogen werden müssen auf die jeweilige Handlungsform der Verwaltung. Unterscheiden Sie die Handlungsform der Exekutive:
1. Einzelfallbezogen: Verwaltungsakt, Zusicherung, Vertrag, Auskunft.
2. Allgemeiner Bezug: Rechtsverordnung, Satzung, Verwaltungsverordnung, Plan.

---

[232] Der BFH stellt die Unterscheidung zwischen echter und unechter Rückwirkung hinsichtlich solcher Steuergesetze in Frage, die während eines laufenden Veranlagungszeitraums erlassen werden, BFH, NJW 2006, 3664 = LNRB 2006, 23097 = **Life & Law 2007, Heft 4.**

Sehen Sie auch hier wieder die Wechselwirkung zwischen verschiedenen rechtsstaatlichen Prinzipien: Geht es z.B. um die Anordnung, die Zufahrt zu einem Gewerbebetrieb an eine andere Stelle des Grundstücks zu verlegen, kann das Verhältnismäßigkeitsprinzip sogar eine gewisse Unbestimmtheit gebieten! Würde nämlich die Führung der neuen Zufahrt ganz genau vorgeschrieben, obwohl andere Wege genauso möglich wären, läge hierin eine nicht erforderliche Belastung des Grundstückseigentümers.

II. Überblick über die übrigen Staatszielbestimmungen

1. Republik

Republik

Die Staatszielbestimmung der Republik schließt die Einführung einer Monarchie aus und stellt eine Entscheidung für ein revozierbares Staatsoberhaupt dar.

244

Die Bedeutung des Republikprinzips wird in den Vorschriften über den Bundespräsidenten konkretisiert,[233] der durch Wahl und nicht auf Lebenszeit bestimmt wird.

2. Sozialstaatsprinzip[234]

Sozialstaatsprinzip

Das Sozialstaatsprinzip wird in Art. 20 I, 28 I S. 1 GG erwähnt und findet Ausprägungen außerdem in den Grundrechten der Art. 6, 9 III, 14 und 15 GG.

245

soziale Sicherheit und soziale Gerechtigkeit

Wichtigste Inhalte des Sozialstaatsprinzips sind die Gebote sozialer Sicherheit und sozialer Gerechtigkeit. Für die Gesetzgebung stellt es ein Verbot unsozialer Gesetze auf. Allerdings ist eine unmittelbare Ableitung von Rechtsfolgen aus dem Sozialstaatsprinzip auf extreme Fälle beschränkt, insbesondere kommt ihm als eigenständige Anspruchsgrundlage keine große eigenständige Bedeutung zu, solange das Existenzminimum einfachgesetzlich durch die Regelungen des BSHG gesichert ist. Allerdings ist es denkbar, dass es z.B. bei Verwaltungsentscheidungen ermessenssteuernd wirkt.

3. Bundesstaatsprinzip

allgemeine Staatslehre: Bundesstaat steht zwischen Einheitsstaat und Staatenbund

Nach allgemeiner Staatslehre ist der Bundesstaat ein Staatsgebilde zwischen Einheitsstaat und Staatenbund, in dem sowohl der Zentralstaat als auch die Gliedstaaten echte originäre Staatsgewalt besitzen.

246

---

[233] Zum Bundespräsidenten und seiner Stellung vgl. auch unten Rn. 273 ff., sowie Hemmer/Wüst, Staatsrecht II, Rn. 204 ff.
[234] Vgl. dazu näher auch Hemmer/Wüst, Staatsrecht II, Rn. 68 ff.

Das Bundesstaatsprinzip sichert sowohl den Gliedstaaten als auch dem Zentralstaat Existenz und eigene kraftvolle Betätigungsmöglichkeiten zu. Allerdings kann eine Begrifflichkeit aus der allgemeinen Staatslehre letztlich nicht weiter reichen, als eben die bundesstaatlichen Elemente im Grundgesetz festgeschrieben sind.

> *Bsp.: Auch wenn es jemandem im Einzelfall unter einer idealtypischen Vorstellung vom Bundesstaat angemessener erschiene, dass der Einflussbereich der Länder bei der Gesetzgebung vergrößert wird, kann diese Erwägung nicht über die Kataloge der Gesetzgebungskompetenzen des Bundes hinweghelfen.*
>
> *Für die Annahme eines insoweit „verfassungswidrigen Verfassungsrechts" in den Kompetenztiteln dürfte das Bundesstaatsprinzip als solches i.d.R. zu schwach und unbestimmt sein.*

Auch dem Bundesstaatsprinzip kann Bedeutung in der Klausur zukommen, allerdings v.a. in den Fällen, in denen es im Grundgesetz eine der soeben angesprochenen speziellen Konkretisierungen gefunden hat, weshalb eine allgemeine Darstellung des Bundesstaatsprinzips „an sich" hier nicht erfolgt.[235]

Als spezielle normative Ausprägungen des Bundesstaatsprinzips sind dagegen erwähnenswert:[236]

247

- ⊃ Die Homogenitätsklausel des Art. 28 I und III GG, die gewährleisten soll, dass die verfassungsmäßige Ordnung der Länder in den Grundzügen (Schlagwort: Homogenität, nicht Uniformität) den Anforderungen des Grundgesetzes entspricht.

- ⊃ Die Kompetenzklausel des Art. 30 GG, wonach die Staatsgewalt bei den Ländern liegt, soweit nichts anderes geregelt ist. Im engen Zusammenhang dazu sind auch die speziellen Kompetenzvorschriften *der Art. 70 ff.* GG (für die Gesetzgebung) und Art. 83 ff. GG (für die Verwaltung) zu sehen.

- ⊃ Die Kollisionsklausel des Art. 31 GG, wonach Bundesrecht Landesrecht bricht, soweit beide wirksam sind; dies gilt auch, wenn das Landesrecht an sich ranghöher, spezieller oder lex posterior wäre.

- ⊃ Die Grundrechtsklausel des Art. 142 GG als lex specialis zu Art. 31 GG.

- ⊃ Die die Stellung des Bundesrats regelnden Normen der Art. 50 ff. GG.[237]

---

[235] Vgl. dazu näher (auch mit weiteren Nachweisen) Hemmer/Wüst, Staatsrecht II, Rn. 75 ff., 88 f.
[236] Vgl. dazu näher Hemmer/Wüst, Staatsrecht II, Rn. 81 ff.
[237] Zu seiner Mitwirkung beim Gesetzgebungsverfahren vgl. Rn. 261.

4. Demokratieprinzip[238]

Volkssouveränität als Ausübung der Staatsgewalt

Das Demokratieprinzip beinhaltet die Volkssouveränität als Ausübung der Staatsgewalt im Namen des Volkes und die Wahl der wichtigsten Träger der Staatsgewalt durch das Volk. Deutlich wird das in Art. 20 II GG, nach dem alle Staatsgewalt vom Volk ausgehen soll, welches es durch Wahlen und Abstimmungen (Volksentscheide, Volksbegehren und Volksbefragungen) ausübt.

Das Grundgesetz hat sich für eine mittelbare repräsentative Demokratie entschieden und eine unmittelbare Entscheidungsbefugnis des Volkes gibt es nur, wenn diese vom Grundgesetz ausdrücklich vorgesehen ist.

Das Demokratieprinzip umfasst weiterhin das Prinzip der Mehrheitsentscheidung, die Gleichheit der Staatsbürger, die politischen Grundrechte (z.B. Art. 5 I, 8 GG) und die Oppositionsfreiheit. Wesentlich für eine Demokratie ist zudem, dass die durch Wahlen vermittelte Legitimation zeitlich begrenzt ist, Demokratie bedeutet immer auch eine „Herrschaft nur auf Zeit".

Wichtig ist aus diesem Grund das Prinzip der demokratischen Legitimation jeder Ausübung hoheitlicher Gewalt, wobei diese unterschiedlich intensiv vorliegen kann.

demokratische Legitimation

Nach dem Grundgesetz ist nur das Parlament vom Volk gewählt und damit direkt legitimiert. Alle anderen Staatsorgane müssen durch die Einschaltung des Parlaments mittelbar demokratisch legitimiert werden.

Insbesondere wird auch die Bundesregierung nicht vom Volk gewählt, sie wird aber vom Parlament bestimmt und überwacht (System der parlamentarischen Demokratie) und ist gegenüber dem Volk mittelbar demokratisch legitimiert.

5. Weitere Staatszielbestimmungen

weitere Staatsziele

Neben diesen „klassischen Staatszielen" wurden außerdem als Ausdruck gewandelter politischer Ziele und gesellschaftlicher Vorstellungen auch der Schutz der natürlichen Lebensgrundlagen (Art. 20a GG) und die Europäische Einigung (Art. 23 I GG) zu Staatszielen erhoben.

---

[238] Vgl. dazu näher Hemmer/Wüst, Staatsrecht II, Rn. 90 ff.

B) Staatsgewalten und Kompetenzen

Staatsgewalten und Kompetenzverteilung

Wie oben erwähnt herrscht im Rechtsstaat Gewaltenteilung; zum einen durch die Trennung von Legislative, Exekutive und Judikative, zum anderen aber auch durch die Aufteilung dieser Gewalten auf mehrere Ebenen, v.a. Bund, Länder und Gemeinden.

Im Bundesstaat von besonderer Bedeutung ist dabei die Frage, ob jeweils der Bund oder das Land die Kompetenz hat, eine Gewalt auszuüben.

Im GG stellt Art. 30 die Grundsatzregel der Ausübung staatlicher Gewalt durch die Länder auf, die aber in den jeweiligen Bereichen noch durch Sondervorschriften ergänzt und modifiziert wird.

I. Legislative

Unter dem Grundgesetz gibt es mehrere verschiedene Arten der Gesetzgebungskompetenz, nämlich

- (ausschließliche) Länderkompetenz

- ausschließliche Bundeskompetenz als geschriebene Kompetenzen und nach h.M. auch

- ungeschriebene Kompetenzen

- konkurrierende Gesetzgebungskompetenzen (Bund oder subsidiär Länder)

1. Grundsatz: Länderkompetenz

Art. 70 GG: Grundsatz Länderkompetenz

Nach Art. 70 GG steht die Gesetzgebungskompetenz den Ländern zu, wenn nicht eine Kompetenz des Bundes bestimmt ist (oder ein Fall ungeschriebener Bundeskompetenz vorliegt, vgl. u. Rn. 256 ff.).

> *Bsp.:*[239] *Die wichtigsten Fälle der Landeskompetenzen sind das allgemeine Polizei- und Sicherheitsrecht sowie die Kulturhoheit. Eine Rolle in der Klausur kann auch das Feiertagsrecht sowie das Straßen- und Wegerecht (vorbehaltlich des Boden-, Fernstraßen- und Straßenverkehrsrechts) spielen. Weitere Bereiche sind das Gemeinderecht, das Recht der Landesverfassungsgerichtsbarkeit und das Wahlrecht der Länder.*

---

[239] Vgl. zu diesen und weiteren Beispielen m.w.N. Jarass/Pieroth, Art. 70 GG, Rn. 12.

hemmer-Methode: Auch wenn in der Praxis die Gesetzgebung durch den Bund in den meisten Bereichen die größere Rolle spielt, sollten Sie in der Klausur als Ausgangspunkt Ihrer Prüfung von Art. 70 GG ausgehen, um zu zeigen, dass Sie das Regelungsprinzip des Grundgesetzes verstanden haben. Eine ausdrückliche Zuweisung von Kompetenzen an die Länder gibt es im Grundgesetz nur an wenigen Stellen, vgl. Art. 98 III, 105 IIa und 106 VII GG.

2. Geschriebene Bundeskompetenzen

Die nach Art. 70 GG erforderliche Zuweisung von Gesetzgebungskompetenzen an den Bund erfolgt im Grundgesetz verschieden:

a) Ausschließliche Bundeskompetenzen

Art. 71, 73 GG: ausschließliche Bundeskompetenz

Nach Art. 71 GG kann in einzelnen Bereichen der Bund die ausschließliche Gesetzgebungskompetenz haben, d.h. Ländergesetze können überhaupt nur wirksam sein, wenn der Bund die Länder zur Gesetzgebung ermächtigt hat.

253

hemmer-Methode: Art. 71 GG ist insoweit lex specialis zu Art. 31 GG, der ja „nur" einen Vorrang von Bundesrecht anordnet, d.h. bei Art. 71 GG sind die Landesgesetze nichtig unabhängig davon, ob eine Kollision mit Bundesrecht vorliegt. Bei Art. 31 GG ist eine Landeskompetenz grundsätzlich gegeben und das Gesetz ist wirksam, es sei denn es liegt eine Kollision vor.

Die Gegenstände der ausschließlichen Gesetzgebungskompetenz sind im Katalog des Art. 73 GG aufgezählt (lesen!). Darüber hinaus wird nach h.M. aber auch eine ausdrückliche Bundeskompetenz begründet, wenn das Grundgesetz eine nähere Regelung „durch ein Bundesgesetz" o.Ä. vorsieht.

Bspe.: Art. 4 III S. 2 (Zivildienst), 21 III (Parteienwesen), 38 III (Wahlen), 87 I S. 2 (Festlegung der Gemeinschaftsaufgaben), 94 II GG (nähere Regelung des BVerfG).

b) Konkurrierende Gesetzgebungskompetenz

Art. 72, 74 GG: konkurrierende Gesetzgebungskompetenz

Im Bereich der konkurrierenden Gesetzgebung steht die Gesetzgebungskompetenz den Ländern zu, solange und soweit der Bund davon keinen Gebrauch gemacht hat.[240]

254

---

[240] Näher dazu Hemmer/Wüst, Staatsrecht II, Rn. 150 ff.; BVerfG, NJW 2003, 41.

Insbesondere die Frage, wie weit der Bund davon Gebrauch gemacht hat, kann problematisch sein, d.h. in der Klausur muss möglicherweise ein Bundesgesetz dahingehend ausgelegt werden, ob es abschließend sein soll. Davon ist nur auszugehen, wenn der Bund die Materie erschöpfend geregelt hat.

Soweit der Bund von seiner Kompetenz Gebrauch gemacht hat, ist den Ländern ein weiteres Tätigwerden verwehrt. Etwas anderes gilt in den Fällen des Art. 72 III GG. Hier dürfen die Länder von zuvor erlassenen Bundesgesetzen abweichende Regelungen schaffen. Der Grundsatz Bundesrecht bricht Landesrecht, Art. 31 GG, wird hier durch den lex-posterior-Grundsatz ersetzt, Art. 72 III S. 3 GG.

Voraussetzung nach Art. 72 II GG: Erforderlichkeit einer bundesgesetzlichen Regelung

Voraussetzung dafür, dass der Bund aber überhaupt die Materie regeln darf, ist nach Art. 72 II GG in den dort genannten Fällen, dass eine bundesgesetzliche Regelung „erforderlich" ist. Diese Erforderlichkeit ist nur gegeben, wenn die Gleichwertigkeit der Lebensverhältnisse im Bund nicht auch durch (gleichgerichtete) Ländergesetze erreicht werden kann.[241] In diesem Zusammenhang ist auch an Art. 93 I Nr. 2a GG zu denken, der eine Überprüfung des Vorliegens der Erforderlichkeit auf Initiative der Ländervertretungen und des Bundesrats ermöglicht. Nach Art. 93 II GG kann überprüft werden, dass diese Erforderlichkeit nicht mehr besteht.[242] Die entsprechende Bundesverfassungsgerichtsentscheidung ersetzt dann ein Bundesgesetz nach Art. 72 IV GG.

Die Gegenstände der konkurrierenden Gesetzgebung sind in Art. 74 GG geregelt. Da dieser Katalog einige Bereiche beinhaltet, die sich z.B. für Grundrechtsklausuren anbieten, ist gerade die konkurrierende Gesetzgebung relativ klausurrelevant.

Bspe. aus Art. 74 I GG: Nr. 1 (Bürgerliches Recht und Strafrecht), Nr. 3 (Vereins- und Versammlungsrecht), Nr. 11 (Recht der Wirtschaft), Nr. 12 (Arbeits- und Sozialversicherungsrecht), Nr. 19 (Maßnahmen gegen Krankheitsübertragung und Zulassung zu Heilberufen), Nr. 24 (Abfallbeseitigung und Immissionsschutz).

3. Ungeschriebene Bundeskompetenzen

ungeschriebene Bundeskompetenzen

Darüber hinaus werden (freilich in engen Grenzen) von der überwiegenden Ansicht auch noch ungeschriebene Gesetzgebungskompetenzen des Bundes anerkannt.

---

[241] Näher dazu Hemmer/Wüst, Staatsrecht II, Rn. 155 ff.
[242] Vgl. oben Rn. 26.

Kompetenz kraft Sachzusammenhangs

Dabei wird herkömmlich unterschieden zwischen:

⊃ Kompetenz kraft Sachzusammenhangs, nach der der Bund übergreifende Regelungen treffen darf, die unerlässlich sind, um eine ausdrücklich zugewiesene Materie sinnvoll zu regeln. Es findet also eine Ausweitung „in die Breite" statt.[243]

Bsp.: Gebührenfestsetzungen für gerichtliche Beurkundungen im Zusammenhang mit dem bürgerlichen Recht.

Annexkompetenz

⊃ Annexkompetenz, von der die Stadien der Vorbereitung und Durchführung einer Materie innerhalb des Kompetenztitels miterfasst werden. Es findet also eine Ausweitung „in die Tiefe" statt.

Bsp.: Polizei- und Ordnungsgewalt zu einer speziellen Materie kann durch den Bundesgesetzgeber mitgeregelt werden, so z.B. im Gewerberecht auch die gewerbeaufsichtlichen Maßnahmen.

Kompetenz kraft Natur der Sache

⊃ Kompetenz kraft Natur der Sache, nach der der Bund Materien regeln darf, die der Gesetzeskompetenz der Länder a priori entzogen sind, die vielmehr begriffsnotwendig vom Bund geregelt werden müssen.

Bsp.: Bestimmung des Sitzes der Bundesregierung, Festlegung von Nationalfeiertagen.[244]

hemmer-Methode: Lernen Sie schon vom Begriff her problemorientiert. Dadurch werden obige Differenzierungen leichter verständlich.

4. Exkurs: Gesetzgebungsverfahren des Bundes

Gesetzgebungsverfahren des Bundes

Die Beachtung der Gesetzgebungskompetenzen ist entscheidend für die formelle Verfassungsmäßigkeit des Gesetzes und kann so z.B. auch bei einer Verfassungsbeschwerde von Bedeutung sein.[245]

Ebenfalls möglicher Prüfungsgegenstand einer Klausur ist das Gesetzgebungsverfahren des Bundes. Nur wenn das Gesetz auch insoweit ordnungsgemäß zustande gekommen ist, ist es formell verfassungsmäßig.

Da sich hier jedoch seltener Probleme ergeben, soll hier nur der grundsätzliche Ablauf kurz dargestellt werden, hinsichtlich einzelner möglicher Probleme sei verwiesen auf unser Skript Staatsrecht II.[246]

---

[243] Vgl. BVerfG, NJW 1998, 841.
[244] Vgl. BVerfG, NJW 1998, 2515 = **Life & Law 1998, 802.**
[245] Vgl. oben Rn. 108 ff.
[246] Hemmer/Wüst, Staatsrecht II, Rn. 168 ff.

a) Gesetzgebungsinitiative und Vorverfahren

Gesetzgebungsinitiative

Das formelle Gesetzgebungsverfahren wird durch die Einbringung einer Gesetzesvorlage in den Bundestag eingeleitet.

260

Dazu berechtigt sind nach Art. 76 I GG die Bundesregierung, der Bundesrat und die „Mitte des Bundestags", welche nach § 76 I GeschOBT aus einer Fraktion[247] oder fünf Prozent der Mitglieder besteht. Anschließend werden die Gesetzesvorlagen nach Maßgabe der umfänglichen Regelung in Art. 76 II und III GG weitergeleitet,[248] um Stellungnahmen von anderen Organen einzuholen.

b) Beschlussfassung

Beschlussfassung im Bundestag

Die Beschlussfassung über das Gesetz findet im Bundestag statt, wobei nach §§ 78 ff. GeschOBT in drei Lesungen darüber beraten und schließlich abgestimmt wird.

261

Beteiligung des Bundesrates: diff. Einspruchs- und Zustimmungsgesetze

Von Bedeutung ist hier besonders die Rolle des Bundesrates, vgl. Art. 77 GG:[249] Bei sog. Einspruchsgesetzen kann er gegen das Gesetz Einspruch einlegen, welcher nur mit qualifizierten Mehrheit vom Bundestag zurückgewiesen werden kann, Art. 77 III, IV GG. In den Fällen, in denen das Grundgesetz bestimmt, dass die Zustimmung des Bundesrates erforderlich ist, kann das Gesetz ohne diese überhaupt nicht zustande kommen.

**hemmer-Methode: Ein Zustimmungsgesetz liegt jedoch nur vor, wenn dies ausdrücklich im Grundgesetz geregelt ist, z.B. Art. 84 I GG.[250]
Ein interessantes Problem in diesem Zusammenhang ist die Frage, welche Folgen es nach sich zieht, wenn die Vertreter eines Landes in einer Bundesratssitzung entgegen Art. 51 III S. 2 GG nicht einheitlich abstimmen.[251]**

c) Ausfertigung und Verkündung

Ausfertigung und Verkündung

Ist das Gesetz zustande gekommen, ist es vom zuständigen Fachminister und vom Bundeskanzler gegenzuzeichnen und vom Bundespräsidenten auszufertigen und zu verkünden.[252]

262

---

[247] Definiert in § 10 GeschOBT.
[248] Zu dabei möglichen Problemkonstellationen vgl. Hemmer/Wüst, Staatsrecht II, Rn. 171.
[249] Näher dazu Hemmer/Wüst, Staatsrecht II, Rn. 173 ff.
[250] Vgl. dazu Rn. 267.
[251] Vgl. hierzu BVerfGE 106, 310 = **Life & Law 2003, 273**; Hoppe, „Das Schweigen von Innenminister Schönbohm im Bundesrat", DVBl. 2002, 725; Ipsen, „Gespaltenes Votum bei Abstimmungen im Bundesrat", DVBl. 2002, 653; Schenke, „Die verfassungswidrige Bundesratsabstimmung", NJW 2002, 1318.
[252] Zur Frage des Prüfungsrechts des Bundespräsidenten vgl. unten Rn. 278 ff.

d) Verfassungsändernde Gesetze

verfassungsändernde Gesetze, Art. 79 GG: spezielle formale Anforderungen und Ewigkeitsgarantie

Bei verfassungsändernden Gesetzen ist nach Art. 79 II GG außerdem formell zu beachten, dass eine Zweidrittelmehrheit in Bundestag und Bundesrat erforderlich ist und nach Absatz 1 ausdrücklich der Wortlaut des Grundgesetzes geändert werden muss. Materiell gilt die sog. Ewigkeitsgarantie des Art. 79 III GG, d.h. die bundesstaatliche Ordnung, der Schutz der Menschenwürde nach Art. 1 GG und die in Art. 20 GG niedergelegten Grundsätze dürfen nicht geändert werden.

263

II. Exekutive

Exekutive – Verwaltungskompetenzen

Der Exekutive gehören die Staatsleitung und - hier v.a. von Interesse – die Verwaltung an. Dabei ist Verwaltungshandeln nach einer negativ abgrenzenden Definition das Wahrnehmen einer öffentlichen Aufgabe, die nicht Rechtsprechung oder Gesetzgebung ist. Ausschlaggebend ist dabei nicht die Rechtsform des Handelnden (z.B. einer GmbH), sondern das Zuordnungssubjekt (der Staat) und dessen Zielsetzung (Erfüllung öffentlicher Aufgaben).

264

1. Grundsatz der Länderverwaltung

Art. 83 GG: Grundsatz der Länderverwaltung

Auch bei der Verwaltung ergibt sich als Grundsatz, dass die Ausübung der hoheitlichen Gewalt durch die Länder stattfindet. Soweit es sich um sog. gesetzesakzessorische Verwaltung, also den Vollzug von Gesetzen, handelt, ergibt sich das aus Art. 83 GG, für die nicht-gesetzesakzessorische Verwaltung bleibt es bei der allgemeinen Grundregel des Art. 30 GG.[253]

265

2. Ausführung der Bundesgesetze als eigene Angelegenheiten

eigene Angelegenheiten

Dabei führen die Länder nach Art. 83, 84 I GG grds. auch Bundesgesetze als eigene Angelegenheiten aus.

266

hemmer-Methode: Die Ausführung der Landesgesetze ist im Grundgesetz nicht geregelt. Dass aber auch diese durch die Länder erfolgt, ist selbstverständlich und ergibt sich zumindest ebenfalls aus der Grundnorm des Art. 30 GG.

Organisationsgewalt

Die Ausführung als eigene Angelegenheit bedeutet, dass den Ländern die Organisationsgewalt zusteht und sie die notwendigen Behörden einrichten und das Verwaltungsverfahren selbst regeln können.

---

[253] Vgl. oben Rn. 247.

Die „Einrichtung der Behörden" umfasst dabei nicht nur die Ausstattung mit sachlichen und persönlichen Mitteln und die Bestimmung von deren Sitz und örtlicher wie sachlicher Zuständigkeit, sondern nach h.M. auch ihre Errichtung, also die Neugründung einer Behörde. Zugleich steht dem Land in diesen Fällen auch die Aufgabenzuweisung an die Behörde zu, die von der Errichtung nicht sinnvoll getrennt werden kann.

Allerdings können auch die Bundesgesetze selbst die Regelung dieser Organisationsbereiche enthalten, Art. 84 I S. 1 GG. Von diesen Bundesgesetzen können die Länder wiederum abweichende Regelungen erlassen, Art. 84 I S. 2 GG, soweit nicht der Bund nach Art. 84 I S. 5 u. 6 GG mit Zustimmung des Bundesrates ausnahmsweise abweichungsresistente Verfahrensregelungen geschaffen hat.

Rechtsaufsicht des Bundes

Gemäß Art. 84 II GG übt der Bund bei der Ausführung von Bundesgesetzen durch die Länder als eigene Angelegenheiten lediglich eine Rechtsaufsicht[254] (es wird nur die Rechtmäßigkeit, nicht die Zweckmäßigkeit geprüft) aus, die sich nach Art. 84 III, IV GG (lesen!) in einem Recht auf allgemeine Information, der Möglichkeit, einen Beauftragten zu entsenden oder eine Mängelrüge auszusprechen sowie in dem Recht, in bestimmten Fällen Einzelweisungen auszusprechen, manifestiert.

3. Bundesauftragsverwaltung

Bundesauftragsverwaltung (Einfluss des Bundes größer, aber echte Länderverwaltung)

Art. 85 GG sieht die Möglichkeit vor, dass die Länder Bundesgesetze in Form der Bundesauftragsverwaltung ausführen. Dabei unterstehen die Landesbehörden einem Weisungsrecht der obersten Bundesbehörde, und es findet nach Art. 85 IV GG eine Fachaufsicht statt, d.h. die Aufsicht erstreckt sich auch auf die Zweckmäßigkeit des Verwaltungshandelns. Welche Materien zur Bundesauftragsverwaltung gehören, ergibt sich abschließend aus dem Grundgesetz.

Auch die Bundesauftragsverwaltung ist gleichwohl „echte Länderverwaltung" insofern, als die Länder Behördeneinrichtung und Verwaltungsverfahren regeln können, soweit nicht ein Gesetz mit Zustimmung des Bundesrates etwas anderes vorsieht, Art. 85 I GG.

4. Bundeseigene Verwaltung

bundeseigene Verwaltung

Schließlich kennt das Grundgesetz auch die bundeseigene Verwaltung, Art. 87 GG. Hier tritt der Bund selbst nach außen als Verwaltungsträger auf. Die Gegenstände der bundeseigenen Verwaltung ergeben sich zum einen aus Art. 87 GG selbst, zum anderen aus weiteren Vorschriften des Grundgesetzes, z.B. Art. 87b, 87d I, 89, 90 III GG.

---

[254] Näher zur Aufsicht sowie zur Abgrenzung der Rechts- zur Fachaufsicht vgl. Hemmer/Wüst, Staatsrecht II, Rn. 188 f.

Nach der näheren Ausgestaltung kann unterschieden werden zwischen

- bundesunmittelbarer Verwaltung, in denen der Bund selbst als juristische Person des öffentlichen Rechts unmittelbarer Träger der Verwaltungsbehörden ist, und

- mittelbarer Bundesverwaltung, bei der Aufgaben an i.d.R. selbständige juristische Personen des Öffentlichen Rechts übertragen werden, die dem Bund untergeordnet sind.

hemmer-Methode: Sie sollten die grundsätzlichen Unterschiede und die Begrifflichkeiten zumindest für das mündliche Examen beherrschen. Es sind aber auch Klausurfälle denkbar, in denen die Arten der Verwaltung und die Verwaltungskompetenzen zentrale Probleme darstellen. Lesen Sie dazu den Beispielsfall in unserem Skript Staatsrecht II, Rn. 198.

III. Judikative

Judikative

Im Bereich der Judikative spielt die Kompetenzverteilung im Bundesstaat in der Klausur selten eine Rolle, gleichwohl soll ihre Grundstruktur dargestellt werden. Nach Art. 92 GG wird die rechtsprechende Gewalt durch die im Grundgesetz vorgesehenen Bundesgerichte und die Gerichte der Länder ausgeübt, d.h. praktisch sind die meisten Gerichte[255] Landesgerichte. Auf Bundesebene gibt es das BVerfG nach Art. 93, 94 GG sowie die obersten Gerichtshöfe des Bundes nach Art. 95 GG.

271

Bsp.: Dies sind für die Bereiche der ordentlichen Gerichtsbarkeit der Bundesgerichtshof (BGH), des Weiteren das Bundesverwaltungsgericht (BVerwG), der Bundesfinanzhof (BFH), das Bundesarbeitsgericht (BAG) und das Bundessozialgericht (BSG).

Außerdem können nach Art. 96 GG für bestimmte Bereiche zusätzlich besondere Bundesgerichte eingerichtet werden, die allerdings in der Klausur keine Rolle spielen dürften.

C) Oberste Staatsorgane

Auch die obersten Staatsorgane können Gegenstand einer Klausur sein, so z.B. wenn es im Organstreitverfahren um die Abgrenzung ihrer Rechte untereinander geht, aber z.B. auch mit der Frage nach dem Prüfungsrecht des Bundespräsidenten bei der Ausfertigung eines Gesetzes als Einstieg in eine Grundrechtsprüfung.

272

---

[255] Zum Begriff des Gerichts nach dem Grundgesetz vgl. Hemmer/Wüst, Staatsrecht II, Rn. 28, 200 ff.

Dem Zuschnitt auf die Klausur entsprechend werden nur die drei klausurrelevantesten Organe behandelt, nämlich der Bundespräsident, die Bundesregierung und der Bundestag. Der Bundesrat hat Klausurrelevanz überwiegend in seiner Rolle bei der Gesetzgebung[256] bzw. in der Abgrenzung seiner Kompetenzen zu denen anderer Organe.

Der Funktion des Basics-Skripts entsprechend sollen Verständnis für die Stellung des jeweiligen Organs im Staatsgefüge geschaffen und die wichtigsten klausurrelevanten Probleme deutlich gemacht werden.

I. Bundespräsident

Bundespräsident: v.a. Art. 54 ff. GG

Das Amt des Bundespräsidenten ist primär in den Art. 54 ff. GG geregelt, allerdings wird er auch in anderen Normen (v.a. Art. 82 GG zur Verkündung von Gesetzen) erwähnt.

273

Der Bundespräsident wird nach Art. 54 I S. 1 GG durch die Bundesversammlung auf fünf Jahre gewählt, welche sich zu gleichen Teilen aus den Mitgliedern des Bundestages und von den Ländern bestimmten Mitgliedern zusammensetzt.[257]

1. Stellung des Bundespräsidenten

Stellung des Bundespräsidenten

Die Rechtsstellung des Bundespräsidenten ist als solche im Grundgesetz nicht geregelt, er ist aber unstreitig das Staatsoberhaupt der Bundesrepublik Deutschland.

274

unselbstständiger, nicht regierender Präsident

Gleichwohl ist seine Stellung vergleichsweise schwach, und er ist ein „unselbstständiger, nicht regierender Präsident",[258] der in seinen meisten Entscheidungen von anderen Organen abhängig ist.

Er hat eigenständige Macht v.a., wenn andere Verfassungsorgane nicht mehr arbeiten können, z.B. in den Fällen der Auflösung des Bundestags.

☑ **hemmer-Methode:** Häufig wird auch der Machtverlust im Vergleich zum Reichspräsidenten nach der WRV betont. Allerdings hilft diese angeblich schwächere Stellung argumentativ nicht weiter, wenn es um Fragen geht, die im Grundgesetz nicht ausdrücklich geregelt sind: Ob nämlich der Bundespräsident dann in diesem speziellen Zusammenhang ebenfalls eine schwächere Stellung hat, soll ja gerade erst untersucht werden.

---

[256] Vgl. oben Rn. 261.
[257] Näher zur Wahl vgl. Hemmer/Wüst, Staatsrecht II, Rn. 205; darauf, dass diese Wahl auf Zeit Hauptaussage des Republikprinzips ist, wurde schon oben unter Rn. 244 hingewiesen.
[258] Vgl. Stern, Staatsrecht II, § 30 II 7.

§ 4 WICHTIGE FRAGEN DES STAATSORGANISATIONSRECHTS

Die Argumentation, „... der Bundespräsident kann diese Befugnis nicht haben, weil er eine schwächere Stellung hat, zu der diese Befugnisse nicht gehören können ...", ist genau genommen eine petitio principii, d.h. eine Ergebnisherleitung, die durch eine Annahme begründet wird, die selbst an sich nicht feststeht, sondern u.a. aus dem Ergebnis selbst hergeleitet wird.

2. Die wichtigsten Befugnisse des Bundespräsidenten

a) Zuständigkeit bei der Regierungsbildung[259]

Vorschlag des Bundeskanzlers, Ernennung der Bundesminister

Nach Art. 63 I GG wählt der Bundestag den Bundeskanzler auf den Vorschlag des Bundespräsidenten hin (zur Wahl des Kanzlers vgl. u. Rn. 284). Außerdem ernennt der Präsident auf den Vorschlag des Kanzlers hin die Bundesminister, Art. 64 I GG. Dabei steht ihm zwar ein formell- und materiell-rechtliches Prüfungsrecht zu, doch spielt dies angesichts der (auch rechtlich) geringen Anforderungen, die an eine Ministerernennung gestellt werden, kaum eine Rolle. Ein allgemeines politisches Prüfungsrecht wird dagegen überwiegend abgelehnt, weil ein solches die unabhängige Stellung des Kanzlers, der überdies auch die Verantwortung für die Regierungsarbeit trägt, beeinträchtigen würde. 275

b) Zuständigkeit bei Regierungskrisen

Zuständigkeiten bei Regierungskrisen

Eine zumindest theoretisch wichtige Rolle spielt der Bundespräsident bei Krisen der Regierung (auch sog. Reservefunktion). Wenn der Bundeskanzler die Vertrauensfrage (vgl. auch unten Rn. 292) nach Art. 68 GG (lesen!) gestellt und nicht die erforderliche Mehrheit gefunden hat, kann der Bundespräsident auf Vorschlag des Bundeskanzlers den Bundestag auflösen. 276

Gesetzgebungsnotstand, Art. 81 II GG

Wird nach Verneinung der Vertrauensfrage der Bundestag nicht aufgelöst und auch kein neuer Kanzler nach Art. 68 I S. 2 GG oder Art. 67 GG gewählt, kann der Bundespräsident nach Art. 81 I S. 1 GG für eine bestimmte Gesetzesvorlage, die die Bundesregierung als dringlich bezeichnet, den Gesetzgebungsnotstand ausrufen, wenn der Bundestag sie ablehnt.

Nach Art. 81 II GG gilt das Gesetz dann als zustande gekommen, wenn der Bundestag eine erneute Vorlage wieder nicht (oder nur in einer für die Regierung unzumutbaren Fassung) annimmt und der Bundesrat zustimmt.

---

[259] Näher dazu Hemmer/Wüst, Staatsrecht II, Rn. 206 ff.

c) Völkerrechtliche Vertretung des Bundes

völkerrechtliche Vertretung

Nach Art. 59 I GG vertritt der Bundespräsident die Bundesrepublik völkerrechtlich, wobei freilich völkerrechtliche Verträge unter den Voraussetzungen des Art. 59 II GG der Zustimmung des Bundestags bedürfen.[260]

277

d) Ausfertigung von Gesetzen

Ausfertigung von Gesetzen

Nach Art. 82 I GG fertigt der Bundespräsident „die nach den Vorschriften dieses Grundgesetzes zustande gekommenen Gesetze" nach Gegenzeichnung durch die Bundesregierung aus.

278

Die Frage, ob bzw. in welchem Umfang er dabei ein Prüfungsrecht hat und ggf. die Ausfertigung verweigern kann, gehört zu den absoluten Klassikern des Staatsorganisationsrechts[261] und ist insbesondere in Anfängerarbeiten häufiges Klausurthema.

hemmer-Methode: Hier handelt es sich um eines der wenigen Probleme des Staatsorganisationsrechts, bei denen vom Studenten einiges Wissen vorausgesetzt wird. Wichtig ist aber auch die richtige Einordnung des Problems in der Klausur:
Es kann den Einstieg zu einer schlichten Verfassungsmäßigkeitsprüfung eines Gesetzes (z.B. formell anhand der Kompetenzen, materiell anhand von Grundrechten) sein oder prozessual z.B. mit einem Organstreitverfahren verbunden werden, wenn sich der Bundestag durch die Nichtausfertigung in seinen Rechten verletzt fühlt.

kein politisches Prüfungsrecht

Weitgehend unumstritten ist, dass der Bundespräsident einerseits kein politisches Prüfungsrecht in dem Sinne hat, dass er Gesetze, die er für politisch nicht opportun hält, nicht ausfertigen müsste. Hierin läge ein unzulässiger Eingriff in die politische Staatsleitung durch das unmittelbar demokratisch legitimierte Parlament.

279

aber formelles Prüfungsrecht

Andererseits ist auch allgemein anerkannt, dass der Bundespräsident ein formelles Prüfungsrecht hat: Dies ergibt sich daraus, dass er nur die „nach den Vorschriften dieses Grundgesetzes zustande gekommenen Gesetze" ausfertigen muss, worunter jedenfalls die verfahrensmäßigen Voraussetzungen zu verstehen sind, wie allgemein aus der gleichen Verwendung des Begriffs des „Zustandekommens" in Art. 78 GG (lesen!) geschlossen wird.

280

Hauptproblem: materielles Prüfungsrecht?

Heftig umstritten und daher Schwerpunkt entsprechend gelagerter Klausuren ist die Frage, ob dem Bundespräsidenten auch ein Prüfungsrecht hinsichtlich der materiellen Verfassungsmäßigkeit eines Gesetzes zusteht.

281

---

[260] Näher zum Abschluss völkerrechtlicher Verträge Hemmer/Wüst, Staatsrecht II, Rn. 327 ff.
[261] Ausführlich zu den gängigen Argumenten, insbesondere zum materiellen Prüfungsrecht Borysiak/Fleury, JuS 1993, L 81 ff.

Dabei würde eine umfassende, ausführliche Darstellung aller Argumente den Rahmen dieses Basics-Skripts sprengen, verwiesen sei insofern auf die relativ ausführliche Darstellung im Skript Hemmer/Wüst, Staatsrecht II.[262]

Es sollen allerdings die wichtigsten Gruppen von Argumenten und die grundsätzliche Kritik daran kurz aufgezeigt werden:

- Argumente aus dem Wortlaut sind unergiebig, da dieser hier offen ist: Einerseits sind auch materielle Vorschriften solche des Grundgesetzes, andererseits könnte die ähnliche Formulierung wie in Art. 78 GG (vgl. o.) für eine Beschränkung auf formelle Gesichtspunkte sprechen.

Amtseid und Gefahr der Präsidentenanklage wohl Zirkelschlüsse

- Die Argumente, die auf den Amtseid des Bundespräsidenten, Art. 56 GG, oder die Gefahr einer Präsidentenanklage, Art. 61 GG abstellen, sind für sich alleine Zirkelschlüsse: Schließlich kann der Präsident durch den Eid nur zu Handlungen verpflichtet sein bzw. nur für das Unterlassen von solchen Handlungen zur Verantwortung gezogen werden, zu denen er auch sonst berechtigt ist.

andererseits auch kein Kompetenzkonflikt zum BVerfG

- Andererseits spricht das Verhältnis zum BVerfG nicht gegen ein materielles Prüfungsrecht, da ein solches in Stadien des Gesetzgebungsverfahrens aktuell würde, in denen das BVerfG i.d.R. noch nicht mit dem Gesetz befasst ist. Außerdem kann das BVerfG die Letztentscheidungskompetenz behalten, wenn es z.B. zu einem Organstreit über die Verkündigung kommt.

materielles Prüfungsrecht (zumindest bei Evidenz) zu bejahen

Letztlich ist mit der h.M. ein Prüfungsrecht anzuerkennen, da es dem Bundespräsidenten als nach Art. 20 III GG an Recht und Gesetz gebundenes Verfassungsorgan nicht zugemutet werden kann, sehenden Auges die Ausfertigung einer verfassungswidrigen Norm vorzunehmen.

282

Dies um so mehr, als er nicht antragsberechtigt zu einer abstrakten Normenkontrolle ist und mithin keine Möglichkeit hätte, eine Klärung der Verfassungsmäßigkeit herbeizuführen. Ergänzend kann noch die – allerdings sehr formalistische – Erklärung herangezogen werden, dass formelle und materielle Verfassungsmäßigkeit sich nur schwer trennen lassen, da ein materiell-verfassungswidriges Gesetz sich auch als formell, da die Voraussetzungen des Art. 79 GG nicht beachtendes, verfassungswidriges verfassungsänderndes Gesetz verstehen lässt.

II. Bundesregierung

Die Bundesregierung setzt sich nach Art. 62 GG aus dem Bundeskanzler und den Bundesministern zusammen. Ihre Aufgaben sind über das ganze Grundgesetz verteilt, wobei sie v.a. Funktionen als politisches Führungsorgan, Exekutivorgan und bei der Gesetzgebung innehat.

283

---

[262] Hemmer/Wüst, Staatsrecht II, Rn. 217 ff.

1. Regierungsbildung

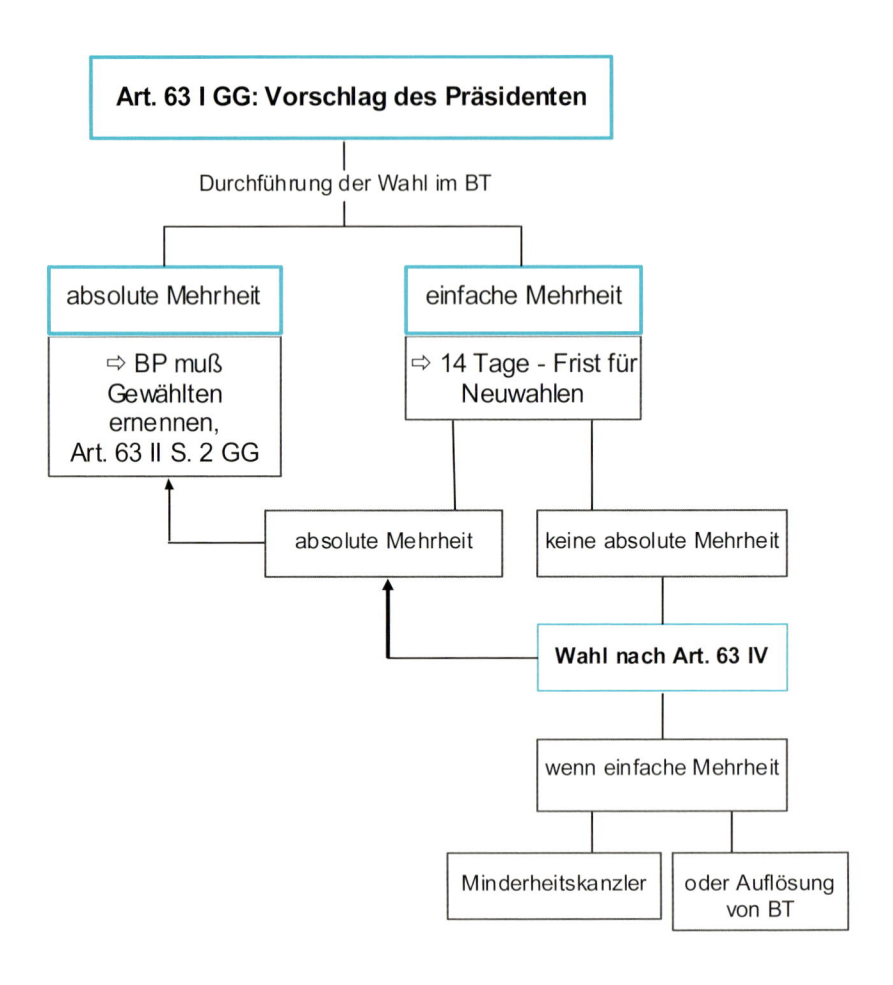

```
            ┌─────────────────────────────────────┐
            │ Art. 63 I GG: Vorschlag des Präsidenten │
            └─────────────────────────────────────┘
                            │
                 Durchführung der Wahl im BT
                  ┌─────────┴─────────┐
          ┌───────────────┐    ┌───────────────┐
          │ absolute Mehrheit │    │ einfache Mehrheit │
          └───────────────┘    └───────────────┘
            ⇨ BP muß              ⇨ 14 Tage - Frist für
            Gewählten                Neuwahlen
            ernennen,
            Art. 63 II S. 2 GG
                           ┌────────────┴────────────┐
                  ┌─────────────────┐      ┌──────────────────┐
                  │ absolute Mehrheit │      │ keine absolute Mehrheit │
                  └─────────────────┘      └──────────────────┘
                                                  │
                                        ┌──────────────────┐
                                        │ Wahl nach Art. 63 IV │
                                        └──────────────────┘
                                                  │
                                        ┌──────────────────┐
                                        │ wenn einfache Mehrheit │
                                        └──────────────────┘
                                          ┌───────┴────────┐
                                  ┌──────────────┐  ┌──────────────┐
                                  │ Minderheitskanzler │  │ oder Auflösung von BT │
                                  └──────────────┘  └──────────────┘
```

Regierungsbildung: Wahl des Kanzlers durch Bundestag

a) Nach dem Ausgang der Bundestagswahl (vgl. u. Rn. 294 ff.) und in Absprache mit den Parteien schlägt der Bundespräsident einen Kanzlerkandidaten, i.d.R. den Kandidaten der Mehrheitspartei bzw. -koalition, vor, Art. 63 I GG. D.h., die Amtsperiode des Kanzlers ist an die Wahlperiode des Bundestags gekoppelt. Wird dieser im ersten Wahlgang mit der in Art. 63 II GG geforderten absoluten Mehrheit der stimmberechtigten Mitglieder i.S.d. Art. 121 GG gewählt, wird er anschließend vom Bundespräsidenten zum Kanzler ernannt.

Andernfalls kann der Bundestag innerhalb von vierzehn Tagen (in beliebig vielen Anläufen) versuchen, den Kanzler mit der erforderlichen Mehrheit zu wählen, vgl. Art. 63 III GG.

284

Wird auch innerhalb dieser Frist der Kanzler nicht gewählt, findet nach Art. 63 IV GG nochmals ein letzter Wahlgang, u.U. mit mehreren Kandidaten statt. Erhält ein Kandidat die erforderliche Mehrheit, muss ihn der Bundespräsident nach Art. 63 III S. 2 GG zum Bundeskanzler ernennen. Anderenfalls kann der Bundespräsident nach Art. 63 III S. 4 GG den Kandidaten mit den meisten Stimmen zum Kanzler ernennen („Minderheitenkanzler") oder den Bundestag auflösen.

Vorschlag und Ernennung der Bundesminister

b) Auf Vorschlag des Bundeskanzlers ernennt der Bundespräsident nach Art. 64 I GG die Bundesminister, wobei ihm nach h.M. ein rechtliches, nicht aber ein politisches Prüfungsrecht zusteht, vgl. oben Rn. 275.

Koalitionsvereinbarungen: Rechtsnatur str., aber jedenfalls keine (einklagbare) rechtliche Bindung

c) Im Zusammenhang mit der Kanzlerwahl (aber auch mit der Ministerernennung) kann in der Klausur das Problem der Wirksamkeit sog. Koalitionsvereinbarungen auftauchen: Deren grundsätzliche Zulässigkeit wird heute allgemein angenommen, da sie der Parteiendemokratie, vgl. Art. 21 GG, nahe liegen und sich auch formal nur diese Parteien, nicht aber die Staatsorgane binden wollen.

Ebenso ist aber im Ergebnis auch weitgehend anerkannt, dass die Verpflichtungen nicht gerichtlich durchsetzbar sind: Teilweise wird schon die Bindungswirkung abgelehnt, zumindest aber auf die Parteien beschränkt, sodass die Staatsorgane nicht gebunden sind.

Außerdem fehlt es an einem Rechtsweg, soweit man die Koalitionsvereinbarungen als verfassungsrechtliche Verträge ansieht: § 40 I VwGO scheidet für verfassungsrechtliche Streitigkeiten aus, in der (abschließenden) Zuständigkeit des BVerfG sind sie nicht erwähnt und die subsidiäre Zuständigkeit der ordentlichen Gerichte, vgl. Art. 19 IV GG, dürfte ebenfalls nicht eingreifen, da die Parteien nicht in ihrer Stellung als Teil der Gesellschaft, sondern in ihrem der Staatlichkeit zuzuordnenden Bereich betroffen sind.

2. Regierungsprinzipien

Art. 65 GG nennt für die Regierungsarbeit drei Prinzipien: das Kanzlerprinzip, das Ressortprinzip und das Kollegialprinzip.

- Kanzlerprinzip

◐ Nach dem Kanzlerprinzip des Art. 65 S. 1 GG bestimmt der Kanzler die Richtlinien der Politik (sog. Richtlinienkompetenz) und trägt dafür die Verantwortung. Was noch unter die Richtlinien fällt, ist im Einzelfall schwer zu bestimmen, allerdings ist eine eher enge Auslegung zu bevorzugen, um die anderen Regierungsprinzipien nicht völlig leer laufen zu lassen. Diese Richtlinien binden die Einzelminister als Leiter ihres Ministeriums, keinesfalls aber andere Verfassungsorgane.

- Ressortprinzip

➲ Nach dem Ressortprinzip des Art. 65 S. 2 GG leitet jeder Minister seinen Geschäftsbereich innerhalb der durch die Richtlinien vorgegebenen Grenzen selbständig. Damit ist jeder Minister für die sich dadurch ergebenden Einzelfragen voll verantwortlich.

288

- Kollegialprinzip

➲ Nach dem Kollegialprinzip des Art. 65 S. 3 GG entscheidet über Streitigkeiten zwischen den Bundesministern die Regierung als Gesamtheit. Ihm bleibt neben Kanzler- und Ressortprinzip freilich nur Raum für ressortübergreifende Fragen, die nicht von Richtlinien des Kanzlers erfasst werden (können).

289

3. Verantwortlichkeit der Regierung

Verantwortlichkeit der Regierung

Wegen der Entscheidung des Grundgesetzes für ein parlamentarisches Regierungssystem ist die Regierung vom Parlament abhängig und bedarf der Zustimmung seiner Mehrheit. Dies wird einmal deutlich bei der Kanzlerwahl (vgl. o. Rn. 284), zum anderen bei den Kontrollbefugnissen des Bundestags sowie v.a. beim konstruktiven Misstrauensvotum und der Vertrauensfrage.

290

a) Konstruktives Misstrauensvotum

konstruktives Misstrauensvotum

Wenn der Bundestag zu dem gewählten Kanzler kein Vertrauen mehr hat, kann er ihm auf Initiative eines Viertels der Mitglieder (vgl. § 97 GeschOBT) das Misstrauen aussprechen. Dies muss allerdings nach Art. 67 I GG konstruktiv geschehen, d.h. der Bundestag muss zugleich mit der Mehrheit seiner Mitglieder einen neuen Kanzler wählen. Gelingt ihm das nicht, hat er keine Möglichkeit, den alten Kanzler abzuberufen. Wenn der Bundestag dagegen einen neuen Kanzler gewählt hat, muss der Bundespräsident auf Gesuch des Bundestags den alten Kanzler entlassen, mit dem die ganze Regierung zurücktritt, und den neuen ernennen.

291

☑

hemmer-Methode: Im Zusammenhang mit dem konstruktiven Misstrauensvotum gibt es zwei Probleme, die man zumindest für die mündliche Prüfung wissen sollte, die aber auch für das Verständnis dieses Instituts von Bedeutung sind:
Zum einen können nach h.M. durch einfachen Parlamentsbeschluss zwar Einzelheiten der Regierungsführung, nicht aber die Amtsführung des Kanzlers insgesamt förmlich missbilligt werden. Ein solches „allgemeines, nicht-konstruktives Misstrauensvotum" würde nämlich die Stellung des Bundeskanzlers ebenfalls schwächen, ohne eine personelle Alternative aufzuzeigen.
Zweitens ist zu beachten, dass es nach dem Grundgesetz kein Misstrauensvotum gegen einzelne Minister gibt. Da mit dem Kanzler aber ggf. die gesamte Regierung zurücktritt, wäre als ultima ratio zur Ablösung eines Ministers durch das Parlament möglich, dem Bundeskanzler, der an seinem Minister festhält, selbst konstruktiv das Misstrauen auszusprechen, um auf diese Weise auch den Minister „loszuwerden".

b) Vertrauensfrage

Vertrauensfrage

Der Kanzler kann aber auch von sich aus beantragen, dass das Parlament ihm sein Vertrauen ausspricht. Wenn dies geschieht, wird er i.d.R. im Amt bleiben und keine Konsequenzen ziehen.

292

Möglichkeiten bei negativem Ausgang der Vertrauensfrage

Findet er dagegen keine Mehrheit, kann er zurücktreten oder aber nach Art. 68 I S. 1 GG dem Bundespräsidenten vorschlagen, binnen 21 Tagen den Bundestag aufzulösen. Die Auflösungsbefugnis des Bundespräsidenten erlischt, wenn der Bundestag innerhalb dieser Frist einen neuen Kanzler wählt. Statt dessen besteht aber auch die Möglichkeit, dass die Regierung beim Bundespräsidenten den Antrag stellt, für eine bestimmte Gesetzesvorlage (im Zusammenhang mit der der Kanzler insbesondere auch die Vertrauensfrage stellen konnte) den Gesetzgebungsnotstand zu erklären.[263]

Zu beachten ist, dass wegen des Art. 68 GG inhärenten Verbots der Selbstauflösung des Bundestages eine Auflösung nur erfolgen kann, wenn die Verweigerung des Vertrauens auch ernst gemeint war, also tatsächlich eine sog. politisch instabile Lage besteht, was freilich nur in engen Grenzen nachprüfbar ist.[264]

III. Bundestag

Bundestag = Parlament: zentrales Organ der repräsentativen Demokratie

Der Bundestag – das Parlament – ist die Versammlung der vom Volk gewählten Volksvertreter, der Abgeordneten und das zentrale Organ der mittelbaren Demokratie: Da das Volk als Souverän nicht alle Entscheidungen selbst treffen kann, bestimmt es in periodisch wiederkehrenden Abständen seine Vertreter und überträgt diesen die Staatsgewalt (repräsentative Demokratie).

293

☑

hemmer-Methode: Bei Fragestellungen anhand des Demokratieprinzips[265] ist dieser Unterschied zwischen dem Bundestag als einzigem unmittelbar demokratisch legitimierten Staatsorgan und anderen Organen, die lediglich mittelbar demokratisch legitimiert sind, u.U. von Bedeutung.

1. Wahl des Bundestages

Wahl des Bundestages

a) Nach Art. 38 I GG werden die Abgeordneten des Bundestages in allgemeiner, unmittelbarer, freier, gleicher und geheimer Wahl gewählt.

294

---

[263] Vgl. oben Rn. 276.
[264] Vgl. näher mit einem Beispielsfall und m.w.N. Hemmer/Wüst, Staatsrecht II, Rn. 235; BVerfG, DVBl. 2005, 1102 = **Life & Law 2005, 635**.
[265] Vgl. oben Rn. 248.

Wahlrechtsgrund-sätze

Die Anforderungen, die diese sog. Wahlrechtsgrundsätze an eine Wahl stellen, sind v.a. in Anfängerveranstaltungen beliebtes Prüfungsthema. Umso größere Bedeutung haben sie, als sie über Art. 28 I S. 1 u. 2 GG auch über die Bundestagswahl selbst hinaus Anwendung finden. Im Einzelnen bedeutet dabei:[266]

- Allgemeinheit der Wahl, dass das gesamte Volk die Chance zur verantwortlichen Mitbestimmung hat, weshalb das aktive (und auch passive) Wahlrecht grds. allen Bürgern unabhängig von z.B. Religion, Rasse, Besitzverhältnissen, etc. zustehen muss. Allerdings sind gewisse formale Wahlvoraussetzungen, die einen geordneten Ablauf der Wahl ermöglichen (z.B. das Erfordernis eines Wahlscheins), zulässig, und auch materielle Anforderungen dürfen gestellt werden, wenn sie auf zwingenden Gründen beruhen; so sieht z.B. das Grundgesetz selbst in Art. 38 II GG eine Altersgrenze (Volljährigkeit) vor.

Art. 137 GG: Inkompatibilitäten

Außerdem sieht Art. 137 GG eine Einschränkung der Allgemeinheit der Wahl in Form von sog. Inkompatibilitätsbestimmungen vor, die im Interesse der Gewaltenteilung eine Ämterhäufung verhindern sollen.

hemmer-Methode: Unterscheiden Sie diese Inkompatibilitätsbestimmungen von der sog. Ineligibilität, also dem Verbot der Wählbarkeit. Diese ist i.d.R. unzulässig, da nicht erforderlich: Es reicht die Inkompatibilität, nach der ein Erwerber sein Amt verliert, wenn er die Wahl zu einem anderen, mit diesem nicht zu vereinbarenden Amt, annimmt.

- Unmittelbarkeit der Wahl, dass sich die Zusammensetzung des Parlaments möglichst nah am Willen des Volkes orientieren und nur noch der mathematische Vorgang der Stimmauswertung zwischen Wahlakt und Wahlergebnis stehen soll. Deshalb darf das Ergebnis der Wahl nur von den wahlberechtigten Bürgern selbst bestimmt werden.[267] Dadurch wäre z.B. ein Wahlmännersystem nach Art der amerikanischen Präsidentschaftswahlen unvereinbar.[268]

- Freiheit der Wahl, dass auf Wähler oder Wahlbewerber weder vor noch nach der Wahl irgendein Druck, Zwang oder sonstiger rechtswidriger Einfluss ausgeübt werden darf.[269] Ein solcher liegt freilich i.d.R. auch bei massiver Wahlpropaganda noch nicht vor.

- Gleichheit der Wahl, dass grds. jeder Bürger gleichen Anteil am Wahlergebnis nehmen kann.

---

[266] Ausführlicher zu den Wahlrechtsgrundsätzen Hemmer/Wüst, Staatsrecht II, Rn. 247 ff.
[267] Vgl. BVerfGE 7, 63 (68); vgl. auch E 3, 45 (49): der Wähler müsse „das letzte Wort haben".
[268] Vgl. BVerfGE 47, 253 (279 f.).
[269] Vgl. BVerfGE 15, 165 (166); E 44, 125 (139); vgl. auch Erichsen, Jura 1983, 635 (640) m.w.N. (Fn 57).

§ 4 WICHTIGE FRAGEN DES STAATSORGANISATIONSRECHTS

☑ **hemmer-Methode:** Hier können sich Abgrenzungsprobleme zur Allgemeinheit der Wahl ergeben: Würde das Wahlrecht völlig von einem bestimmten Besitzstand abhängig gemacht, wäre die Allgemeinheit der Wahl verletzt, dagegen wäre ein Drei-Klassen-Wahlrecht, wie es bis 1918 in Preußen galt, ein Verstoß gegen den Grundsatz der gleichen Wahl.

diff. gleicher Zählwert und gleicher Erfolgswert

Dabei ist zu unterscheiden zwischen dem gleichen Zählwert einer Stimme (also z.B. kein Drei-Klassen-Wahlrecht), vgl. o., der i.d.R. unproblematisch gegeben sein wird, und dem gleichen Erfolgswert der Stimme, der zu Schwierigkeiten führen kann:[270]

👁 *Bsp.:* Nach der in weiten Bereichen geltenden sog. Fünf-Prozent-Klausel (vgl. z.B. § 6 VI BWahlG) kann eine Partei Mandate nur erlangen, wenn sie mindestens fünf Prozent der Stimmen erlangt hat. Damit haben die Stimmen der Bürger, die für eine Partei mit 4,9 Prozent gestimmt haben, bei gleichem Zählwert einen ungleichen Erfolgswert, da sie letztlich unberücksichtigt bleiben. Das BVerfG sieht die Fünf-Prozent-Klauseln gleichwohl als zulässig an, da sie eine die Funktionsfähigkeit der Demokratie gefährdende Zersplitterung der Parlamente verhindern.[271]

☑ **hemmer-Methode:** Mit ein Grund für den Untergang der Weimarer Verfassung war letztlich das Fehlen einer Fünf-Prozent-Klausel. Die Funktionsfähigkeit des Parlaments konnte so teilweise nicht gewährleistet werden. Probleme mit der Erfolgswertgleichheit ergeben sich auch im Bereich der Überhangmandate nach § 6 V BWahlG.

↪ Geheime Wahl heißt, dass die Wahlentscheidung nach außen unbekannt bleibt. Die Geheimheit sichert erst die Freiheit der Wahl (vgl. o.) und muss, um effektiv durchgesetzt zu werden, grds. unverzichtbar sein. Zugleich muss die Wahl aber offen, das heißt für die Wähler nachvollziehbar sein.[272] **299**

diff. Mehrheitswahl und Verhältniswahl

b) Außer den Wahlrechtsgrundsätzen ist auch die grundsätzliche Entscheidung zwischen Mehrheitswahl und Verhältniswahl von Bedeutung.[273] **300**

Während bei der Mehrheitswahl aus einem Wahlkreis immer nur der eine Kandidat, der die meisten Stimmen auf sich vereinigt, ins Parlament kommt, bestimmt sich dessen Zusammensetzung bei der Verhältniswahl nach dem Anteil der Stimmen, die eine Partei insgesamt erlangen konnte: Diesem Anteil entsprechend dürfen Kandidaten jeder Partei von der im Vorfeld aufgestellten Kandidatenliste ins Parlament gesandt werden.

---

[270] Vgl. zum Problem der Überhangmandate BVerfG, NJW 1997, 1553; NJW 1998, 2892.
[271] Vgl. bereits BVerfGE 1, 208 (256 f.), später z.B. E 51, 222 (237); vgl. dazu auch Hemmer/Wüst, Staatsrecht II, Rn. 258.
[272] Aus diesem Grund ist nach BVerfG eine Wahl rein per Wahlcomputer unzulässig, BVerfG, DVBl. 2009, 511 = **Life & Law 2009, Heft 6.**
[273] Vgl. auch Hemmer/Wüst, Staatsrecht II, Rn. 243 ff.

> **hemmer-Methode:** Das Mehrheitswahlsystem führt i.d.R. zu Zwei-Parteien-Systemen, da alle kleineren Parteien selten eine Mehrheit in einem Wahlkreis erlangen können. Da in jedem einzelnen Wahlkreis letztlich nur zählt, wer die meisten Stimmen hatte, ist dem Mehrheitswahlsystem eine große Ungleichheit des Erfolgswertes, vgl. o., immanent.

Wahlperiode: vier Jahre, Ausfluss des Demokratieprinzips

c) Die Wahlperioden betragen nach Art. 39 I S. 1 GG jeweils immer vier Jahre. Diese zeitliche Begrenzung ist ebenfalls Ausfluss des Demokratieprinzips, da dadurch sichergestellt ist, dass das Volk die einmal übertragene Staatsgewalt nicht auf alle Zeit verliert.

Aus diesem Grunde dürfte auch eine (grds. mögliche, freilich verfassungsändernde i.S.d. Art. 79 GG) Verlängerung nur in einem Rahmen möglich sein, der diese demokratische Funktion nicht zunichte macht.

Nahezu einhellig wird außerdem angenommen, dass eine entsprechende Verlängerung immer erst mit Wirkung für die nächste Legislaturperiode möglich wäre,[274] da das Volk für den jeweils gewählten Bundestag die Staatsgewalt nur für die z.Zt. der Wahl vorgesehene Höchstdauer übertragen hat.

2. Funktionen des Bundestags

Befugnisse des Bundestags

Der Bundestag als unmittelbar demokratisch legitimiertes Verfassungsorgan hat nach dem Grundgesetz eine zentrale Rolle. Diese äußert sich nicht zuletzt in den drei sich ergänzenden Arten von Befugnissen, die er innehat: die Herrschaftsbestellungs-, die Gesetzgebungs- und die Kontrollfunktion:

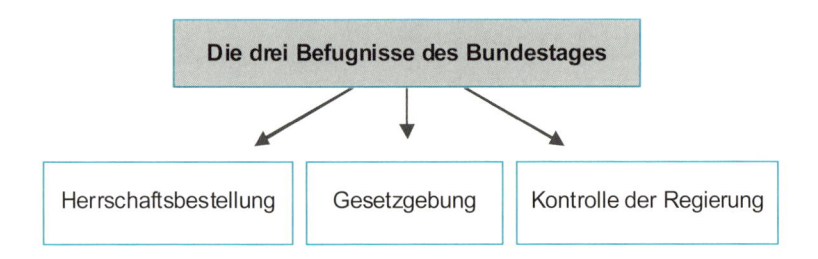

Die drei Befugnisse des Bundestages
- Herrschaftsbestellung
- Gesetzgebung
- Kontrolle der Regierung

Herrschaftsbestellungsfunktion

➲ Seine Herrschaftsbestellungs- bzw. Wahlfunktion übt der Bundestag dadurch aus, dass er die anderen obersten Bundesorgane (mit-) bestellt und diese dadurch mittelbar demokratisch legitimiert.

---

[274] Vgl. Jarass/Pieroth, Art. 39 GG, Rn. 1 m.w.N.

§ 4 WICHTIGE FRAGEN DES STAATSORGANISATIONSRECHTS

👁 *Bspe.: Der Bundestag ist beteiligt an der Bestellung des Kanzlers (vgl. oben Rn. 284), des Bundespräsidenten (vgl. oben Rn. 273) und des BVerfG.*

Gesetzgebungsfunktion

➲ Seine (zentrale) Gesetzgebungsfunktion übt der Bundestag durch Initiativrecht und Gesetzesbeschlüsse aus (vgl. o. Rn. 259 ff.); formal gehört dazu auch das klassische Parlamentsrecht der Haushaltshoheit, da die Haushaltsgesetze in der Form eines (nur-) formellen Gesetzes ergehen.[275]

303

Kontrollfunktion

➲ Seine Kontrollfunktion kann der Bundestag durch vielfältige Rechte v.a. der Regierung gegenüber ausüben, z.B. das Zitationsrecht des Art. 43 I GG, das Zustimmungserfordernis für manche völkerrechtlichen Verträge nach Art. 59 II GG, die Regierungskontrolle bei konstruktivem Misstrauensvotum und Vertrauensfrage (vgl. oben Rn. 291 f.).

304

Untersuchungsausschüsse

Eine besonders effektive und im Einzelfall auch klausurrelevante Kontrollmöglichkeit ist die Einsetzung sog. Untersuchungsausschüsse nach Art. 44 GG.[276] Wichtig ist dabei die Unterscheidung zwischen sog. Mehrheitsenquete (durch Mehrheitsbeschluss) und Minderheitsenquete (auf Antrag von mindestens einem Viertel der Mitglieder, auch gegen den Willen der Mehrheit, die deshalb beim Einsetzungsbeschluss auch den Antrag der Minderheit nicht verändern darf, etwa durch Erweiterung des Untersuchungsgegenstandes, § 2 PUAG[277]).

Bei der Festlegung des Untersuchungsgegenstandes ist zu beachten, dass der Untersuchungsausschuss nicht mehr Kompetenzen haben kann als der Bundestag selbst, sodass sich thematische Einschränkungen aus dem Bundesstaatsprinzip (z.B. bei ausschließlicher Länderzuständigkeit) oder dem Gewaltenteilungsgrundsatz (z.B. keine Eingriffe in den Kernbereich der Regierung) ergeben können, vgl. § 1 III PUAG.[278]

3. Sonstiges[279]

GeschOBT

a) Von einer gewissen praktischen Bedeutung ist die Geschäftsordnung des Bundestags (GeschOBT), die sich jeder neu gewählte Bundestag gibt. In der Klausur wird sie allerdings selten eine Rolle spielen. Wissen sollte man, dass diese GeschOBT als nach h.M. satzungsähnliches Recht im Kollisionsfalle natürlich die Verfassung nicht verdrängen kann, dass aber die Konkretisierungen des Grundgesetzes, die durch die GeschOBT vorgenommen werden, weitgehend als verfassungskonform anerkannt werden.

305

---

[275] Zu Haushaltsplan und Haushaltsgesetzen vgl. auch Hemmer/Wüst, Staatsrecht II, Rn. 302 ff.
[276] Vgl. dazu näher Hemmer/Wüst, Staatsrecht II, Rn. 266 ff.
[277] Sartorius, Nr. 6.
[278] Vgl. dazu BayVGH, BayVBl. 94, 453; 95, 453.
[279] Näheres zu den im Folgenden angedeuteten Einzelproblemen findet sich in Hemmer/Wüst, Staatsrecht II, Rn. 274 ff.

Fraktionen im Bundestag

b) Ebenfalls von großer praktischer Bedeutung sind die Fraktionen im Bundestag, welche regelmäßig von den „Parteien im Parlament" gebildet werden.[280] Für die Klausur von Bedeutung ist v.a., dass diese Fraktionen antragsberechtigt im Organstreitverfahren sein können (vgl. o. Rn. 13). Die Ausschüsse im Bundestag außer dem Untersuchungsausschuss (vgl. o.) haben i.d.R. keine Klausurrelevanz.

306

Abstimmungen:
§ 45 I GeschOBT
zur Beschlussfähigkeit

c) Bei den Abstimmungen des Bundestags ist zu beachten, dass er nach § 45 I GeschOBT an sich zwar nur beschlussfähig ist, wenn die Hälfte seiner Mitglieder anwesend ist. Allerdings besteht dafür gleichsam eine Vermutung, d.h. nach § 45 II, III GeschOBT muss die Beschlussunfähigkeit auf Antrag einer Fraktion bzw. von fünf Prozent der Mitglieder festgestellt werden, sodass in der Praxis zumeist erheblich weniger Mitglieder als die Hälfte anwesend sind.

307

Sollten sich in einem Sachverhalt längere Ausführungen über das Abstimmungsverhalten über ein Gesetz oder eine Maßnahme finden, ist es bei der Prüfung der formellen Gesetz- bzw. Verfassungsmäßigkeit ratsam zu überprüfen, welche Form der Mehrheit durch das Grundgesetz vorgeschrieben ist und ob diese eingehalten wurde.

Bspe.: Es gibt die Anordnung der einfachen und der absoluten Mehrheit, wobei letztere hier die Mehrheit der Stimmen der Mitglieder des Bundestages bedeutet. Die gleiche Unterscheidung wird zwischen einfacher und qualifizierter Zwei-Drittel-Mehrheit getroffen, welche erforderlich sein können.

Stellung des einzelnen, insb. des fraktionslosen Abgeordneten

d) Die Stellung des einzelnen Abgeordneten wird durch Art. 38 I S. 2 GG bestimmt, nach dem diese „Vertreter des ganzen Volkes, an Aufträge und Weisungen nicht gebunden und nur ihrem Gewissen unterworfen" sind. Konflikte können entstehen zwischen diesem für die repräsentative Demokratie wesentlichen Postulat und der für die praktische Bewältigung der Aufgaben des Parlaments fast unerlässlichen Fraktionsdisziplin.

308

Besonders für den Sonderfall eines fraktionslosen Abgeordneten[281] ist von Bedeutung, dass jedem Abgeordneten das Stimm- und in gewissen (freilich engen) Grenzen auch ein Rederecht im Plenum zusteht; in den Ausschüssen hat der einzelne fraktionslose Abgeordnete dagegen (umgekehrt) keinen Anspruch auf ein Stimmrecht, dafür aber ein Rederecht in zumindest einem Ausschuss.

Immunität und Indemnität

Die Abgeordneten des Bundestages genießen ferner nach Art. 46 I, II GG Immunität und Indemnität.[282]

---

[280] Vgl. BVerfG, NJW 1998, 3047.
[281] Grundlegend zum fraktionslosen Abgeordneten BVerfGE 80, 190 ff. = NJW 1990, 373 ff.; vgl. zu den wichtigsten Aspekten auch Hemmer/Wüst, Staatsrecht II, Rn. 289 ff.
[282] Näher Hemmer/Wüst, Staatsrecht II, Rn. 287 f.

2. KAPITEL: STAATSHAFTUNGSRECHT

Staatshaftungsrecht: mangels StHG letztlich Ansammlung verschiedener, z.T. gewohnheitsrechtlicher Anspruchsgrundlagen

Das Staatshaftungsrecht ist nach der Verwerfung des Staatshaftungsgesetzes aus dem Jahre 1981 durch das BVerfG[283] weiterhin nicht zusammenhängend kodifiziert, sondern wird durch verschiedene gesetzliche, v.a. aber richterrechtlich entwickelte Institute beherrscht.[284] Allerdings ist darauf hinzuweisen, dass 1994 mit Art. 74 I Nr. 25 GG eine konkurrierende Kompetenzzuweisung für den Bundesgesetzgeber ins Grundgesetz aufgenommen wurde,[285] sodass ein neues Staatshaftungsgesetz nun denkbar erscheint, nachdem das StHG[286] von 1981 v.a. aus kompetenzrechtlichen Gründen verworfen worden war.

309

Anspruchsgrundlagen

Nach der z.Zt. noch geltenden Rechtslage können dem Staatshaftungsrecht v.a. folgende Ansprüche zugerechnet werden:[287]

- die Amtshaftung, § 839 BGB i.V.m. Art. 34 GG,

- der Folgenbeseitigungsanspruch,

- die Enteignungsentschädigung nach Art. 14 III GG,[288]

- Haftung für enteignenden und enteignungsgleichen Eingriff,

- der Aufopferungsanspruch.

§ 1 AMTSHAFTUNGSANSPRUCH, § 839 BGB I.V.M. ART. 34 GG[289]

§ 839 BGB i.V.m. Art. 34 GG: Amtshaftungsanspruch

Anspruchsgrundlagen für den gegen den Staat gerichteten Amtshaftungsanspruch sind § 839 BGB und Art. 34 GG, die zusammen gelesen werden müssen: § 839 BGB statuiert danach als Ausgangspunkt eine Haftung des Beamten, die nach Art. 34 GG auf den Staat übergeht.

310

---

[283] E 61, 149 ff.
[284] Ossenbühl (Staatshaftungsrecht, 2) bezeichnet das Staatshaftungsrecht als „gewachsenes Chaos"
[285] Vgl. auch Hemmer/Wüst, Staatsrecht II, Rn. 154. Es handelt sich dabei um den einzigen Kompetenztitel in Art. 74 GG, bei dem die Zustimmung des Bundesrates vorgeschrieben ist.
[286] Zu den Regelungen des StHG von 1981 vgl. näher z.B. Bender, Staatshaftungsrecht, 3. Auflage, 1981.
[287] Des Weiteren wäre zu denken an spezialgesetzliche Haftungstatbestände (z.B. die Haftung für Tumultschäden), an Gefährdungshaftungstatbestände die auch den Staat treffen können (§ 7 StVG, § 25 AtomG), an vertragliche Schadensersatzansprüche oder Ansprüche aus öffentlich-rechtlicher GoA. Allerdings sollen diese Randgebiete hier ebenso unberücksichtigt bleiben, wie die ebenfalls im weitesten Sinne zur Staatshaftung zählenden öffentlich-rechtlichen Unterlassungs- und Erstattungsansprüche; einen interessanten Fall zur Amtshaftung in seinen Bezügen zur öffentlich-rechtlichen Verwahrung und öffentlich-rechtlichen GoA entschied das OLG Köln, NVwZ 1994, 618.
[288] Vgl. oben Rn. 218 f.
[289] Zur Haftung nach § 839 BGB vgl. auch Hemmer/Wüst, Staatshaftungsrecht, Rn. 7 ff.

Art. 34 GG stellt demnach eine befreiende Schuldübernahme dar.

Prüfungsschema

Für den Anspruch aus § 839 BGB i.V.m. Art. 34 GG sind folgende Merkmale zu prüfen:

> **Prüfungsschema § 839 BGB i.V.m. Art. 34 GG:**
>
> A) Handeln eines Amtsträgers
>
> B) Ausübung eines öffentlichen Amtes
>
> C) Verletzung einer Amtspflicht
>
> D) Drittbezogenheit der Amtspflicht
>
> E) Verschulden
>
> F) Schaden
>
> G) Haftungsbeschränkungen

A) Handeln eines Amtsträgers

Handeln eines Amtsträger (beachte: haftungsrechtlicher Beamtenbegriff)

§ 839 BGB spricht von der Haftung eines Beamten. Für die dort vorgesehene Eigenhaftung des Beamten (die z.B. bei fiskalischem Handeln von Bedeutung ist) ist dieser Begriff auch eng i.S. eines Beamten im statusrechtlichen Sinne (vgl. §§ 2 I, 5 BRRG) auszulegen. Soweit es dagegen um die Haftung des Staates geht, ist der Beamtenbegriff in Anlehnung an Art. 34 GG nach ganz h.M. weit auszulegen und erfasst jeden, dem die zuständige Stelle die Ausübung eines öffentlichen Amtes anvertraut hat, sog. Beamter im haftungsrechtlichen Sinn.[290] Dies können auch Angestellte und Arbeiter sein, Personen in besonderen öffentlich-rechtlichen Amtsverhältnissen (z.B. Minister oder Gemeinderäte) oder sogar Privatpersonen, die öffentlich-rechtliche Aufgaben wahrnehmen (Verwaltungshelfer oder Beliehene; s.u.).[291]

311

B) Ausübung eines öffentlichen Amtes

Ausübung eines öffentlichen Amtes (nicht nur Handeln bei Gelegenheit der Amtsausübung)

Die schädigende Handlung muss „in Ausübung" des öffentlichen Amtes erfolgen, d.h. mit ihr in einem inneren und äußeren Zusammenhang stehen. Damit ist die Ausübung öffentlicher Gewalt i.S. eines hoheitlichen Tätigwerdens gemeint, sodass insbesondere fiskalisches Handeln nicht genügt. Bei privatrechtlichem Handeln ist allein § 839 BGB (i.V.m. dem engen Beamtenbegriff) einschlägig.

312

---

[290] Vgl. Czybulka/Jeand'Heur, JuS 1992, 396, 397; krit. zu dieser Begrifflichkeit, aber in der Sache ebenso Arndt/Zinow, JuS 1993, L 17, 18; zum Beamtenbegriff in § 839 BGB auch Palandt, § 839 BGB, Rn. 27 ff.

[291] Vgl. dazu auch Hemmer/Wüst, Deliktsrecht II, Rn. 265; gerade das Problem der Verwaltungshelfer ist eines der schwierigsten überhaupt!

Nicht ausreichend ist ferner ein Handeln bei Gelegenheit der Amtsausübung.

hemmer-Methode: Z.T. wird die Prüfung des Amtsträgers auch in diesen Prüfungsschritt mit einbezogen, was der Sache nach natürlich keinen Unterschied macht.
Bei der Abgrenzung, ob die Schädigung „in Ausübung" oder nur „bei Gelegenheit" des Amtes erfolgte, können Sie, z.B. bei der an sich rechtlich indifferenten Teilnahme am Straßenverkehr, auf Ihr Wissen zur ähnlich gelagerten Frage bei §§ 278, 831 BGB (vgl. Basics-Zivilrecht I/1, Rn. 447), sowie zur Abgrenzung von öffentlich-rechtlichem und privatrechtlichem Handeln im Zusammenhang mit § 40 VwGO zurückgreifen.

Staatshaftung f. private Unternehmer

Problematisch kann die Staatshaftung für das Handeln privater Unternehmer sein:

Bsp.:[292] Nachdem ein unbekannt gebliebener Fahrer seinen Opel-Commodore in den Straßengraben manövriert hatte, beauftragten die zuständigen Polizeibeamten den Abschleppunternehmer A, das Fahrzeug zu bergen. Dieser versuchte, den Wagen an einem Stahlabschleppseil aus dem Graben zu ziehen. Als sich das Abschleppfahrzeug gerade auf der Gegenfahrbahn befand, raste Susi Schnell (S) mit ihrem VW-Käfer auf die schuldhaft ungesicherte Bergungsstelle zu und das nun quer über die Straße verlaufende Stahlseil trennte die Dachholme des Käfers ganz und den Hals der S fast durch. S verlangt vom Bundesland L Schadensersatz, da diesem „das fahrlässige Verhalten des A zuzurechnen sei".

Die Frage nach der Zurechnung von durch privatrechtlichen Vertrag eingeschalteten Firmen war und ist umstritten.[293] Der BGH prüft in einer Art wertender Abgrenzung, ob der Staat in einem solchen Maße auf die Durchführung der Arbeit Einfluss nimmt, dass sie die Arbeiten des privaten Unternehmers wie eigene gegen sich gelten lassen muss (sog. Werkzeugtheorie): Zumindest für den Bereich von Vollstreckungshandlungen bzw. sogar für die gesamte Eingriffsverwaltung geht der BGH aber nun davon aus, dass eine Zurechnung generell stattzufinden hat, da der Private gleichsam als Erfüllungsgehilfe tätig wird und somit einem Verwaltungshelfer nahekommt. Der Staat soll sich zudem seiner öffentlich-rechtlichen Haftung aus § 839 BGB, Art. 34 GG nicht durch Einschaltung eines Privaten entziehen können.

---

[292] Nach BGH, BayVBl. 1993, 475 ff. - Opel-Commodore-Fall.
[293] Vgl. die Nachweise bei BGH, BayVBl. 1993, 475 (476).

C) Verletzung einer Amtspflicht

Des Weiteren muss eine Amtspflicht verletzt worden sein. Streng dogmatisch gesehen ist Anknüpfungspunkt also keine Pflicht des Staates gegenüber dem Bürger, sondern eine Pflicht des Amtsträgers gegenüber seinem Dienstherren (welche freilich drittschützend sein muss, vgl. sogleich unten). Dabei geben weder § 839 BGB noch Art. 34 GG Auskunft über Inhalt und Umfang dieser Amtspflichten. Die Rechtsprechung hat jedoch einen umfangreichen Kanon von Amtspflichten entwickelt.

> Bspe.[294] sind die *Pflichten zu recht- und gesetzmäßigem Handeln, zur fehlerfreien Ermessensausübung, zur sachlichen und unvoreingenommenen Entscheidung, zur Beachtung (nicht unbedingt Befolgung!) höchstrichterlicher Rechtsprechung, zur Schonung unbeteiligter Dritter und zur richtigen, unmissverständlichen und vollständigen Auskunftserteilung.*

hemmer-Methode: Die wichtigsten Fallgruppen sollten Sie sich für die Klausur merken, im Übrigen ist ein bisschen juristische Vorstellungskraft erforderlich, um zu einer gut vertretbaren Amtspflicht zu kommen.
Ein besonders interessantes Problem stellt die Amtspflichtverletzung durch Unterlassen dar: Eine solche ist nur denkbar, wenn und soweit eine nicht durch das Opportunitätsprinzip beschränkte Rechtspflicht zum Handeln besteht. Dies ist also auf Extremfälle beschränkt.

Eine klausurrelevante Amtspflicht ist auch die des Gemeinderates zur Anwendung der erforderlichen Sorgfalt bei der Planung i.R.d. gemeindlichen Bauleitplanung, jedenfalls im Bereich der Planungsleitlinie des § 1 VI S. 2 Nr. 1 BauGB.

D) Drittbezogenheit der Amtspflicht

Damit der Geschädigte aus der Amtspflichtverletzung Ansprüche ableiten kann, muss es sich um eine drittbezogene Amtspflicht handeln und der Geschädigte muss auch in deren Schutzbereich fallen.

hemmer-Methode: Auch insoweit wäre es genauso möglich, die beiden Prüfungspunkte zu einem Punkt „Verletzung einer drittbezogenen Amtspflicht" zusammenzuziehen.

Das Merkmal der Drittbezogenheit wirkt also haftungsbegrenzend und ist durch Auslegung der Amtspflicht bzw. der diese begründenden Rechtsnorm zu ermitteln.

---

[294] Vgl. auch (jeweils m.w.N.) die Auflistungen bei Hemmer/Wüst, Deliktsrecht II, Rn. 267a, sowie Battis, Rn. 403.

Dabei kann man i.d.R. solche Amtspflichten als drittbezogen begreifen, die zumindest auch subjektiv-öffentlichen Rechtspositionen des Bürgers dienen sollen, dagegen nicht solche Pflichten, die nur im öffentlichen Interesse bestehen. Abgrenzungskriterium kann außerdem (ähnlich wie bei drittschützenden Normen i.R.d. § 42 II VwGO) der gegenüber der Allgemeinheit abgrenzbare Adressaten- bzw. Begünstigtenkreis einer Norm sein.

Bsp.: Ist zur Ausführung eines Bundesgesetzes (bspw. eines Rahmengesetzes) ein Ausführungsgesetz der Länder erforderlich, könnte man eine Amtspflichtverletzung eines Landesparlamentes darin sehen, dass dieses das Gesetz nicht erlässt. Allerdings besteht die Pflicht, ein bestimmtes Gesetz zu erlassen i.d.R. gegenüber einem unbestimmten Adressatenkreis und dient nicht den subjektiven Rechten Einzelner, weshalb eine Haftung für legislatives Unrecht häufig ausscheidet. Dagegen besteht nach h.M. die oben angesprochene Pflicht bei der Bauleitplanung auch gerade zugunsten der (zumindest dinglich) Berechtigten an den von der Planung betroffenen Grundstücken.

Dritter in Schutzbereich der Pflicht?

Des Weiteren ist erforderlich, dass der Dritte in den Schutzbereich dieser Amtspflicht fällt. Diese Feststellung ist dann einfach, wenn man die Drittbezogenheit gerade mit dem Schutz derjenigen Gruppe begründet hat, in die auch der Geschädigte fällt. **316**

Im Beispiel der fehlerhaften Bauleitplanung fällt also der Grundstückseigentümer unproblematisch in den Schutzbereich der Amtspflicht. Beim Mieter eines entsprechenden Grundstücks bedürfte es dagegen einer näheren Begründung.

auch Schaden im Schutzbereich?

Schließlich muss auch der geltend gemachte Schaden nicht nur kausal durch die Amtspflichtverletzung verursacht worden sein, sondern gerade auch in den Schutzbereich der Amtspflicht fallen. **317**

Im Beispiel der fehlerhaften Bauleitplanung, z.B. der Überplanung eines kontaminierten Altlastengebietes, fallen also Schäden aus Gesundheitsbeeinträchtigungen jedenfalls in den Schutzbereich einer aus § 1 V S. 2 Nr. 1 BauGB („allgemeine Anforderungen an gesunde Wohnverhältnisse"), ebenso Schäden, die daraus entstehen, dass gebaute Gebäude wegen der Gesundheitsgefahr nicht genutzt werden können. Dagegen soll nach Auffassung des BGH ein Schaden nicht erfasst sein, der aus einer generellen Wertminderung von Altlastengrundstücken erwächst.[295]

hemmer-Methode: Hier können Sie in der Klausur hervorragend Ihr Verständnis und Ihre juristische Argumentationsfähigkeit prüfen. Fragen des Schutzbereiches sind immer Wertungsfragen!

---

[295] Vgl. BGH, DVBl. 1993, 433 ff.

> Unterscheiden Sie also nochmals folgende Prüfungsschritte:
> • Liegt überhaupt eine drittwirkende Amtspflicht vor?
> • Fällt der Dritte in den geschützten Personenkreis?
> • Fällt der geltend gemachte Schaden in den Schutzbereich?
> Sehen Sie hier auch die parallele Problematik bei der Schutznorm i.S.d. § 823 II BGB! Lernen Sie in Zusammenhängen zu denken und haushalten Sie dadurch mit Ihrer „Speicherkapazität"!

An der Drittbezogenheit scheitert grds. eine Haftung für gesetzgeberisches Unrecht. Eine klausurrelevante Ausnahme stellt die Haftung für die Nichtumsetzung von EG-Richtlinien bzw. die Nichtanpassung von deutschem Recht an EG-Recht dar.[296] Hier gebietet Europarecht eine Schadensersatzpflicht des Staates, wenn ein qualifizierter Verstoß gegen dem einzelnen Rechte verleihendes Europarecht gegeben ist, wobei strittig ist, ob es sich um einen eigenständigen europarechtlichen Anspruch oder um eine Modifikation des § 839 BGB handelt.

E) Verschulden

Verschulden

Der Amtswalter muss schuldhaft i.S.d. § 276 BGB, also vorsätzlich oder fahrlässig gehandelt haben. Maßstab ist dabei ein pflichtgetreuer Durchschnittsbeamter, wobei eine Amtspflichtverletzung ein Verschulden indiziert.

318

nach Rspr. kein Verschulden, wenn von Kollegialgericht bestätigt

In der Klausur kann die Rechtsprechung von Bedeutung sein, nach der ein Verschulden des Beamten regelmäßig nicht anzunehmen ist, wenn im Instanzenzug ein Kollegialgericht seine Auffassung geteilt hatte, da von ihm kein weitergehendes Erkennen seiner Amtspflichten verlangt werden kann (str.).[297]

F) Schaden

Schaden

Der Betroffene hat einen Ersatzanspruch (selbstverständlich) nur, soweit ihm ein Vermögensschaden entstanden ist, welcher für § 839 BGB aber auf keiner Verletzung einer der in § 823 I BGB aufgezählten Rechtsgüter basieren muss.

319

G) Haftungsausschlüsse

Haftungsausschlüsse

Wie auch bei anderen Ansprüchen kann bei § 839 BGB i.V.m. Art. 34 GG der Ersatzanspruch nach § 254 BGB gemildert werden, wenn ein Mitverschulden des Geschädigten vorliegt. Es sind aber noch andere Haftungsausschlüsse bzw. Beschränkungen zu beachten, die große Bedeutung für die Klausur haben können:

320

---

[296] Vgl. hierzu BGH, NJW 1997, 123. Vgl. auch Hemmer/Wüst, Europarecht, Rn. 382 ff.
[297] Vgl. dazu Schwager-Krohn, DVBl. 1990, 1077, 1084 m.w.N.

I. Subsidiaritätsklausel, § 839 I S. 2 BGB

Subsidiaritätsklausel

Fällt dem Amtswalter nur Fahrlässigkeit zur Last, ist nach § 839 I S. 2 BGB ein Anspruch ausgeschlossen, wenn der Geschädigte auf andere Weise Ersatz erlangen kann.

Bedeutung hatte § 839 I S. 2 BGB v.a. für die Eigenhaftung des Beamten, um dessen Entschlussfreudigkeit nicht zu sehr einzuschränken. Mit der Überleitung der Haftung auf den Staat über Art. 34 GG hat die Vorschrift eigentlich ihren Sinn verloren und dient insoweit nur (sinnwidrig) fiskalischen Interessen. Gleichwohl wendet die h.M. § 839 I S. 2 BGB weiter an, legt ihn aber einschränkend aus.

Das sog. Verweisungsprivileg kommt damit nicht zur Anwendung bei:[298]

- vom Geschädigten „erkauften" anderen Anspruchsmöglichkeiten, z.B. Versicherungen: Deren Zweck ist es nicht, den Fiskus zu entlasten,

- Ersatzansprüchen, die sich gegen einen anderen Verwaltungsträger richten würden (insoweit „Einheit der öffentlichen Hand"),

- Amtshaftungsansprüchen, die aus dem Straßenverkehr bzw. der Verletzung öffentlich-rechtlicher Verkehrssicherungspflichten erwachsen: Insoweit gilt der Grundsatz der Gleichbehandlung im Straßenverkehr.

321

II. Spruchprivileg, § 839 II BGB

Spruchrichterprivileg (soll v.a. Rechtskraft schützen)

Nach § 839 II BGB ist ferner eine Amtshaftung eines Richters für seine Entscheidungen nur in engen Grenzen möglich. Diese Vorschrift soll weniger den Richter als vielmehr die Aufrechterhaltung von rechtskräftigen Urteilen schützen und ist in der Klausur i.d.R. nicht von großer Bedeutung.

322

III. Rechtsmittelversäumnis, § 839 III BGB

Rechtsmittelversäumnis (nicht nur § 254 BGB, sondern Ausschluss)

Außerdem ist nach § 839 III BGB – insoweit als strengere Spezialvorschrift zu § 254 BGB – eine Ersatzpflicht ausgeschlossen, wenn der Geschädigte es versäumt hat, den Schaden durch die rechtzeitige Einlegung von Rechtsmitteln abzuwenden.

Dabei ist der Begriff des Rechtsmittels hier im untechnischen, weiten Sinn zu verstehen. Allerdings muss seine Einlegung zumutbar und die Nichteinlegung schuldhaft gewesen sein.

323

---

[298] Vgl. dazu auch Hemmer/Wüst, Deliktsrecht II, Rn. 271.

IV. Sonstige Haftungsbeschränkungen, Art. 34 GG

sonstige Haftungs-
ausschlüsse
im Einzelnen str.

Außerhalb des § 839 BGB sind nach h.M. auch über die Brücke des Art. 34 GG Haftungsbeschränkungen möglich, da nach seinem Wortlaut der Staat nur „grundsätzlich" haftet. Möglich sind v.a. Haftungsbeschränkungen durch formelle Gesetze, z.B. § 19 I S. 4 BNotO.

324

Dagegen soll nach h.M. eine Beschränkung durch gemeindliche Satzungen nicht ohne weiteres möglich sein, vielmehr liegt die verfassungsrechtlich begründete Staatshaftung außerhalb der Reichweite örtlichen Satzungsrechts.

Eine wirksame Beschränkung durch gemeindliche Satzung ist deshalb allenfalls möglich, wenn dafür eine formell-gesetzliche Ermächtigung besteht, was sich möglicherweise aber auch einmal aus der Ermächtigung zum Satzungserlass überhaupt ergeben könnte.[299]

H) Anspruchsgegner/Passivlegitimation

Anstellungs-, sonst
Anvertrauenstheorie

Eine Rolle in der Klausur kann auch die Frage spielen, welche Körperschaft nach § 839 BGB i.V.m. Art. 34 GG haftet:

325

Dabei gilt nach h.M. grds. die Anstellungskörperschaft (sog. Anstellungstheorie) als Anspruchsgegner. Wenn die betreffende Körperschaft eine Doppelstellung hat (wie z.B. das Landratsamt in Bayern), ist der Anspruch gegen diejenige Körperschaft gerichtet, deren Aufgaben der Amtsträger bei der Pflichtverletzung wahrgenommen hat (sog. Funktionstheorie), vgl. Art. 35 III BayLKrO. In übrigen Zweifelsfällen, so z.B. bei beliehenen Unternehmern, haftet die Körperschaft, die dem Amtswalter die Aufgabe anvertraut hat (sog. Anvertrauenstheorie).

I) Haftung außerhalb von Amtspflichtverletzungen

Haftung außerhalb
von Amtspflichtver-
letzungen

Betont sei hier abschließend noch einmal, dass die Ausführungen zu § 839 BGB i.V.m. Art. 34 GG für die Haftung des Staates für Amtspflichtverletzungen in Ausübung hoheitlicher Gewalt gelten, nicht in vollem Umfang für die Eigenhaftung des Amtsträgers, sowie für die Haftung bei fiskalischem Handeln.

326

---

[299] So in einem Fall BayVGH, BayVBl. 1985, 407 ff.; ablehnend BGHZ 61, 7 ff.

Zur Einordnung in diesen Zusammenhang mag folgende Übersicht dienen:

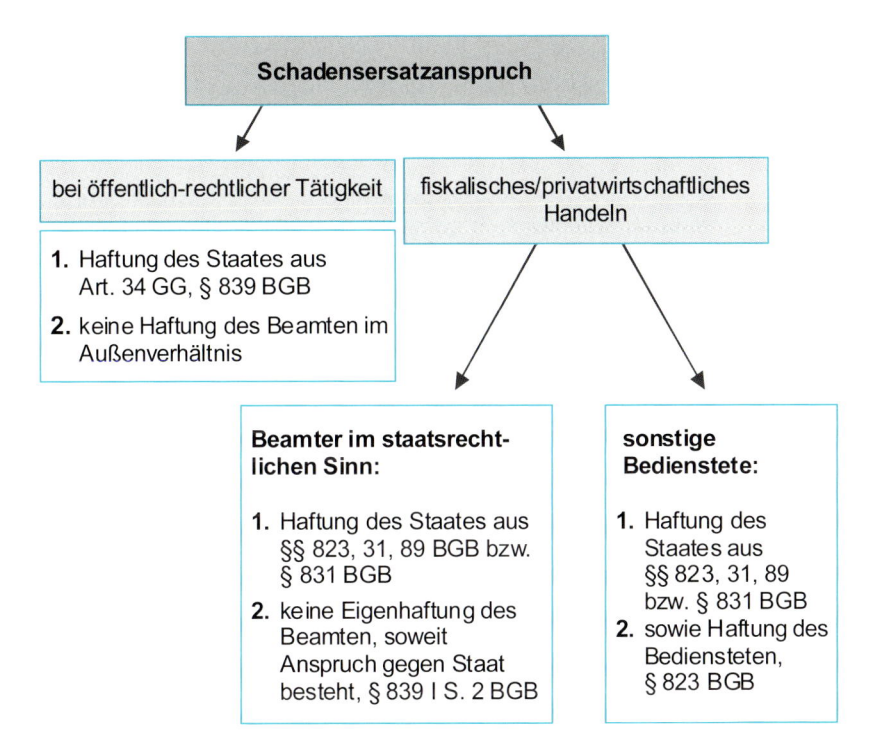

```
                        Schadensersatzanspruch
                       /                      \
        bei öffentlich-rechtlicher     fiskalisches/privatwirtschaftliches
               Tätigkeit                          Handeln
        1. Haftung des Staates aus
           Art. 34 GG, § 839 BGB
        2. keine Haftung des Beamten
           im Außenverhältnis
```

Beamter im staatsrechtlichen Sinn:
1. Haftung des Staates aus §§ 823, 31, 89 BGB bzw. § 831 BGB
2. keine Eigenhaftung des Beamten, soweit Anspruch gegen Staat besteht, § 839 I S. 2 BGB

sonstige Bedienstete:
1. Haftung des Staates aus §§ 823, 31, 89 bzw. § 831 BGB
2. sowie Haftung des Bediensteten, § 823 BGB

Handelt ein öffentlich Bediensteter im privatrechtlichen Bereich, so ergibt sich eine Haftung der öffentlich-rechtlichen Körperschaft in keinem Fall aus Art. 34 GG. Vielmehr ist zu differenzieren.

○ Hat ein Beamter im Sinne der Beamtengesetze (Beamter im staatsrechtlichen Sinne) gehandelt, so haftet der Staat für leitende Beamte nach §§ 823, 31, 89 BGB, für bloße Verrichtungsgehilfen nach § 831 BGB. Die Haftung des Beamten ergibt sich zwar grundsätzlich aus dem auch hier geltenden § 839 I BGB, doch wird er nach § 839 I S. 2 BGB befreit, soweit ein Anspruch gegen den Staat aus den oben genannten Vorschriften besteht.

○ Hat ein sonstiger Bediensteter (Arbeiter oder Angestellter im öffentlichen Dienst) privatrechtlich gehandelt, so haftet die öffentlich-rechtliche Körperschaft in der Regel aus § 831 BGB, ausnahmsweise auch aus §§ 823, 31, 89 BGB. Der Bedienstete selbst ist nicht Beamter im staatsrechtlichen Sinne, so dass § 839 BGB nicht gilt. Er haftet vielmehr daneben aus § 823 BGB ohne eine dem § 839 BGB vergleichbare Befreiungsmöglichkeit.[300]

---

[300] Vgl. dazu auch Hemmer/Wüst, Deliktsrecht II, Rn. 265.

☑ **hemmer-Methode:** Die Unterscheidung zwischen privatrechtlichem oder öffentlich-rechtlichem Handeln ist also Weichen stellend für die Klausur. Beweisen Sie daher dem Korrektor, dass Sie die Systematik der Amtshaftungsvorschriften beherrschen, indem Sie (u.U. nur in einem Nebensatz) auf dieses Problem hinweisen. Andererseits gilt hier ebenso wie bei § 40 VwGO: **Das Aufzählen der Abgrenzungstheorien** zwischen öffentlichem Recht und Privatrecht in **unproblematischen Fällen führt zu Punktabzug. In der Regel können (und müssen) Sie sich daher mit einer kurzen Feststellung, dass aufgrund hoheitlichen Handelns der Anwendungsbereich der Art. 34 GG, § 839 BGB eröffnet ist, begnügen.**

J) Ansprüche aus verwaltungsrechtlichem Schuldverhältnis

Verwaltungsrechtliches Schuldverhältnis

Neben die Ansprüche aus § 839 BGB, Art. 34 GG kann ein Schadensersatzanspruch aus Pflichtverletzung in einem verwaltungsrechtlichen Schuldverhältnis treten, §§ 241 II, 280 BGB. 327a

Das Institut des verwaltungsrechtlichen Schuldverhältnisses (sog. öffentlich-rechtliche Sonderverbindung) ist entwickelt worden für die Fälle, in denen ein Bedürfnis für die Heranziehung der zivilrechtlichen Regeln über die Vertragshaftung, insbes. §§ 278, 280 I S. 2 BGB, besteht, weil ein besonders enges Verhältnis Bürger - Staat vorliegt.

enges Verhältnis Bürger-Staat

Es muss dafür ein besonders enges Verhältnis zwischen Bürger und Staat bestehen, welches Anlass zu einer gesteigerten Rechts- und Pflichtenstellung gibt, die über die allgemeinen deliktischen Beziehungen hinausgeht. 327b

Allgemein anerkannt sind:

- öffentlich-rechtliche Verwahrung

- öffentlich-rechtliche GoA

- öffentlich-rechtliche Benutzungs- u. Leistungsverhältnisse

- öffentlich-rechtliche Dienstverhältnisse

- öffentlich-rechtliche Verträge, vgl. Art. 62 BayVwVfG

K) Europarechtlicher Haftungsanspruch[301]

Haftung bei Verletzung von Europarecht

Die Mitgliedstaaten sind aus dem Grundsatz der Gemeinschaftstreue verpflichtet, die volle Wirksamkeit des Europarechts zu gewährleisten und die Rechte zu schützen, die das Gemeinschaftsrecht dem Einzelnen verleiht.[302] Diese Rechte wären beeinträchtigt, wenn der Einzelne für den Fall, dass seine Rechte durch einen einem Mitgliedstaat zuzurechnenden Verstoß gegen das Gemeinschaftsrecht verletzt werden, nicht die Möglichkeit hätte, eine Entschädigung zu erlangen.

327c

Aus diesem Grund muss es bei der Verletzung von Europarecht nach der Rechtsprechung des EuGH einen Anspruch unter folgenden Voraussetzungen geben:

Voraussetzungen

- wenn die Rechtsnorm, gegen die verstoßen worden ist, bezweckt, dem Einzelnen Rechte zu verleihen,

327d

- wenn der Verstoß hinreichend qualifiziert ist und

- wenn zwischen dem Verstoß und dem entstandenen Schaden ein unmittelbarer Kausalzusammenhang besteht.[303]

hemmer-Methode: Diese Voraussetzungen sind abschließend. Für Haftungseinschränkungen wie in §§ 839 I S. 2, II BGB ist daneben kein Raum.

qualifizierter Verstoß erforderlich

Ein qualifizierter Verstoß im Sinne dieser Voraussetzungen ist dann gegeben, wenn ein Organ oder Mitgliedstaat bei der Rechtsetzung die Grenzen, die der Ausübung seiner Befugnisse gesetzt sind, offenkundig und erheblich überschritten hat. Bei Nichtumsetzung von Richtlinien liegt ein hinreichend qualifizierter Verstoß immer vor, da bzgl. der Umsetzung der Richtlinie als solches kein Ermessen des Mitgliedstaates besteht.[304] In allen anderen Fällen kommt es auf den Einzelfall an.

327e

Dabei fließen in die Prüfung ein:[305]

- Maß an Klarheit und Genauigkeit der verletzten Vorschrift

- Umfang des Ermessensspielraums

- Vorsätzlichkeit des Verstoßes oder der Schadensherbeiführung

---

[301] Ausführlich hierzu Hemmer/Wüst, Basic-Europarecht, Rn. 214 ff.
[302] Vgl. insbes. EuGH, Rs. 106/77, Simmenthal II, Tz. 14/16, in: Slg. 1978, 629.
[303] EuGH, verb. Rs. C-46/93 u. C-48/93, Tz. 51, in: EuZW 1996, 205 (208); BayBl. 2003, 142.
[304] EuGH, verb. Rs. C-178-179/94 u. C-188-190/94, Tz. 26, in: EuGRZ 1996, 450 (452).
[305] Vgl. EuGH a.a.O. (Brasserie du Pêcheur), Tz. 43.

➲ Entschuldbarkeit des Rechtsirrtums

➲ eventueller Beitrag des Verhaltens (Mitverschuldens) eines Gemeinschaftsorgans

**Anmerkung: Das Problem der Haftung für europarechtswidriges Verhalten existiert in verschiedenen Sachverhaltskonstellationen.
So kann ein Anspruch entstehen**
- allgemein bei **Verstoß gegen Primärrecht**
- bei **vollständig fehlender Umsetzung einer EG-Richtlinie**[306]
- bei **erfolgter, aber fehlerhafter Umsetzung einer Richtlinie**[307]
- bei **falscher Auslegung und/oder Anwendung des Gemeinschaftsrechts durch die mitgliedstaatliche Verwaltung**[308] oder durch **ein mitgliedstaatliches Gericht. § 839 II BGB dürfte in dem letztgenannten Fall nicht anwendbar sein.**[309]
- bei **Nichtanpassung des mitgliedschaftlichen Rechts an gemeinschaftsrechtliche Vorgaben**[310].

Ob ein qualifizierter Verstoß vorliegt oder nicht, müssen Sie in jedem Einzelfall gesondert betrachten.

Soweit ein qualifizierter Verstoß in obigem Sinn gegeben ist, besteht grundsätzlich ein Anspruch des betroffenen Bürgers. Der Vollzug des Anspruchs hat jedoch mangels gemeinschaftsrechtlicher Regelung im Rahmen des nationalen Haftungsrechts zu erfolgen. Nach wohl herrschender Ansicht sind dabei § 839 BGB, Art. 34 GG als Anspruchsgrundlage heranzuziehen, aber derart zu modifizieren, dass der Anspruch nicht weiter erschwert wird. Sowohl § 839 I S. 2 BGB als auch § 839 II BGB dürfen deshalb nicht herangezogen werden.

327f

---

[306] Z.B. in den Entscheidungen „Francovich", EuGH, NJW 1992, 165 ff. und „Dillenkofer" (=MP Travel Line), EuGH, NJW 1996, 3141.
[307] Z.B.: British Telecom EuGH, EuZW 1996, 274.
[308] Z.B. EuGH, EuZW 1996, 435.
[309] So wohl EuGH Rs. C-173/03, TDM, NJW 2006, 3337.
[310] Z.B. Brasserie du Pêcheur EuGH, NJW 1996, 1267 sowie BGH, NJW 1997, 123.

§ 2 FOLGENBESEITIGUNGSANSPRUCH

Folgenbeseitigungsanspruch

Der Folgenbeseitigungsanspruch (FBA) ist gesetzlich nicht normiert. Allein § 113 I S. 2 VwGO setzt das Bestehen eines materiell-rechtlichen Vollzugsfolgenbeseitigungsanspruchs nach Vollzug eines mit der Anfechtungsklage erfolgreich angegriffenen Verwaltungsakts voraus.

Aber auch für andere Konstellationen als den Vollzug eines Verwaltungsakts wird von der ganz h.M. bei einer fortdauernden rechtswidrigen Beeinträchtigung ein Anspruch auf Wiederherstellung des ursprünglichen Zustands durch Beseitigung derselben anerkannt.

Bsp.:[311] *A ist Eigentümer eines stark hängigen Grundstücks in der B-Straße in der Gemeinde C. C baut die Straße aus und nimmt dafür Gelände vom Grundstück des A in Anspruch, ohne dass ein Enteignungsverfahren durchgeführt worden wäre oder A zugestimmt hätte. Durch die dabei vorgenommene Abtragung der Böschung rutscht das Grundstück des A immer mehr ab. A verlangt nun Wiederherstellung des alten Zustands mit einem Böschungswinkel von 45 Grad.*

hemmer-Methode: Machen Sie sich v.a. die **Rechtsfolge des FBA** klar: Wiederherstellung des früheren Zustandes ist etwas anderes als Naturalrestitution i.S.d. § 249 BGB! Der Naturalrestitution wohnt eine dynamische, hypothetische Entwicklungen berücksichtigende Betrachtungsweise inne („Wie wäre die Vermögenslage jetzt [hypothetisch!], wenn das schädigende Ereignis nicht eingetreten wäre?"), während der **FBA nur auf den status quo ante** abzielt („Wie war der Zustand [real!] vor Entstehung des rechtswidrigen Zustandes?"). Ein ähnliches Problem stellt sich übrigens im Zivilrecht bei § 1004 BGB im Vergleich zum Schadensersatz nach § 823 BGB. Hier wie dort gilt: Obwohl Folgenbeseitigung und Naturalrestitution theoretisch dogmatisch klar zu unterscheiden sind, kann die Abgrenzung im Einzelfall sehr schwierig sein.
Allerdings sollte man hier auch nicht zu puritanisch werten. So wäre im Böschungsbeispiel die Argumentation, genau dieselben Erdmassen stünden nicht mehr zur Verfügung und die Benutzung anderer Erde zum Aufschütten der Böschung sei Naturalrestitution, zum einen sehr formalistisch. Zum anderen wäre der Anwendungsbereich des FBA in wenig sinnvoller Weise auf ein Minimum beschränkt. Deshalb sollte man auch die Herstellung eines gleichwertigen Zustands genügen lassen und für die Abgrenzung eher auf den Unterschied hypothetisch-dynamische Betrachtung ⇔ Herstellung des status quo ante abstellen.

328

---

[311] Nach BVerwG, DÖV 1971, 857; dieser Böschungsfall ist eine viel zitierte und nachlesenswerte Grundsatzentscheidung zum FBA; zum VollzugsFBA von ähnlicher Bedeutung BVerwGE 69, 366 ff. - Bardepotpflicht-Fall.

Ist auch die Herstellung eines gleichwertigen Zustandes nicht möglich, z.B. beim Abriss einer alten, rissigen Mauer, die später wieder hergestellt werden müsste, ist es denkbar, dass den Anspruchssteller gewisse Ausgleichspflichten dafür treffen, dass er nun doch „mehr" hat als im status quo ante.

Übliches Klausurschema zur Prüfung des FBA:

> Rechtsgrundlage: Art. 20 GG, Grundrechte, § 113 I S. 2 VwGO, § 1004 BGB, Gewohnheitsrecht
>
> A) Eingriffsobjekt: subjektive Rechtsposition
>
> B) Hoheitlicher Eingriff, der noch andauernden Zustand schafft
>
> C) Rechtswidrigkeit des Zustandes d.h. keine Duldungspflicht (z.B. § 906 BGB analog)
>
> D) Wiederherstellung möglich, zulässig und zumutbar
>
> E) Kein Ausschluss durch (überwiegendes) Mitverschulden

Vorbemerkung zur Rechtsgrundlage

Rechtsgrundlage str. (Art. 20 GG, GRe, § 1004 BGB), aber Einigkeit über Voraussetzungen

Die Rechtsgrundlage für den FBA ist streitig, z.T. wird er auf das Rechtsstaatsprinzip, Art. 20 GG, z.T. unmittelbar auf die Grundrechte, z.T. auch auf § 113 I S. 2 VwGO, auf (eine Analogie zu) § 1004 BGB oder schlicht auf Gewohnheitsrecht gestützt.[312] Letztlich spielt dieser Streit aber im Ergebnis keine Rolle, da die Existenz des FBA allgemein anerkannt wird und auch über die Voraussetzungen weitestgehend Einigkeit besteht.[313]

hemmer-Methode: Da Sie keine „Anspruchsgrundlage" i.e.S. angeben können, sondern in der Klausur wohl mit Obersatz wie „dem Kläger könnte ein Anspruch auf Folgenbeseitigung/der allgemeine Folgenbeseitigungsanspruch zustehen" beginnen werden, empfiehlt es sich auch in der Klausur, der Prüfung der eigentlichen Anspruchsvoraussetzungen diesen kurzen Vorspann zur Rechtsgrundlage voranzustellen. Eine nähere Stellungnahme ist dagegen entbehrlich.

---

[312] Vgl. die Aufzählung m.w.N. in BVerwG, DÖV 1971, 857 f.; für das BVerwG v.a. auch von Interesse war dabei, dass jeder der möglichen Ansätze letztlich zu einer Grundlage aus dem Bundes- und damit aus revisiblem Recht herstammt.

[313] Diese Voraussetzungen bestätigen aus neuerer Zeit BVerwG, NVwZ 1994, 276 = DÖV 1994, 341 zur Folgenbeseitigung nach Nichtigerklärung eines Bebauungsplans. Lesenwert erscheint dieser Fall auch daraufhin, wie das BVerwG i.R.d. Prüfungspunktes des Eingriffs in eine subjektive Rechtsposition die Ausgestaltung des Eigentums nach Art. 14 I S. 1, 2 GG prüft.

A) Eingriffsobjekt

Eingriffsobjekt: subjektives Recht, z.B. GRe

Eingriffsobjekt des staatlichen Handelns, dessen Folgen beseitigt werden sollen, muss eine subjektive Rechtsposition sein. Meist wird dies in der Klausur unproblematisch sein, es ist aber günstig, wenn diese Rechtsposition in der Klausur an ein Grundrecht normativ angebunden wird. I.d.R. wird es um Art. 14 GG oder Art. 2 II GG gehen.

331

B) Schaffung eines rechtswidrigen Zustands durch hoheitlichen Eingriff

hoheitlicher Eingriff

In diese subjektive Rechtsposition muss hoheitlich eingegriffen worden sein, woraus ein noch andauernder, rechtswidriger Zustand resultiert.

332

Schaffung eines rechtswidrigen Zustands (nicht notwendig schon Eingriff selbst)

Anknüpfungspunkt der Rechtswidrigkeitsprüfung ist also nicht der Eingriff selbst, sondern der daraus entstandene Zustand. M.a.W.: Selbst wenn der Eingriff an sich rechtmäßig war, kann Beseitigung verlangt werden, wenn der Zustand, der geschaffen wurde, mittlerweile rechtswidrig ist.

> **Bsp.:** Wenn die rechtmäßige befristete Einweisung eines Obdachlosen in eine Wohnung erfolgte, kann der Eigentümer nach Ablauf dieser Frist von der Behörde die Räumung der Wohnung verlangen, da der Zustand mittlerweile rechtswidrig ist.

hemmer-Methode: Umgekehrt wäre ein FBA ausgeschlossen, wenn der durch einen rechtswidrigen Eingriff geschaffene Zustand „legalisiert" werden könnte. Soweit die Behörde dies zwar noch nicht getan hat, aber die Möglichkeit dazu hat und vielleicht schon damit begonnen hat, wäre auch an eine unzulässige Rechtsausübung durch Geltendmachung des FBA zu denken.

C) Keine Duldungspflicht

keine Duldungspflicht

Der FBA kann nicht mit Erfolg geltend gemacht werden, wenn eine Pflicht zur Duldung des Zustandes besteht. Eine solche kann sich z.B. aus Gesetz, wirksamem (nicht zwingend rechtmäßigem) VA, einer Analogie zu § 906 BGB, aber auch aus dem Rechtsgedanken anderer, speziellerer Normen, z.B. aus dem BImSchG, ergeben.

333

hemmer-Methode: Hier liegt häufig ein Schwerpunkt der Klausur. Wichtig sind für Sie v.a. zwei Schritte:
1. **Sie müssen einen gesetzlichen Anknüpfungspunkt für die Duldungspflicht finden**, wobei im Notfall immer an § 906 BGB zu denken ist, soweit sich keine spezielleren Normen anbieten.

2. Sie müssen sauber abwägen, die im Sachverhalt versteckten, sowie nach Möglichkeit auch eigene Argumente finden und in der Abwägung methodisch sauber vorgehen (vgl. auch oben Rn. 120 ff. zur Abwägung).

D) Mögliche, zulässige und zumutbare Wiederherstellung

Wiederherstellung: möglich

1. Die Wiederherstellung kann (selbstverständlich) nur verlangt werden, wenn sie tatsächlich noch möglich ist.

rechtlich zulässig

2. Außerdem muss sie zulässig, d.h. rechtlich möglich sein. Das ist nicht der Fall, wenn durch die Wiederherstellung ohne Rechtsgrundlage in die Rechte Dritter eingegriffen werden müsste.

zumutbar

3. Schließlich muss die Wiederherstellung zumutbar sein[314], wobei freilich eine großzügige Auslegung geboten ist, insbesondere darf die Zumutbarkeit nicht schon allein wegen relativ hoher Kosten abgelehnt werden.

Folgenentschädigungsanspruch?

Teilweise wird vertreten,[315] dass an die Stelle eines nicht realisierbaren Folgenbeseitigungsanspruchs ein Folgenentschädigungsanspruch treten soll, der dann allerdings schwer vom enteignungsgleichen Eingriff abzugrenzen wäre.[316]

☑ **hemmer-Methode:** Hiervon zu unterscheiden ist der Fall, dass der FBA auf Geldersatz geht, weil die rechtswidrigen Folgen in einem reinen Geldverlust bestehen. Hier wird vom BVerwG ein Anspruch auf Geldzahlung für möglich gehalten.[317]

E) Kein Ausschluss durch Mitverschulden

Ausschluss durch Mitverschulden

Nach überwiegender Ansicht kann (analog § 254 BGB bzw. aufgrund eines allgemeinen Rechtsgedankens) der FBA zu kürzen sein, wenn ein Mitverschulden des Betroffenen vorliegt.

> *Bsp.:* So hat das BVerwG als speziellen Fall des Mitverschuldens – ähnlich wie beim enteignenden/enteignungsgleichen Eingriff – wegen des Versäumnisses von Rechtsmitteln den FBA sogar ganz ausgeschlossen.[318]

---

[314] Dies entspricht dem Rechtsgedanken des § 251 II BGB.
[315] Vgl. z.B. Weyreuther, Gutachten für den 47. Deutschen Juristentag 1968, I B, 135 ff.; BayVGH, BayVBl. 1999, 561.
[316] Vgl. Battis, Rn. 386; mangels eines Bedürfnisses für diesen Anspruch neben dem enteignungsgleichen Eingriff ablehnend auch OVG Münster, NWVBl. 1994, 110.
[317] Vgl. BVerwGE 69, 366 (370) - Bardepotpflicht.
[318] Vgl. BVerwG, DÖV 1971, 857 (859), im Böschungsfall.

Dabei ist eine Kürzung des Anspruchs wie beim Schadensersatz in Geld über § 254 BGB beim FBA oft nicht möglich, sodass der Anspruch (wie bei der Rechtsmittelversäumnis, vgl. o.) entweder ganz entfallen muss, oder aber der Anspruchsinhaber an den Kosten der Wiederherstellung zu beteiligen ist bzw. er nur eine Entschädigung erhält.[319]

F) Sonstiges

§ 40 I VwGO: Verwaltungsrechtsweg

I. Für die prozessuale Geltendmachung des FBA ist der Verwaltungsrechtsweg nach § 40 I VwGO gegeben. Richtige Klageart ist die allgemeine Leistungsklage. Die Klagebefugnis, analog § 42 II VwGO, ergibt sich i.d.R. schon aus der Behauptung, dem Kläger stehe ein Anspruch auf Folgenbeseitigung zu. 336

diff.: öffentlich-rechtlicher Unterlassungsanspruch

II. Zu unterscheiden vom FBA ist der öffentlich-rechtliche Unterlassungsanspruch, der auf die gleichen Rechtsgrundlagen gestützt wird, aber schon vor einer Rechtsbeeinträchtigung zur Abwehr derselben geltend gemacht werden kann. Allerdings sind die Ansprüche auch von den Voraussetzungen her ähnlich und man kann wohl sagen, dass sie letztlich zwei Ausprägungen eines einheitlichen Rechtsgedankens sind, der auch im Zivilrecht mit § 1004 BGB in einer Anspruchsgrundlage seine Ausprägung für Beseitigungs- und Unterlassungsansprüche gefunden hat.[320] Für den Unterlassungsanspruch muss zusätzlich eine Wiederholungsgefahr bzw. die Gefahr der erstmaligen Begehung vorliegen. 337

---

[319] Vgl. auch Maurer/Zinow, JuS 1993, L 25, 28.
[320] Ähnlich Köckerbauer/Büllesbach, JuS 1991, 373 ff. (lesenswerter Aufsatz zum öffentlich-rechtlichen Unterlassungsanspruch).

§ 3 HAFTUNG FÜR ENTEIGNENDEN UND ENTEIGNUNGSGLEICHEN EINGRIFF

enteignender und enteignungsgleicher Eingriff: früher auf Art. 14 GG gestützt

Die Haftung für den enteignenden und enteignungsgleichen Eingriff wurde lange Zeit v.a. im Zusammenhang mit dem Eigentumsschutz nach Art. 14 GG[321] gesehen: Der BGH nahm einen enteignungsgleichen Eingriff an bei einem rechtswidrigen Eingriff in das Eigentum, der im Falle seiner gesetzlichen Zulässigkeit nach seiner Wirkung eine Enteignung wäre und ohne gesetzliche Grundlage erst recht zu entschädigen sei. Aus Billigkeitsgesichtspunkten wurde außerdem auch für an sich rechtmäßige Maßnahmen eine Entschädigung zugesprochen, wenn diese zu einem nicht hinnehmbaren Ergebnis führten, so dass insoweit gleichsam auf das Erfolgsunrecht abgestellt wurde[322] (Haftung für enteignenden Eingriff).

338

hemmer-Methode: Der enteignungsgleiche Eingriff sollte somit die Lücke zwischen rechtmäßiger finaler Enteignung (Art. 14 III GG) und rechtswidrigen schuldhaften Eingriffen (§ 839 BGB) schließen. Wenn in Art. 14 III GG schon eine Haftung für rechtmäßige Eingriffe geregelt ist, dann muss auch für rechtswidrige schuldlose Eingriffe eine Haftung bestehen, Art. 14 III GG analog.

Bsp.:[323] *Ein abirrendes Flakgeschoss bei einer Militärübung verursacht einen Waldbrand. Würden dagegen die Schießübungen unzulässigerweise im betreffenden Wald durchgeführt, wo gerade Brandgefahr bestand, wäre die Rechtswidrigkeit unproblematisch zu bejahen.*

Die Ableitung der Ansprüche aus dem Eigentumsschutz des Art. 14 GG ist jedoch verschiedenen Bedenken ausgesetzt:

339

- Nach dem BVerfG gewährt Art. 14 GG grds. über seinen Abs. 1 Bestandsschutz und alleine im Fall des Abs. 3 selbst, also bei der rechtmäßigen Enteignung, ausnahmsweise eine Wertgarantie.

- Des Weiteren besteht zumindest gegenüber rechtswidrigen Maßnahmen häufig die Möglichkeit eines bestandserhaltenden Rechtsschutzes, so dass die Interessenlage mit der bei der Enteignung doch nicht völlig vergleichbar ist.

---

[321] Vgl. oben Rn. 205 ff.
[322] Zu diesem Ansatz Battis, Rn. 479.
[323] Vgl. BGHZ, 37, 44 (47).

§ 3 HAFTUNG FÜR ENTEIGNENDEN UND ENTEIGNUNGSGLEICHEN EINGRIFF

mittlerweile abgelehnt, aber Anspruch nicht aufgegeben, sondern auf §§ 74, 75 EinlPrALR gestützt

Deshalb hat das BVerfG[324] einer Herleitung aus Art. 14 III GG widersprochen. Als Konsequenz daraus hat der BGH freilich auf die Anwendung aus enteignendem und enteignungsgleichem Eingriff nicht verzichtet, sondern sie auf neue Grundlagen gestellt, nämlich zum einen auf das Erstarken zum Gewohnheitsrecht durch die langjährige Zivilrechtsprechung, zum anderen auf den in den §§ 74, 75 der Einleitung des Preußischen Allgemeinen Landrechts von 1794 (PrALR) gesetzlich fixierten allgemeinen Aufopferungsgedanken.

Exkurs

§§ 74, 75 EinlPrALR lauten:

„§ 74. Einzelne Rechte und Vorteile der Mitglieder des Staates müssen den Rechten und Pflichten zur Beförderung des gemeinschaftlichen Wohls, wenn zwischen beiden ein wirklicher Widerspruch (Kollision) eintritt, nachstehen.

§ 75. Dagegen ist der Staat demjenigen, welcher seine besonderen Rechte und Vorteile dem Wohle des gemeinen Wesens aufzuopfern genötigt ist, zu entschädigen gehalten."[325]

Exkurs Ende

hemmer-Methode: In der Klausur ist eine so ausführliche Herleitung in der Regel nicht erforderlich. Ausreichend wären etwa folgende Einleitungssätze bei der Haftung aus enteignendem/enteignungsgleichem Eingriff: „Der Anspruch aus enteignendem/enteignungsgleichem Eingriff wurde früher aus Art. 14 GG abgeleitet. Dem hat das BVerfG zwar widersprochen, da eine Wertgarantie i.R.d. Art. 14 GG nur nach Abs. 3 in den Fällen der rechtmäßigen Enteignung besteht und auch nur dann aus dem Enteignungsgesetz selber. Allerdings wird der Anspruch von der Rechtsprechung des BGH nach wie vor anerkannt und nun auf Gewohnheitsrecht, bzw. den allgemeinen Aufopferungsgedanken, §§ 74, 75 EinlPrALR, gestützt."

---

[324] E 58, 300 ff.
[325] Vgl. umfassend zum Aufopferungsgedanken der §§ 74, 75 EinlPrALR mit kritischen Anmerkungen zur weiten Auslegung durch den BGH, Schmitt-Kammler, JuS 1995, 474 ff.

Prüfungsschema

Zur Prüfung des Anspruchs aus enteignendem/enteignungsgleichem Eingriff hat sich folgendes Schema herausgebildet:

> **Prüfungsschema enteignender/enteignungsgleicher Eingriff**
>
> A) Eingriff in durch Art. 14 GG geschützte Rechtsposition
>
> B) Vorliegen einer hoheitlichen Maßnahme, die
>
>   I. beim enteignenden Eingriff rechtmäßig ist
>
>   II. beim enteignungsgleichen Eingriff rechtswidrig ist
>
> C) Motivation durch das Allgemeinwohl
>
> D) Unmittelbarkeit des Eingriffs
>
> E) Sonderopfer durch den Eingriff
>
> F) Kein Ausschluss durch Versäumnis eines Rechtsmittels
>
> G) Sonstiges

A) Eingriff in durch Art. 14 GG geschützte Rechtsposition

Eingriff in vermögenswerte Rechtsposition

Für einen Anspruch aus enteignendem/enteignungsgleichem Eingriff muss zunächst die Beeinträchtigung einer durch Art. 14 GG geschützten Rechtsposition vorliegen. Wann dies der Fall ist, ist nach den oben (Rn. 206 ff.) dargelegten Grundsätzen zu bestimmen; meist wird hierbei in der Klausur kein größeres Problem auftauchen.

B) Vorliegen einer hoheitlichen Maßnahme

hoheitliche Maßnahme

Von einem Eingriff kann man nur sprechen, wenn die Beeinträchtigung aus einer hoheitlichen Maßnahme erfolgt. Eine solche kann in einem Rechtsakt

> *Bspe.:* Belastende VAe, die in den Schutzbereich des Art. 14 GG eingreifen; Genehmigungen für Anlagen, deren Betrieb den Nachbarn schwer und unerträglich in seiner Eigentumsposition beeinträchtigt.

oder auch in einem Realakt liegen.

> *Bspe.:* Das abirrende Flakgeschoss, vgl. o.; von der Straße abkommende Schützenpanzer, die Wohngebäude beschädigen;[326] schlicht-hoheitliches Betreiben einer Mülldeponie, die Möwen anlockt, welche das Saatgut der umliegenden Felder dezimieren.[327]

---

[326] Vgl. BGH, NJW 1964, 104.
[327] Vgl. BGH, NJW 1980, 770.

§ 3 HAFTUNG FÜR ENTEIGNENDEN UND ENTEIGNUNGSGLEICHEN EINGRIFF

hemmer-Methode: Im Einzelfall kann fraglich sein, ob mehr auf das Realhandeln oder auf den zugrunde liegenden Rechtsakt abzustellen ist: So könnte man im obigen Beispiel der Deponie auch auf die Genehmigung derselben abstellen, soweit eine solche vorliegt. Würde sie dagegen in privatrechtlicher Form oder sogar durch Privatpersonen mit Genehmigung eines Hoheitsträgers betrieben, käme nur das Abstellen auf den Rechtsakt der Genehmigung in Betracht.

C) Beim enteignenden Eingriff rechtmäßig

problematisch bei bloßem Gesetzesvollzug

Ein Sonderproblem kann sich ergeben, wenn der Eingriff durch einen Verwaltungsakt erfolgt, der „lediglich" den Vollzug eines verfassungswidrigen Gesetzes darstellt, also nicht auf einer fehlerhaften Gesetzesanwendung bzw. Ermessensausübung durch die Exekutive beruht. Der BGH[328] hat dazu die Auffassung vertreten, eine bloße Konkretisierung bzw. Realisierung von legislativem Unrecht durch die Exekutive könne zu keiner Haftung aus enteignungsgleichem Eingriff führen, da dadurch auf der Grundlage eines richterrechtlich entwickelten Rechtsinstituts unabschätzbare finanzielle Belastungen auf den Staat zukommen würden.

Allerdings ist dieser Ansatz zumindest für Fälle einer Haftung für den Gesetzesvollzug nicht völlig überzeugend, da es für den Bürger keinen wesentlichen Unterschied macht, aus welchen Gründen der VA rechtswidrig ist.

D) Beim enteignungsgleichen Eingriff rechtswidrig

Maßnahme bei enteignendem Eingriff rechtmäßig, bei enteignungsgleichem rechtswidrig

Diese Maßnahme muss für den enteignenden Eingriff rechtmäßig, für den enteignungsgleichen Eingriff rechtswidrig sein. Dabei ist noch einmal daran zu erinnern, dass das „Erfolgsunrecht" des Eigentumseingriffs die Maßnahme noch nicht unbedingt rechtswidrig macht, wenn diese Folge nicht beabsichtigt und nicht vorhersehbar war, das Handeln als solches also rechtmäßig war. Außerdem kann die Unterscheidung sinnvoll meistens nur ex ante vorgenommen werden.

> *Bsp.:* Aufgrund einer Genehmigung wird eine Kläranlage nach dem neuesten technischen Stand errichtet, die nach allen z.Zt. der Genehmigung bekannten und überhaupt erkennbaren Fakten keinerlei Beeinträchtigungen für ihre Umgebung darstellt. Aus nicht erforschbaren Gründen sind die von ihr ausgehenden Immissionen aber gleichwohl so unerträglich für die Nachbarschaft, dass der Nachbar N sein Grundstück mit Wohnhaus nicht mehr zu Wohnzwecken nutzen kann.

---

[328] Vgl. NJW 1989, 100 (101 f.); BGHZ 100, 136 (145 ff.).

Hier hätte eine Genehmigung nicht erteilt werden dürfen, wenn man die Wirkungen schon hätte voraussehen können. Da aber z.Zt. der Genehmigung keinerlei Beeinträchtigungen abzusehen waren, wurde sie damals zu Recht erteilt.

☑ **hemmer-Methode:** Machen Sie sich die Zusammenhänge klar: Gegen ein bereits ex ante rechtswidriges Verwaltungshandeln kann man sich häufig schon verwaltungsgerichtlich wehren, bevor es zur Eigentumsbeeinträchtigung kommt, sodass ein Anspruch aus enteignungsgleichem Eingriff in diesen Fällen ausscheidet.

E) Motivation durch das Allgemeinwohl

Motivation durch Allgemeinwohl

Die hoheitliche Maßnahme muss durch das Allgemeinwohl motiviert sein. Dieses Merkmal wird weit ausgelegt und ist deswegen ebenfalls meist unproblematisch. Beispiel für ein nicht durch das Allgemeinwohl motiviertes hoheitliches Handeln ist fast nur die Zwangsvollstreckung durch staatliche Organe, welche ja ausschließlich im Gläubigerinteresse stattfindet. 347

☑ **hemmer-Methode:** Dabei kommt es nicht auf Ihre subjektiven Vorstellungen vom Allgemeinwohl an! Selbst wenn Sie persönlich erbitterter Autogegner und ebenso überzeugter Bahnfahrer sind, kann die Errichtung einer weiteren Autobahn ein durch das Allgemeinwohl motiviertes Vorhaben sein.
Bei den meist unproblematischen Merkmalen (neben der Allgemeinwohlmotivation auch die durch Art. 14 GG geschützte Rechtsposition, vgl. o.) ist im Übrigen eine kurze Subsumtion in einem Satz i.d.R. ausreichend.

F) Unmittelbarkeit des Eingriffs

Unmittelbarkeit

Haftungsbeschränkend wird weiterhin gefordert, dass die Beeinträchtigung unmittelbar durch das hoheitliche Handeln erfolgt. Der Unmittelbarkeitsbegriff ist umstritten und in seinen Konturen (wie auch in anderen Rechtsgebieten) nicht völlig abgegrenzt.[329] 348

Einigkeit besteht dahingehend, dass keine Finalität erforderlich ist, andererseits aber bloße Kausalität nicht genügt. Der BGH formulierte, dass sich „das dem Einzelnen auferlegte Sonderopfer als notwendige, aus der Eigenart der hoheitlichen Maßnahme sich ergebende Folge darstellen muss."[330] Z.T. wird auch auf Schutzzweckgesichtspunkte, vergleichbar der Haftung aus § 823 I BGB, abgestellt.

---

[329] Vgl. Nipperdey, NJW 1967, 1985 (1990): „Der Begriff der Unmittelbarkeit ist auch kein rechtlich technisierter Begriff mit präzise angebbarem Inhalt. Er ist vielmehr überall da, wo er auftaucht, (...) nur Ausdruck der dogmatischen und sachlichen Verlegenheit, (noch) nicht präzise angeben zu können, was überhaupt gemeint ist. Unter seinem Deckmantel müssen erst noch konkrete Fallgruppen herausgearbeitet werden ...".

[330] BGHZ 76, 387 (392); ähnlich auch BGH, NJW 1987, 1945.

☑ **hemmer-Methode:** Bei einem so vagen Begriff wie der Unmittelbarkeit kann von Ihnen in der Klausur keine neue, bahnbrechende Stellungnahme verlangt werden. Urteilen Sie für sich mit Gerechtigkeitsgefühl und geschultem Judiz und entwickeln Sie anschließend eine Begründung. Argumentationsmuster können Sie aus Ihrem Fundus zu § 823 BGB, zum sicherheitsrechtlichen Störerbegriff, zur Unmittelbarkeit bei erfolgsqualifizierten Delikten im Strafrecht, etc. entleihen. Im Einzelfall kann man den Unmittelbarkeitsbegriff auch aus einer Negativabgrenzung entwickeln: **Unmittelbarkeit ist jedenfalls mehr als Kausalität, aber weniger als Finalität.**

G) Vorliegen eines Sonderopfers

Sonderopfer

Schließlich muss die Beeinträchtigung dem Betroffenen ein nicht entschädigungslos hinzunehmendes Sonderopfer auferlegen.

349

Beim enteignungsgleichen Eingriff kann die Prüfung dieses Tatbestandsmerkmals i.d.R. auf die Feststellung beschränkt werden, dass die Rechtswidrigkeit des Eingriffs das Vorliegen eines Sonderopfers indiziert, denn rechtswidrige Eingriffe muss niemand hinnehmen.

Beim enteignenden Eingriff muss dagegen das Sonderopfer kurz bejahend festgestellt werden. Anknüpfungspunkt kann hierzu Art. 3 GG sein, es kann aber auch auf die (häufig kombiniert oder parallel zur Sonderopfertheorie angewandten) Kriterien der Schwere oder der Zumutbarkeit abgestellt werden.[331]

☑ **hemmer-Methode:** Auch hier handelt es sich um eine stark wertungsbestimmte Frage, die Sie eigentlich im Kopf schon entschieden haben müssten, bevor Sie in der Klausur Ihre Argumentation entwickeln. Denken Sie auch daran, den Sachverhalt noch einmal auf mögliche (z.B. von den Parteien vorgebrachte) Argumente für das Vorliegen eines Sonderopfers hin durchzulesen.

H) Kein Ausschluss durch Rechtsmittelversäumnis

Ausschluss durch Rechtsmittelversäumnis möglich

Schließlich darf der Anspruchssteller nicht versäumt haben, den Eingriff (also nicht nur die Eingriffsfolgen!) durch das rechtzeitige Einlegen von Rechtsmitteln abzuwenden (Vorrang des Primärrechtsschutzes). Insoweit handelt es sich um eine § 839 III BGB (vgl. o.) angeglichene Sonderausprägung des Haftungsausschlusses wegen Mitverschuldens. Oben wurde bereits angedeutet, dass dieser Ausschluss v.a. den Anspruch aus enteignungsgleichem Eingriff oft scheitern lässt.

350

---

[331] Vgl. Arndt/Zinow, JuS 1993, L 25, 27.

> **hemmer-Methode:** Es gilt also folgende Reihenfolge: Zunächst müssen **Abwehransprüche** geltend gemacht werden, dann **Beseitigungsansprüche** und erst wenn diese nicht möglich sind **Entschädigungsansprüche**.

I) Sonstiges

I. Rechtsfolge

Rechtsfolge: Entschädigung in Geld

Als Rechtsfolge bringt der enteignende/enteignungsgleiche Eingriff einen Anspruch auf Entschädigung in Geld, zu dessen Umfang das zu Art. 14 III GG Ausgeführte (vgl. o. Rn. 220) entsprechend gilt. Da es hier i.d.R. keinen Begünstigten wie bei der Enteignung gibt, ist nach einer Ansicht der Träger hoheitlicher Gewalt ausgleichspflichtig, dessen Aufgaben erledigt wurden, nach a.A. derjenige, dessen Organ den Eingriff vorgenommen hat. Regelmäßig wird sich zwischen diesen beiden Auffassungen aber kein Unterschied ergeben.

351

II. Rechtsweg

Rechtsweg: Zivilgerichte (nicht Art. 14 III S. 4 GG, sondern § 40 II VwGO)

Zur Durchsetzung des Anspruchs ist der Rechtsweg zu den ordentlichen Gerichten gegeben, was sich nach der dogmatischen Neuorientierung nicht mehr aus Art. 14 III S. 4 GG, sondern § 40 II VwGO (als Ausprägung des Aufopferungsgedankens) ergibt.[332]

352

---

[332] Heute ganz h.M., vgl. nur BGHZ 91, 20 (26); Kopp/Schenke, § 40 VwGO, Rn. 61 m.w.N.

§ 4 AUFOPFERUNGSANSPRUCH

Aufopferungsanspruch: §§ 74, 75 EinlPrALR

Die Grundlage des allgemeinen Aufopferungsanspruchs findet sich in den oben bereits erwähnten §§ 74, 75 EinlPrALR, die die Kollision zwischen Allgemeinwohl und Einzelinteressen in der Weise lösen, dass das Individualrecht zunächst zurücktreten muss, der Berechtigte aber, wenn ihm dadurch ein Sonderopfer abverlangt wird, zu entschädigen ist.

353

Nachdem noch das RG[333] eine Entschädigung bei Eingriffen in nichtvermögenswerte Güter abgelehnt und die Aufopferung, die nicht durch die Enteignung i.e.S. erfassten Eingriffe in vermögenswerte Güter erfasste, wies der BGH[334] sub specie Art. 2 II GG dem Aufopferungsanspruch auch den Schutz nichtvermögenswerter Rechtsgüter zu, auf den er mittlerweile – nach der Entwicklung von enteignendem und enteignungsgleichem Eingriff (vgl. o.) – beschränkt ist.

Daraus ergibt sich folgendes Prüfungsschema für den allgemeinen Aufopferungsanspruch:[335]

354

Prüfungsschema zum allgemeinen Aufopferungsanspruch

A. Eingriff in ein nichtvermögenswertes Recht

B. Vorliegen einer hoheitlichen Maßnahme (nur teilweise Unterscheidung nach Rechtmäßigkeit und Rechtswidrigkeit)

C. Motivation durch das Allgemeinwohl

D. Unmittelbarkeit des Eingriffs

E. Sonderopfer durch den Eingriff

A) Eingriff in ein nichtvermögenswertes Rechtsgut

nicht vermögenswertes Rechtsgut (z.B. Gesundheit)

Im Unterschied zum enteignenden/enteignungsgleichen Eingriff muss beim Aufopferungsanspruch, nach der mittlerweile h.M., gerade eine nichtvermögenswerte Rechtsposition betroffen sein. Als solche kommen unstreitig die Rechtsgüter des Art. 2 II GG (Leben, Gesundheit, körperliche Unversehrtheit, Freiheit) in Betracht. Umstritten ist dagegen die Einbeziehung von Rechtsgütern, wie dem Namensrecht oder dem allgemeinen Persönlichkeitsrecht, geblieben.[336]

355

---

[333] Vgl. noch RGZ 156, 305.
[334] Erstmals BGHZ 9, 83 ff.
[335] Abweichend Schmitt-Kammler, JuS 1995, 473 (474), der streng orientiert am Tatbestand der Enteignung ein finales Handeln fordert; dieser Aufsatz ist dogmatisch beachtenswert und durchaus lesenswert, allerdings sollte man sich klar machen, dass der vom Autor vertretene Ansatz nicht der h.M. entspricht
[336] Zurückhaltend z.B. Battis, Rn. 490; weitergehend Ossenbühl, 112.

☑️ hemmer-Methode: Hinsichtlich der umstrittenen Rechtsgüter ist in der Klausur grds. jede Ansicht vertretbar, wobei einiges dafür spricht, das Aufopferungsinstitut nicht überzustrapazieren. Jedenfalls ist bei der Bejahung eines Rahmenrechts (z.B. allgemeines Persönlichkeitsrecht) als möglichem Eingriffsobjekt eine einschränkende Güterabwägung bzw. eine besonders strenge Prüfung des Sonderopfers vorzunehmen.

B) Vorliegen einer hoheitlichen Maßnahme

hoheitliche Maßnahme

Hinsichtlich des Erfordernisses der hoheitlichen Maßnahme gilt grds. das zu enteignendem und enteignungsgleichem Eingriff Gesagte entsprechend. Eine weitere Aufteilung in Aufopferung i.e.S. (bei rechtmäßigen Eingriffen) und aufopferungsgleichen Eingriff (bei rechtswidrigen Eingriffen) wird nur vereinzelt vorgenommen und bringt für die Klausur eigentlich keine weitere Erleichterung. Der Eingriff kann also rechtmäßig oder rechtswidrig sein. 356

C) Motivation durch das Allgemeinwohl

Motivation durch Allgemeinwohl

Auch für den Aufopferungsanspruch muss der staatliche Zugriff durch das Allgemeinwohl motiviert sein. Hierbei ist zu beachten, dass nicht das erlittene Sonderopfer (z.B. ein Impfschaden), sondern die hoheitliche Maßnahme (im Beispiel der Impfzwang) dem Allgemeinwohl dienen muss. 357

Unmittelbarkeit und Sonderopfer w.o.

Zu Unmittelbarkeit und Sonderopfer gilt das zum enteignenden/enteignungsgleichen Eingriff Ausgeführte entsprechend. 358

D) Sonstiges

Rechtsfolge ist, wie beim enteignenden/enteignungsgleichen Eingriff, eine Entschädigung, zu deren Höhe grds. das dazu Ausgeführte entsprechend gilt. In der Praxis werden aber auch Spezialregeln analog herangezogen, so z.B. die Sätze der Kriegsopferentschädigung. Ein Schmerzensgeld wird durch den Aufopferungsanspruch nicht gewährt. 359

Für Aufopferungsklagen schreibt § 40 II VwGO den ordentlichen Rechtsweg vor. Eine Ausnahme gilt allein für Ansprüche aus entschädigungspflichtigen Inhaltsbestimmungen. Diese verbleiben den Verwaltungsgerichten. 360

	Rechtmäßiger Eingriff	Rechtswidriger Eingriff	Rechtswidriger und schuldhafter Eingriff
Vermögenswerte Rechte	Enteignung, enteignender Eingriff	Enteignungsgleicher Eingriff + FBA	Enteignungsgleicher Eingriff, FBA u. Amtspflichtverletzung
Nichtvermögenswerte Rechte	Aufopferung	Aufopferung bzw. aufopferungsgleicher Eingriff + FBA	Aufopferung bzw. aufopferungsgleicher Eingriff, FBA u. Amtspflichtverletzung

WIEDERHOLUNGSFRAGEN: .... *Rn.*

Fragen zum Verfassungsrecht:

1. Erläutern Sie das Verhältnis von Verfassungsrecht zu Verwaltungs- und Privatrecht! **4**
2. Das formelle Recht legt fest, in welchem Verfahren das Recht realisiert wird.
Was legt das materielle Recht fest? **8**
3. Wird in Art. 93 GG das Enumerativprinzip eingehalten? Was besagt dieser Grundsatz? **10**
4. Wie lauten die Sachurteilsvoraussetzungen für das Organstreitverfahren? **11**
5. Wann ist eine Fraktion bezüglich einer abstrakten Normenkontrolle antragsberechtigt? **21**
6. Grundsätzlich sind bei einer konkreten Normenkontrolle nur förmliche nachkonstitutionelle Gesetze Prüfungsgegenstand. Wann dürfen auch vorkonstitutionelle Gesetze dem BVerfG vorgelegt werden? **30**
7. Welche Voraussetzungen müssen für die Begründetheit einer konkreten Normenkontrolle vorliegen? **34**
8. Darf sich ein Südtiroler im Rahmen der Verfassungsbeschwerde auf das Grundrecht aus Art. 11 GG (Freizügigkeit) berufen? **39**
9. Sind Minderjährige im Rahmen der Verfassungsbeschwerde prozessfähig? Warum? **45**
10. Nennen Sie exemplarische Akte der Exekutive, Legislative und Judikative! **47**
11. Nach Art. 93 I Nr. 4a GG ist beschwerdebefugt, wer behaupten kann, in den dort genannten Rechten verletzt zu sein. Welche Voraussetzungen sind daher an die Beschwerdebefugnis bei der VB (= Verfassungsbeschwerde) zu stellen? **51**
12. Wann wird vom Erfordernis der Rechtswegerschöpfung bei der VB abgesehen? **56**
13. Erläutern Sie den Grundsatz der Subsidiarität! **57**
14. Skizzieren Sie das Zulässigkeitsschema zur einstweiligen Anordnung! **64**
15. Beim vorläufigen Rechtsschutz darf das Hauptsacheverfahren nicht vorweggenommen werden. Wann trifft dies doch zu? **69**
16. Zwischen welchen Grundrechtsarten ist zu differenzieren? **76**

WIEDERHOLUNGSFRAGEN

17. Derivative Teilhaberechte sind darauf gerichtet, dass gleicher Zugang zu bestehenden Leistungsangeboten gewährt wird. Worin unterscheiden sie sich von originären Teilhaberechten? **81**

18. Was besagt die Lehre von der objektiven Wertordnung des GG (des BVerfG)?.. **83**

19. Wie können die Grundrechte ins Privatrecht wirken? **84**

20. Bestehen aus Grundrechten abgeleitete Schutzpflichten des Staates für den Bürger?
In welchen Fällen?.. **86**

21. Was versteht man unter Institutsgarantien?... **89**

22. Wann ist ein Freiheitsrecht verletzt?
Wie ist die Verletzung eines Freiheitsgrundrechts allgemein zu prüfen?... **93**

23. Einzelne Grundrechte schützen jeweils spezifische Bereiche. Zwischen welchen Schutzbereichen wird unterschieden? **94**

24. Wie unterscheiden sich klassischer und moderner Eingriffsbegriff? **102**

25. Ein Eingriff ist nicht verfassungswidrig, wenn er von den sog. "Schranken" gedeckt ist. Welche verschiedenen Arten von Schranken sind zu unterscheiden? **103**

26. Was besagt die Wesentlichkeitstheorie des BVerfG?........................... **107**

27. Welche Prüfungspunkte sind regelmäßig bei der Frage nach der formellen Verfassungsmäßigkeit zu prüfen?.. **108**

28. Schranken sind die Begrenzungen der Grundrechte. Welche Bedeutung kommt dabei den sog. "Schranken-Schranken" zu?.................... **116**

29. Welche vier (!) Prüfungspunkte umfasst der Verhältnismäßigkeitsgrundsatz? **117**

30. Wo ist die Wesensgehaltsgarantie verankert und was besagt sie?..... **124**

31. Das Prinzip der praktischen Konkordanz soll kollidierende Grundrechte zu einem angemessenen Ausgleich bringen. Wie ist diese Angemessenheit zu prüfen?... **132**

32. Ist Art. 2 I GG ein Auffanggrundrecht für Nichtdeutsche bei Deutschengrundrechten?... **136**

33. Art. 2 I GG umfasst auch die wirtschaftliche Handlungsfreiheit. Welche Spezialregelungen bestehen?.. **138**

34. Art. 3 I GG gilt für die gesamte staatliche Gewalt.
Gilt er auch für die Rechtsanwendungsgleichheit?............................. **143**

35. Wie lautet die neue Formel des BVerfG für das Willkürverbot?.......... **150**

36. Welche besonderen Gleichheitssätze bestehen im GG? **152**

37. Art. 5 I GG umfasst mehrere Freiheitsgarantien. Welche sind dies?... **155**

38. Fallen Comichefte unter die Pressefreiheit? **161**

WIEDERHOLUNGSFRAGEN

39. Die Schranken für Art. 5 I GG finden sich in Art. 5 II GG. Was ist unter den "allgemeinen Gesetzen" i.d.S. zu verstehen? **165**

40. Erläutern Sie die Wechselwirkungslehre des BVerfG! **169**

41. Definieren Sie die Begriffe "Kunst" und "Wissenschaft"! **172**

42. Gelten die allgemeinen Gesetze i.S.d. Art. 5 II GG auch als Schranke für das Grundrecht aus Art. 5 III GG? **176**

43. Skizzieren Sie den Schutzbereich von Art. 8 GG! **178**

44. Welche Schranken gelten für Versammlungen in geschlossenen Räumen? **186**

45. Skizzieren Sie den Berufsbegriff gem. Art. 12 GG! **195**

46. Nennt Art. 12 I GG mehrere Grundrechte? **196**

47. Warum wird zwischen subjektiven und objektiven Zulassungsschranken im Hinblick auf Art. 12 I GG differenziert? **199**

48. Erläutern Sie die Dreistufentheorie! **203**

49. Bei Art. 14 GG ist der persönliche Schutzbereich nicht beschränkt. Wie ist es beim sachlichen Schutzbereich? **207**

50. Art. 14 GG sieht zwei unterschiedliche eigentumsrelevante Maßnahmen vor. Welche? **212**

51. Welche Bedeutung hat diese Unterscheidung (vgl. vorangegangene Frage)? **216**

52. Nennen Sie die Anforderungen an eine verfassungsmäßige Enteignung! **219**

53. Staatsziele normieren die zentralen Prinzipien unserer Verfassung. Welche bestehen und wo sind diese geregelt? **223**

54. An welchen Stellen gewinnen die Staatszielbestimmungen in der Klausur Relevanz? **224**

55. Gilt das Prinzip der Gewaltenteilung konsequent? Wo treten Überschneidungen auf? **226**

56. Förmliche Gesetze werden auch Parlamentsgesetze genannt. Wie nennt man nichtförmliche Gesetze noch? **230**

57. Welche Grundsätze umfasst das Prinzip der Gesetzmäßigkeit der Verwaltung? **232**

58. In welchen Bereichen hat der Vertrauensschutz gerade im Verwaltungsverfahrensgesetz eine eminente Bedeutung? **238**

59. Bei der echten Rückwirkung greift die Norm nachträglich in solche Tatbestände ein, die bereits in der Vergangenheit abgeschlossen sind.
Wie ist es bei der unechten Rückwirkung? **241**

60. Wo findet das Sozialstaatsprinzip seine Grundlage und wo seine Ausprägung? **245**

WIEDERHOLUNGSFRAGEN 149

61. Demokratie als solches meint die Volkssouveränität als Ausübung der Staatsgewalt im Namen des Volkes und Wahl der wichtigsten Gewaltträger durch das Volk.
Was aber meint demgegenüber das Demokratieprinzip? **248**

Die Legislative erhält durch das Grundgesetz mehrere Arten der Gesetzgebungskompetenz. Nennen Sie die wichtigsten fünf Bereiche! **251**

62. In der Praxis überwiegt die Gesetzgebungskompetenz des Bundes.
War dies die ursprüngliche Intention des GG?
Wie lässt sich dieser Widerspruch verfassungsrechtlich stimmig lösen? **252**

63. Nennen Sie drei ungeschriebene Gesetzgebungskompetenzen des Bundes.. **256**

64. Wo ist die Ewigkeitsgarantie des GG manifestiert? **263**

65. Nach Art. 83 GG gilt der Grundsatz der Länderverwaltung.
Gilt dies auch bezüglich der Ausführung von Bundesgesetzen? **266**

66. Was versteht man dagegen (vgl. vorherige Frage) unter Bundesauftragsverwaltung? **269**

67. Wofür ist die Kenntnis der obersten Staatsorgane in der Klausur von Bedeutung? **272**

68. Welche obersten Staatsorgane gibt es? **275**

69. Welches Prüfungsrecht steht dem Bundespräsidenten bei der Ausfertigung von Gesetzen zu? **280**

70. Wer schlägt den Bundeskanzler vor? **284**

71. Art. 65 GG nennt für die Regierungsarbeit verschiedene Prinzipien. Welche? **287**

72. Wenn der Bundestag zum Kanzler und seinem Kabinett (= Regierungsminister) kein Vertrauen hat, kann der Bundestag sein Misstrauen aussprechen.
Warum muss dieses Misstrauen konstruktiv sein? **291**

73. Der Bundestag wird auch Parlament genannt.
Wie setzt er sich zusammen und was ist seine zentrale Aufgabe? **293**

74. Welche Wahlrechtsgrundsätze stellt das GG auf? **296**

75. Die Länge der Wahlperiode beträgt 4 Jahre und ist Ausfluss des Demokratieprinzips. Welche Befugnisse besitzt der Bundestag in diesen 4 Jahren? **302**

76. Was versteht man unter einer Bundestags-Fraktion? **306**

77. Erläutern Sie den Unterschied zwischen Immunität und Indemnität! **308**

Fragen zum Staatshaftungsrecht:

1. Welche verschiedenen staatshaftungsrechtlichen Anspruchsvarianten bestehen? 309
2. Wie sieht regelmäßig das Prüfungsschema für einen Amtshaftungsanspruch gem. § 839 i.V.m. Art. 34 GG aus? 310
3. Wann hat ein Beamter seine Amtspflicht verletzt? 311
4. Das Merkmal der Drittbezogenheit wirkt bei dem Amtshaftungsanspruch haftungsbegrenzend. Wie aber ist die Drittbezogenheit zu bestimmen? 315
5. Wann sind Ansprüche aus Amtshaftung ausgeschlossen? 320
6. Wie lässt sich der richtige Beklagte (Passivlegitimation) bei einer Amtshaftung bestimmen? 325
7. Der Folgenbeseitigungsanspruch (FBA) ist gesetzlich nicht normiert. Welche Argumente sprechen gleichwohl für diese Rechtsfigur? 328
8. Nennen Sie die Voraussetzungen des FBA. 329
9. Für einen FBA muss in eine subjektive Rechtsposition eingegriffen worden sein.
Was ist daher Anknüpfungspunkt für die Rechtswidrigkeitsprüfung eines FBA? 332
10. Wann kann eine Wiederherstellung aufgrund eines FBA verlangt werden? 334
11. Welche Rechtsgrundlage wurde und wird für die Haftung bei enteignenden und enteignungsgleichen Eingriffen herangezogen? 338
12. Was spricht gegen eine Herleitung der Haftung für enteignenden und enteignungsgleichen Eingriff aus Art. 14 III GG? 339
13. Wie unterscheiden sich enteignender und enteignungsgleicher Eingriff? 340
14. Bei welchem Eingriff wird das Sonderopfer durch die Rechtswidrigkeit bereits indiziert? 349
15. Was besagt die Schweretheorie des BVerwG? 349
16. Im Unterschied zum enteignenden / enteignungsgleichen Eingriff muss beim Aufopferungsanspruch nach der h. M. gerade eine nichtvermögenswerte Rechtsposition betroffen sein. Welche Rechtsgüter fallen darunter? 355

STICHWORTVERZEICHNIS

Die Zahlen beziehen sich auf die Randnummern des Skripts

A

abstrakte Normenkontrolle	
Antragsberechtigung	21
Antragsgrund	23
Prüfungsgegenstand	22
Zuständigkeit	20
Abwehrgrundrechte	78
Amtshaftung	310
Annexkompetenz	257
Aufopferungsanspruch	353

B

Berufsfreiheit	193
Bestimmtheitserfordernis	237
Bundespräsident	273
Bundesregierung	283
Bundesstaatsprinzip	246
Bundestag	293

D

Demokratieprinzip	248
Drei-Stufen-Theorie	202

E

Eigentumsfreiheit	205
Einstweilige Anordnung	
vor dem BVerfG	64
Enteignung	218
Enteignung/Enteignungsgleicher Eingriff	338
Exekutive	264

F

Folgenbeseitigungsanspruch	328
Formelles Recht	7
Freiheitsgrundrechte	93

G

Gesetzgebung	
ausschließliche Bundesgesetzgebung	253
konkurrierende Gesetzgebung	254
Landesgesetzgebung	252
Rahmengesetzgebung	255
Gesetzgebungsverfahren	259
Initiative	260
Beschlussfassung	261
Verfassungsändernde Gesetze	263
Gesetzmäßigkeit der Verwaltung	232
Gewaltenteilung	226
Gleichheitsgrundsatz	142
allgemeiner	143
spezielle	152
Grundrechte	
Arten	76
Funktion der Grundrechte	76
Prüfungsschema	93

H

Handlungsfreiheit, allgemeine	134

I

Informationsfreiheit	159
Institutionelle Garantie	91
Institutsgarantie	90

J

Judikative	271

K

Kompetenz kraft Natur der Sache	258
Kompetenz kraft Sachzusammenhangs	256
Konkordanz	132
konkrete Normenkontrolle	
Entscheidungserheblichkeit	32
Prüfungsgegenstand	30
Verfassungswidrigkeit	31
Vorlagekompetenz	29
Zuständigkeit	28
Kunstfreiheit	171

L

Länderkompetenz	252
Länderverwaltung	265
Legislative	251
Leistungsgrundrechte	80

M

Materielle Gesetze	7
Meinungsfreiheit	156
Misstrauensvotum, konstruktives	291

N

Nichtdiskriminierungsfunktion der Grundrechte	79
Normenhierarchie	229
Normkontrolle	
abstrakte s. dort	
konkrete s. dort	

O

Organstreitverfahren	
Antragsbefugnis	16
Parteifähigkeit	13
Verfahrensgegenstand	15
Zuständigkeit	12

P

Persönlichkeit, freie Entfaltung	134
Pressefreiheit	161
Primat des Rechts	**229**

R

Rahmengesetzgebung	255
Rechtsstaatsprinzip	225
Regierungsbildung	284
Regierungsprinzipien	287
Republik	244
Rückwirkungsverbot	238
Rundfunkfreiheit	163

S

Schranken	103
Schranken-Schranken	116
Sozialstaatsprinzip	244
Staatsgewalten	250
Staatshaftung	309
Staatsorgane	272
Staatszielbestimmungen	
Bundesstaatsprinzip	246
Demokratieprinzip	248
Republik	244
Sozialstaatsprinzip	244
Staatsziele	223

T

Teilhabegrundrechte	80

V

Vereinigungsfreiheit	187
Verfassungsbeschwerde	
Beschwerdebefugnis	51
Beschwerdeberechtigung	37
Beschwerdegegenstand	46
Form	58
Frist	58
Rechtswegerschöpfung	55
Subsidiarität	55
Zuständigkeit	36
Verfassungsrecht	
Abgrenzung zu Verwaltungsrecht	4
Staatsrecht s. dort	
Verfassungsrechtsbehelfe	10
abstrakte Normenkontrolle s. dort	
einstweilige Anordnung s. dort	
konkrete Normenkontrolle s. dort	
Organstreitverfahren s. dort	
Verfassungsbeschwerde s. dort	
Verhältnismäßigkeit	116
Versammlungsfreiheit	177
Vertrauensfrage	292
Vertrauensschutz	237
Verwaltung	
Bundesauftragsverwaltung	269
Bundeseigene Verwaltung	270
Länderverwaltung	265
Verwaltungsrecht	
Abgrenzung zu Verfassungsrecht	4

W

Wesensgehaltsgarantie	124
Wissenschaftsfreiheit	171

Notizen

Notizen

Notizen

Notizen

Notizen

Notizen

Notizen

Notizen

hemmer/wüst
Verlagsgesellschaft mbH

VERLAGSPROGRAMM
2010

Jura mit den Profis

WWW.HEMMER-SHOP.DE

Liebe Juristinnen und Juristen,

Auch beim Lernmaterial gilt:
„Wer den Hafen nicht kennt, für den ist kein Wind günstig" (Seneca).
Häufig entbehren Bücher und Karteikarten der Prüfungsrealität. Bei manchen Produkten stehen ausschließlich kommerzielle Interessen im Vordergrund. Dies ist gefährlich: Leider kann der Student oft nicht erkennen wie gut ein Produkt ist, weil ihm das praktische Wissen für die Anforderungen der Prüfung fehlt.
Denken Sie deshalb daran, je erfahrener die Ersteller von Lernmaterial sind, um so mehr profitieren Sie. Unsere Autoren im Verlag sind alle Repetitoren. Sie wissen, wie der Lernstoff richtig vermittelt wird. Die Prüfungsanforderungen sind uns bekannt.
Unsere Zentrale arbeitet seit 1976 an examenstypischem Lernmaterial und wird dabei von hochqualifizierten Mitarbeitern unterstützt.
So arbeiteten z.B. viele ehemalige Kursteilnehmer mit den Examensnoten von „sehr gut" und „gut" als Verantwortliche an unserem Programm mit. Unser Team ist Garant, um oben genannte Fehler zu vermeiden.
Lernmaterial bedarf ständiger Kontrolle auf Prüfungsrelevanz. Wer sonst als derjenige, der sich täglich mit Examensthemen beschäftigt, kann diesem Anforderungsprofil gerecht werden.

Gewinnen Sie, weil

- gutes Lernmaterial Verständnis schafft
- fundiertes Wissen erworben wird
- Sie intelligent lernen
- Sie sich optimal auf die Prüfungsanforderungen vorbereiten
- Jura Spaß macht

und Sie letztlich unerwartete Erfolge haben, die Sie beflügeln werden.

Damit Sie sich Ihre eigene Bibliothek als Nachschlagewerk nach und nach kostengünstig anschaffen können, schlagen wir Ihnen speziell für die jeweiligen Semester Skripten und Karteikarten vor. Bildung soll für jeden bezahlbar bleiben, deshalb der studentenfreundliche Preis.

Viel Spaß und Erfolg beim intelligenten Lernen.

HEMMER Produkte - im Überblick

Grundwissen
- Skripten „Grundwissen"
- Die wichtigsten Fälle
- Die wichtigsten Fälle Musterklausuren Examen
- Musterfälle für die Zwischenprüfung
- Lexikon, die examenstypischen Begriffe

Basiswissen
- Die Basics
- Die Classics

Examenswissen
- Skripten Zivilrecht
- Skripten Strafrecht
- Definitionen Strafrecht - schnell gemerkt
- Skripten Öffentliches Recht
- Skripten Schwerpunkt

Karteikarten
- Die Shorties
- Die Karteikarten
- Übersichtskarteikarten

Assessor-Skripten/-karteikarten

BWL-Skripten

Intelligentes Lernen/Sonderartikel
- Coach dich! - Psychologischer Ratgeber
- Lebendiges Reden - Psychologischer Ratgeber
- NLP für Einsteiger
- Lernkarteikartenbox
- Der Referendar
- Der Rechtsanwalt
- Gesetzesbox
- Klausurenblock
- Wiederholungsmappe
- Jurapolis - das hemmer-Spiel

Life&LAW - die hemmer-Zeitschrift

HEMMER Skripten - Logisch aufgebaut!

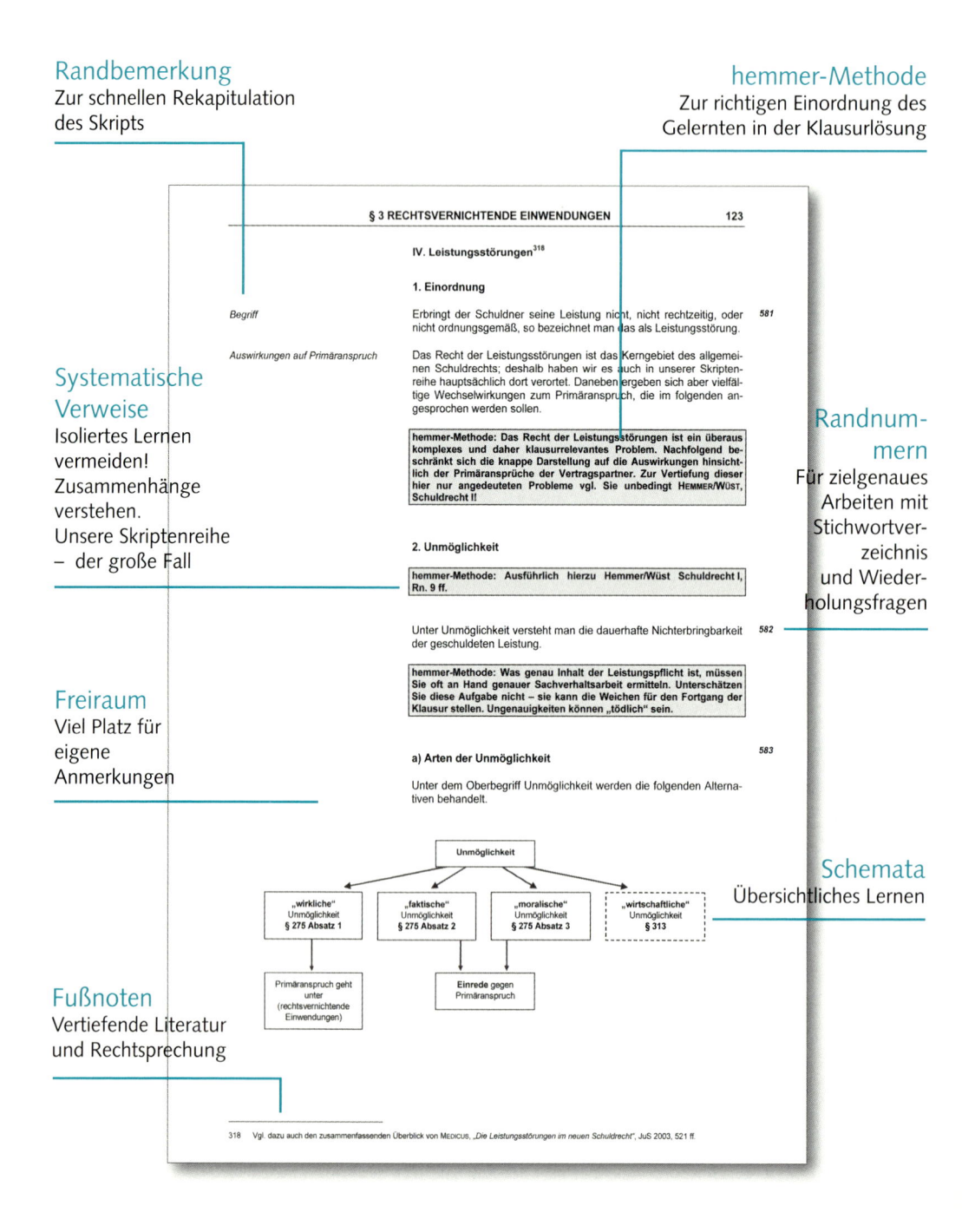

Intelligentes Lernen schnell & effektiv

Randbemerkung
Zur schnellen Rekapitulation des Skripts

hemmer-Methode
Zur richtigen Einordnung des Gelernten in der Klausurlösung

---

§ 3 RECHTSVERNICHTENDE EINWENDUNGEN 123

IV. Leistungsstörungen[318]

1. Einordnung

Begriff

Erbringt der Schuldner seine Leistung nicht, nicht rechtzeitig, oder nicht ordnungsgemäß, so bezeichnet man das als Leistungsstörung.

581

Auswirkungen auf Primäranspruch

Das Recht der Leistungsstörungen ist das Kerngebiet des allgemeinen Schuldrechts; deshalb haben wir es auch in unserer Skriptenreihe hauptsächlich dort verortet. Daneben ergeben sich aber vielfältige Wechselwirkungen zum Primäranspruch, die im folgenden angesprochen werden sollen.

> **hemmer-Methode:** Das Recht der Leistungsstörungen ist ein überaus komplexes und daher klausurrelevantes Problem. Nachfolgend beschränkt sich die knappe Darstellung auf die Auswirkungen hinsichtlich der Primäransprüche der Vertragspartner. Zur Vertiefung dieser hier nur angedeuteten Probleme vgl. Sie unbedingt HEMMER/WÜST, Schuldrecht I!

2. Unmöglichkeit

> **hemmer-Methode:** Ausführlich hierzu Hemmer/Wüst Schuldrecht I, Rn. 9 ff.

Unter Unmöglichkeit versteht man die dauerhafte Nichterbringbarkeit der geschuldeten Leistung.

582

> **hemmer-Methode:** Was genau Inhalt der Leistungspflicht ist, müssen Sie oft an Hand genauer Sachverhaltsarbeit ermitteln. Unterschätzen Sie diese Aufgabe nicht – sie kann die Weichen für den Fortgang der Klausur stellen. Ungenauigkeiten können „tödlich" sein.

a) Arten der Unmöglichkeit

583

Unter dem Oberbegriff Unmöglichkeit werden die folgenden Alternativen behandelt.

```
                    Unmöglichkeit
        ┌──────────┬──────────┬──────────┐
   „wirkliche"  „faktische"  „moralische"  „wirtschaftliche"
   Unmöglichkeit Unmöglichkeit Unmöglichkeit  Unmöglichkeit
   § 275 Absatz 1 § 275 Absatz 2 § 275 Absatz 3    § 313
        │              │              │
   Primäranspruch   Einrede gegen
   geht unter      Primäranspruch
   (rechtsvernichtende
   Einwendungen)
```

[318] Vgl. dazu auch den zusammenfassenden Überblick von MEDICUS, „Die Leistungsstörungen im neuen Schuldrecht", JuS 2003, 521 ff.

Systematische Verweise
Isoliertes Lernen vermeiden! Zusammenhänge verstehen. Unsere Skriptenreihe – der große Fall

Freiraum
Viel Platz für eigene Anmerkungen

Fußnoten
Vertiefende Literatur und Rechtsprechung

Randnummern
Für zielgenaues Arbeiten mit Stichwortverzeichnis und Wiederholungsfragen

Schemata
Übersichtliches Lernen

examenstypisch - anspruchsvoll - umfassend

Grundwissen

Für Ihr Jurastudium ist es nötig, sich schnell mit dem notwendigen Grundwissen einen Überblick zu verschaffen. Was aber ist wichtig und richtig? Bei der Fülle der Ausbildungsliteratur kann einem die Lust auf Jura vergehen. Wir beschränken uns in dieser Ausbildungsphase auf das Wesentliche. Weniger ist mehr.

Skripten Grundwissen

Die Reihe „Grundwissen" stellt die theoretische Ergänzung unserer Reihe „die wichtigsten Fälle" dar.

Mit ihr soll das notwendige Hintergrundwissen vermittelt werden, welches für die Bewältigung der Fallsammlungen erforderlich ist. Auf diese Art und Weise ergänzen sich beide Reihen ideal. Hilfreich dabei sind Verweisungen auf die jeweiligen Fälle der Fallsammlungen, so dass man das Erlernte gleich klausurtypisch anwenden kann. Die Darstellung erfolgt bewusst auf sehr einfachem Niveau. Es werden also für die Bewältigung der Ausführungen keine Kenntnisse vorausgesetzt. Ebenso wird bewusst auf Vertiefungshinweise verzichtet. Eine Vertiefung kann erfolgen, wenn die Kenntnisse anhand der Fälle wiederholt wurden. Dazu werden Hinweise in den Fallsammlungen gegeben.

Grundwissen und die Reihe „Die wichtigsten Fälle" sind so das ideale Lernsystem für eine klausur- und damit prüfungstypische Arbeitsweise.

Grundwissen Zivilrecht

BGB AT (111.10)	6,90 €
Schuldrecht AT (111.11)	6,90 €
Schuldrecht BT I (111.12)	6,90 €
Schuldrecht BT II (111.13)	6,90 €
Sachenrecht I (111.14)	6,90 €
Sachenrecht II (111.15)	6,90 €

Grundwissen Strafrecht

Strafrecht AT (112.20)	6,90 €
Strafrecht BT (112.21)	6,90 €

Grundwissen Öffentliches Recht

Staatsrecht (113.30)	6,90 €
Verwaltungsrecht (113.31)	6,90 €

Grundwissen

Die wichtigsten Fälle

Die vorliegende Fallsammlung ist für Studenten in den ersten Semestern gedacht. Gerade in dieser Phase ist es wichtig, bei der Auswahl der Lernmaterialien den richtigen Weg einzuschlagen. Die Gefahr zu Beginn des Studiums liegt darin, den Stoff zu abstrakt zu erarbeiten. Ein problemorientiertes Lernen, d.h. ein Lernen am konkreten Fall, führt zum Erfolg. Das gilt für die kleinen Scheine/die Zwischenprüfung genauso wie für das Examen. Wer gelernt hat, sich die Probleme des Falles aus dem Sachverhalt schnell zu erschließen, schreibt die gute Klausur. Bei der Anwendung dieser Lernmethode sind wir Marktführer. Profitieren Sie von der über 30-jährigen Erfahrung des Juristischen Repetitoriums hemmer im Umgang mit Examensklausuren. Diese Erfahrung fließt in sämtliche Skripten des Verlages ein. Das Repetitorium beschäftigt ausschließlich Spitzenjuristen, teilweise Landesbeste ihres Examenstermins. Die so erreichte Qualität in Unterricht und Skripten werden Sie woanders vergeblich suchen. Lernen Sie mit den Profis! Ihre Aufgabe als Jurist wird es einmal sein, konkrete Fälle zu lösen. Je mehr Sie verstehen, desto mehr Freude werden Sie haben, sich neue Probleme durch eigenständiges Denken zu erarbeiten. Wir bieten Ihnen mit unserer juristischen Kompetenz die notwendige Hilfestellung. Fallsammlungen gibt es viele. Die Auswahl des richtigen Lernmaterials ist jedoch der entscheidende Aspekt. Prüfungsinhalte wiederholen sich. Wir vermitteln Ihnen das, worauf es in der Prüfung ankommt
– verständlich – knapp – präzise.

Die wichtigsten Fälle Musterklausuren Examen

Fahrlässig handelt, wer sich diese Fälle entgehen lässt! Aus unserem langjährigen Klausurenkursprogramm die besten Fälle, die besonders häufig Gegenstand von Prüfungen waren und sicher wieder sein werden. Lernen Sie den Horizont von Klausurenerstellern und -korrektoren anhand von exemplarischen Fällen kennen.

BGB AT (115.21)	12,80 €
Schuldrecht AT (115.22)	12,80 €
Schuldrecht BT (115.23)	12,80 €
GOA-BereicherungsR (115.24)	12,80 €
Deliktsrecht (115.25)	12,80 €
Verwaltungsrecht (115.26)	12,80 €
VerwaltungsR BT Bayern (115.45)	12,80 €
Staatsrecht (115.27)	12,80 €
Strafrecht AT (115.28)	12,80 €
Strafrecht BT I (115.29)	12,80 €
Strafrecht BT II (115.30)	12,80 €
Sachenrecht I (115.31)	12,80 €
Sachenrecht II (115.32)	12,80 €
ZPO I (115.33)	12,80 €
ZPO II (115.34)	12,80 €
Handelsrecht (115.35)	12,80 €
Erbrecht (115.36)	12,80 €
Familienrecht (115.37)	12,80 €
Gesellschaftsrecht (115.38)	12,80 €
Arbeitsrecht (115.39)	12,80 €
StPO (115.40)	12,80 €
Europarecht (115.41)	12,80 €
Die wichtigsten Fälle Musterklausuren	
Examen Zivilrecht (16.01)	14,80 €
Examen Strafrecht (115.43)	14,80 €
Examen Steuerrecht (115.44)	14,80 €

Sonderband
Der Streit- und Meinungsstand im neuen Schuldrecht

Der hemmer/wüst Verlag stellt mit dem vorliegenden Werk die umstrittensten Problemkreise in 23 Fällen des neuen Schuldrechts dar, zeigt den aktuellen Meinungsstand auf und schafft so einen Überblick. Es wird das notwendige Wissen vermittelt.

115.20   14,80 €

Grundwissen

Musterfälle für die Zwischenprüfung

Exempla docent - an Beispielen lernen. Die Fälle zu den Basics! Nur wer so lernt, weiß was in der Klausur verlangt wird. Die Fallsammlungen erweitern unsere Basics und stellen die notwendige Fortsetzung für das Schreiben der Klausur dar. Genau das, was Sie für die Scheine brauchen - nämlich exemplarisch dargestellte Falllösungen. Wichtige, immer wiederkehrende Konstellationen werden berücksichtigt. Profitieren Sie von der seit 1976 bestehenden Klausurerfahrung des Juristischen Repetitoriums hemmer. Über 1000 Klausuren wurden für die Auswahl der Musterklausuren auf ihre „essentials" analysiert

Musterklausur für die Zwischenprüfung - Zivilrecht

Ein Muss: Klassiker wie die vorvertragliche Haftung (c.i.c.), die Haftung bei Pflichtverletzungen im Schuldverhältnis (§ 280), Vertrag mit Schutzwirkung, Drittschadensliquidation, Mängelrecht, EBV, Bereicherungs- und Deliktsrecht werden klausurtypisch aufbereitet. Auf „specials" wie Saldotheorie, Verarbeitung, Geldwertvindikation, Vorteilsanrechnung und Nebenbesitz wird eingegangen. So entsteht wichtiges Grundverständnis.

16.31   14,80 €

Musterklausur für die Zwischenprüfung - Strafrecht

Auch hier wieder prüfungstypische Fälle mit genauen Aufbauhilfen. Die immer wiederkehrenden „essentials" der Strafrechtsrechtsklausur werden in diesem Skript abgedeckt: Von der Abgrenzung von dolus eventualis und bewusster Fahrlässigkeit über die Irrtumslehre bis hin zu Problemen der Täterschaft und Teilnahme, u.v.m. Wer sich die Zeit nimmt, diese Musterfälle sorgfältig durchzuarbeiten, besteht jede Grundlagenklausur.

16.32   14,80 €

Musterklausur für die Zwischenprüfung - Öffentliches Recht

Dieses Skript enthält die wichtigsten, in der Klausur immer wiederkehrenden Problemkonstellationen für die Bereiche Verfassungs- und Verwaltungsrecht. Im Verfassungsrecht werden die Zulässigkeitsvoraussetzungen von Verfassungsbeschwerden, Organstreitverfahren sowie abstrakter und konkreter Normenkontrolle erörtert. Im Rahmen der Begründetheitsprüfung werden die klausurrelevanten Grundrechte ausführlich erläutert. Gleichzeitig werden auch staatsorganisationsrechtliche Problemfelder aufbereitet. Die Klausuren zum Verwaltungsrecht zeigen die optimale Prüfung von Anfechtungs-, Verpflichtungs- und Fortsetzungsfeststellungsklagen sowie von Widerspruchsverfahren. Standardprobleme wie die Rücknahme oder der Widerruf eines Verwaltungsaktes und die Behandlung von Nebenbestimmungen eines VA sind u.a. Gegenstand der Begründetheitsprüfung.

16.33   14,80 €

Die examenstypischen Begriffe/ ZivilR.

Das Grundwerk für die eigene Bibliothek. Alle examenstypischen Begriffe in diesem Nachschlagewerk werden anwendungsspezifisch für Klausur und Hausarbeit erklärt. Das gesammelte Examenswissen ist eine optimale schnelle Checkliste. Zusätzlicher Nutzen: Das große Stichwortverzeichnis. Neben der Einbettung des gesuchten Begriffs in den juristischen Kontext finden Sie Verweisungen auf entsprechende Stellen in unserer Skriptenreihe. Begriffe werden transparenter. Sie vertiefen Ihr Wissen. So können Sie sich schnell und auf anspruchsvollem Niveau einen Überblick über die elementaren Rechtsbegriffe verschaffen.

14.01   14,80 €

Basiswissen

Grundwissen auf höherem Niveau! Sie sind Jurastudent in den mittleren Semestern und wollen die großen Scheine unter Dach und Fach bringen. Wenn Sie sich in dieser Phase mit tausend Meinungen beschäftigen, besteht die Gefahr, sich im Detail zu verlieren. Wir empfehlen Ihnen, schon jetzt das Material zu wählen, welches Sie durch die Scheine begleitet. Ideal zur schnellen Wiederholung vor dem Examen.

Die „Basics" - Reihe

Die **Klassiker** der hemmer-Reihe. So schaffen Sie die **Universitätsklausuren** viel **leichter**. Die Basics vermitteln Ihnen Grundverständnis auf anspruchsvollem Niveau, sie sind auch für die Examensvorbereitung ideal.
Denn: Wissen wird konsequent unter Anwendungsgesichtspunkten erworben.
Die Basics dienen auch der schnellen Wiederholung vor dem Examen oder der mündlichen Prüfung, wenn Zeit zur Mangelware wird.

Basics-Zivilrecht I
BGB-AT/ Vertragliche Schuldverhältnisse mit dem neuen Schuldrecht

Im Vordergrund steht die Vermittlung der Probleme des Vertragsschlusses, u.a. das Minderjährigenrecht und die Stellvertretung. Neben rechtshindernden (z.B. §§ 134, 138 BGB) und rechtsvernichtenden Einwendungen (z.B. Anfechtung) werden auch die Klassiker der Pflichtverletzung nach § 280 BGB wie Unmöglichkeit (§§ 280 I, III, 283), Verzug (§§ 280 I, II, 286) und Haftung bei Verletzung nicht leistungsbezogener Nebenpflichten i.S.d. § 241 II BGB (früher: pVV bzw. c.i.c. jetzt: § 280 I bzw. § 280 I i.V.m. § 311 II BGB) behandelt. Ausführlich wird auf die wichtige Unterscheidung von Schadensersatz nach § 280 I BGB und Schadensersatz statt der Leistung nach §§ 280 I, III, 281-283 bzw. § 311a II BGB eingegangen. Nach Mängelrecht, Störung der GG und Schadensrecht schließt das Skript mit dem nicht zu unterschätzenden Gebiet des Dritten (z.B. Abgrenzung § 278 / § 831 / § 31; § 166; Vertrag mit Schutzwirkung zugunsten Dritter; DriSchaLi) im Schuldverhältnis ab.

110.0011   *14,80 €*

Basics-Zivilrecht II
Gesetzliche Schuldverhältnisse, Sachenrecht

Das Skript befasst sich mit dem Recht der GoA, dem Bereicherungsrecht und dem Recht der unerlaubten Handlungen als immer wieder klausurrelevante gesetzliche Schuldverhältnisse. Der Einstieg in das Sachenrecht wird mit der Abhandlung des Besitzrechts und dem Erwerb dinglicher Rechte an beweglichen Sachen erleichtert, wobei der Schwerpunkt auf dem rechtsgeschäftlichen Erwerb des Eigentums liegt. Über das für jede Prüfung unerlässliche Gebiet des EBV gibt das Skript einen ausführlichen Überblick.
Eine systematische Aufbereitung des Pfandrechts und des Grundstückrechts führen zum richtigen Verständnis dieser prüfungsrelevanten Gesetzesmaterie.

110.0012   *14,80 €*

Basics-Zivilrecht III
Familienrecht/ Erbrecht

Die typischen Probleme des Familienrechts: Von der Ehe als Klassiker für die Klausur (z.B. § 1357; GbR; Gesamtschuldner; Gesamtgläubiger; §§ 1365; 1369 BGB) zum ehelichen Güterrecht bis hin zur Scheidung.
Gegenstand des Erbrechts sind die gesetzliche und gewillkürte Erbfolge, die möglichen Verfügungen (Testament bzw. Erbvertrag) des Erblassers und was sie zum Inhalt haben (z.B. Erbeinsetzung, Vermächtnis, Auflage), Annahme und Ausschlagung der Erbschaft sowie neben Fragen der Rechtsstellung des Erben (z.B. im Verhältnis zum Erbschaftsbesitzer) auch das Pflichtteilsrecht und der Erbschein.
Fazit: Das Wichtigste in Kürze für den schnellen Überblick.

110.0013   *14,80 €*

Basiswissen

Basics-Zivilrecht IV
Zivilprozessrecht (Erkenntnisverfahren und Zwangsvollstreckungsverfahren)
Wegen fehlender Praxis ist in der Regel die ZPO dem Studenten fremd. Von daher wurde hier besonders auf leichte Verständlichkeit Wert gelegt. Der Schwerpunkt im Erkenntnisverfahren liegt neben den immer wiederkehrenden Problemen der Zulässigkeitsvoraussetzungen (z.B. Zuständigkeit, Streitgegenstand) auf den typischen Problemen des Prozesses, wie z.B. Versäumnisurteil, Widerklage und Klagenhäufung. Die Beteiligung Dritter am Rechtsstreit wird im Hinblick auf die Klausur und die examensrelevante Verortung erklärt.
Das Kapitel der Zwangsvollstreckung befasst sich vor allem mit dem Ablauf der Zwangsvollstreckung und den möglichen Rechtsbehelfen von Schuldner, Gläubiger und Dritten.
Dieses Skript gehört daher zur „Pflichtlektüre", um sich einen vernünftigen Überblick zu verschaffen!

110.0014   14,80 €

Basics-Zivilrecht V
Handels- und Gesellschaftsrecht
Im Vordergrund steht: Wie baue ich eine gesellschaftsrechtliche Klausur richtig auf. Häufig geht es um die Haftung der Gesellschaft und der Gesellschafter. Eine systematische Aufbereitung führt durch das Recht der Personengesellschaften, also der GbR und OHG, sowie der KG. Das Recht der Körperschaften, wozu der rechts- und nichtrechtsfähige Verein, die GmbH sowie die AG zählen, wird ebenso im Überblick dargestellt.
Auf dem Gebiet des Handelsrechts als Sonderrecht des Kaufmanns dürfen typische Problemkreise wie Kaufmannseigenschaft, Handelsregister, Wechsel des Unternehmensträgers und das kaufmännische Bestätigungsschreiben nicht fehlen. Abschließend befasst sich das Skript mit den Mängelrechten beim Handelskauf, der auch häufig die Schnittstelle zu BGB-Problemen darstellt.

110.0015   14,80 €

Basics-Zivilrecht VI
Arbeitsrecht
Das Arbeitsrecht gehört in den meisten Bundesländern zum Pflichtprogramm in der Examensvorbereitung. Hier tauchen immer wieder die gleichen Fragestellungen auf, die in diesem Skript knapp, präzise und klausurtypisch aufbereitet werden, wie die Zulässigkeit der Kündigungsschutzklage, Kündigungsschutz nach dem KSchG, innerbetrieblicher Schadensausgleich, fehlerhafter Arbeitsvertrag und die Reaktionsmöglichkeiten des Arbeitnehmers auf Änderungskündigungen. Ferner bildet auch das Recht der befristeten Arbeitsverhältnisse nach dem TzBfG einen Schwerpunkt.

110.0016   14,80 €

Basics-Strafrecht
Je besser der Einstieg, umso besser später die Klausuren. Weniger ist häufig mehr. Alle klausurwichtigen Probleme und Fragestellungen des materiellen Strafrechts auf einen Blick: Vom StGB-AT bis hin zum StGB-BT finden Sie all das dargestellt, was als Grundlagenwissen im Strafrecht angesehen wird. Außerdem werden die wichtigsten Aufbaufragen zur strafrechtlichen Klausurtechnik - an denen gerade Anfänger häufig scheitern - in einem eigenen Kapitel einfach und leicht nachvollziehbar erläutert.

110.0032   14,80 €

Basics-Öffentliches Recht I
Verfassungsrecht/ Staatshaftungsrecht
Materielles und prozessuales Verfassungsrecht bilden zusammen mit wichtigen Problemstellungen des Staatshaftungsrechts die Grundlage für dieses Skript. Öffentlich-rechtliches Wissen wird konsequent unter Anwendungsgesichtspunkten erworben.

110.0035   14,80 €

Basiswissen

Basics-Öffentliches Recht II
Verwaltungsrecht
Grundfragen des allgemeinen und besonderen Verwaltungsrechts werden im Rahmen der wichtigsten Klagearten der VwGO verständlich und einprägsam dargestellt. Zusammen mit dem Skript Ö-Recht I werden Sie sich in der öffentlich rechtlichen Klausur sicher fühlen.

110.0036   14,80 €

Basics-Steuerrecht
Die Basics im Steuerrecht für einen einfachen, aber instruktiven Einstieg in das materielle Einkommensteuer- und Steuerverfahrensrecht. Die notwendigen Bezüge des Einkommensteuerrechts zum Umsatz- und Körperschaftssteuerrecht werden dargestellt sowie auf examens- und klausurtypische Konstellationen hingewiesen. Ein ideales Skript für alle, die sich erstmals mit der Materie befassen und die Grundstrukturen verstehen wollen. Es wird der Versuch unternommen, den Einstieg so verständlich wie möglich zu gestalten. Dazu werden immer wieder kleine Beispiele gebildet, die das Erlernen des abstrakten Stoffs vereinfachen sollen.

110.0004   14,80 €

Basics-Europarecht
Neben unserem Hauptskript nun die Basics zum Europarecht. Verständlicher Einstieg oder schnelle Wiederholung der wesentlichen Probleme? Für beides sind die Basics ideal. Wer in die Tiefe gehen möchte, kann dies mit unserem Klassiker, dem Hauptskript Europarecht. In Verbindung mit den Classics Europarecht und der Fallsammlung auf Examensniveau sind Sie somit gerüstet für die Prüfung in Ausbildung und Examen. Vernachlässigen Sie dieses immer wichtiger werdende Prüfungsgebiet nicht!

110.0005   14,80 €

Skripten Classics

In den Classics haben wir für Sie die **wichtigsten Entscheidungen** der Obergerichte, denen Sie während Ihres Studiums immer wieder begegnen, ausgewählt und **anschaulich aufbereitet**. Bestimmte Entscheidungen müssen bekannt sein. In straffer Form werden der Sachverhalt, die Entscheidungssätze und die Begründung dargestellt. Die hemmer-Methode ordnet die Rechtssprechung für die Klausuren ein. Rechtsprechung wird so verständlich, Seitenfresserei vermieden.
Hiermit bereiten Sie sich auch gezielt auf die mündliche Prüfung vor.

BGH-Classics Zivilrecht
Rechtskultur und Verständnis des Gesetzes werden in weiten Teilen von der Rechtsprechung geprägt. Nicht umsonst spricht man von der Rechtsprechung als der normativen Kraft des Faktischen. Die wegweisenden Entscheidungen müssen Student, Referendar und Anwalt bekannt sein. Auf leicht erfaßbare, knappe, präzise Darstellung wird Wert gelegt. Die hemmer-Methode sichert den für die Klausur und Hausarbeit notwendigen „background" ab.

15.01   14,80 €

BGH-Classics Strafrecht
Auch die Entscheidungen im Strafrecht in ihrer konkreten Aufbereitung führen zur richtigen Einordnung der jeweiligen Problematik. Es wird die Interessenslage der Rechtsprechung erklärt. Im Vordergrund steht oft Einzelfallgerechtigkeit. Deswegen vermeidet die Rechtsprechung auch allzu dogmatische Entscheidungen.
Effizient, und damit in den wesentlichen Punkten knapp und präzise, wird die Entscheidung selbst wiedergegeben. So sparen Sie sich Zeit und erleiden nicht den berühmten Informationsinfarkt. Sowohl in der Examensvorbereitung, als auch in Klausur und Hausarbeit dienen die Classics als schnelles Lern- und Nachschlagewerk.

15.02   14,80 €

Examenswissen

In der letzten Phase sollten Sie sich mit voller Kraft auf das Examen vorbereiten. Besonders wichtig ist jetzt fundiertes Wissen auf Examensniveau! unser Filetstück: die Hauptskripten. Konfronierten Sie sich frühzeitig mit dem, was Sie im Examen erwartet. Examenswissen unter professioneller Anleitung.

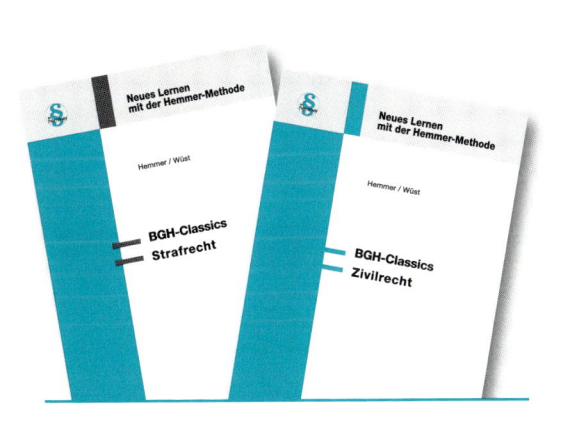

Zivilrecht BGB-AT I-III

Die Aufteilung der Unwirksamkeitsgründe nach den verschiedenen Büchern des BGB (z.B. BGB-AT, Schuldrecht AT usw.) entspricht nicht der Struktur des Examensfalls. Wegen der klassischen Einteilung wird der Begriff BGB-AT/Schuldrecht AT beibehalten. Unsere Skripten BGB-AT I - III unterscheiden entsprechend der Fallfrage in Klausur und Hausarbeit (Anspruch entstanden? Anspruch untergegangen? Anspruch durchsetzbar?) zwischen wirksamen und unwirksamen Verträgen, zwischen rechtshindernden, rechtsvernichtenden und rechtshemmenden Einwendungen. Damit stellen sich diese Skripten als großer Fall dar und dienen auch als Checkliste für Ihre Prüfung. Schon das Durchlesen der Gliederung schafft Verständnis für den Prüfungsaufbau.

Classics Öffentliches Recht

Das Skript umfasst die Dauerbrenner aus den Bereichen der Rechtsprechung zu den Grundrechten, zum Staatsrecht, Verwaltungsrecht AT und BT sowie zum Europarecht. Neben der inhaltlichen Darstellung der Entscheidung werden mit Hilfe knapper Anmerkungen Besonderheiten und Bezüge zu anderen Problematiken hergestellt und somit die Fähigkeit zur Verknüpfung geschärft.

15.03　　　　　　　　　　　　　14,80 €

Classics Europarecht

Anders als im amerikanischen Recht gibt es bei uns kein reines „case-law". Gleichwohl hat die Rechtsprechung für Rechtsentwicklung und -fortbildung eine große Bedeutung. Gerade im Europarecht kommt man ohne festes Basiswissen in der europäischen Rechtsprechung nur selten zum Zuge. Auch für das Pflichtfach ein unbedingtes Muss!

15.04　　　　　　　　　　　　　14,80 €

BGB-AT I
Entstehen des Primäranspruchs

Besteht der Vertrag, so kann der Anspruchsteller Erfüllung, z.B. Übereignung, Überlassung der Mietsache etc. verlangen. Dies setzt unter anderem Rechtsfähigkeit der Vertragspartner, eine wirksame Willenserklärung, Zugang und ggf. Bevollmächtigung voraus. Nur wenn ein wirksamer Vertrag vorliegt, entsteht die Leistungspflicht des Schuldners und deren Folgeproblematik wie Rücktritt und Schadensersatz. Konsequent befasst sich das Skript daher auch mit den Problemkreisen der Stellvertretung sowie der Einbeziehung von AGB'en.

0001　　　　　　　　　　　　　14,80 €

Examenswissen

BGB-AT II
Scheitern des Primäranspruchs
Scheitert der Vertrag von vornherein, so entfallen Erfüllungsansprüche. Die Unwirksamkeitsgründe sind im Gesetz verstreut, wie z.B. § 125, § 134, § 2301. Als konsequentes Rechtsfolgenskriptum sind alle klausurtypischen rechtshindernden Einwendungen zusammengefasst.

0002   *14,80 €*

BGB-AT III
Erlöschen des Primäranspruchs
Der Primäranspruch (bzw. Leistungs- oder Erfüllungsanspruch) kann nachträglich wegfallen, z.B. durch Erfüllung, Aufrechnung, Anfechtung, Unmöglichkeit. Nur wer Unwirksamkeitsgründe im Kontext des gescheiterten Vertrags einordnet, lernt richtig. Die rechtshemmenden Einreden (z.B. Verjährung, § 214 BGB) bewirken, dass der Berechtigte sein Recht nicht (mehr) geltend machen kann.

0003   *14,80 €*

> Die klassischen Rechtsfolgeskripten zum Schadensersatz - „klausurtypisch!"

Schadensersatzrecht I
Das Skript erfasst neben Allgemeinem zum Schadensersatzrecht zunächst den selbstständigen Garantievertrag als Primäranspruch auf Schadensersatz. Daneben wird die gesetzliche Garantiehaftung behandelt. Ebenfalls enthalten sind die Sachmängelhaftung im Kauf- und Werk-, Miet- und Reisevertragsrecht sowie die Rechtsmängelhaftung.

0004   *14,80 €*

Schadensersatzrecht II
Umfassende Darstellung des Leistungsstörungsrechts, rechtsfolgenorientierte Darstellung der Sekundäransprüche-Schadensersatzansprüche.

0005   *14,80 €*

Schadensersatzrecht III
Befasst sich schwerpunktmäßig mit dem Anspruchsinhalt, d.h. mit der Frage des Umfangs der Ersatzpflicht, also dem „wie viel" eines dem Grunde nach bereits bestehenden Anspruchs. Drittschadensliquidation, Vorteilsausgleichung und hypothetische Schadensursachen dürfen nicht fehlen.

0006   *14,80 €*

Schuldrecht

> Die Reihe Schuldrecht orientiert sich an der Klausurrelevanz des Schuldrechts. In nahezu jeder Klausur ist nach Schadensersatzansprüchen des Gläubigers bei Leistungsstörungen des Schuldners, nach bereicherungsrechtlichen Ansprüchen oder nach der deliktischen Haftung gefragt.
> Die Schuldrechtsskripten eignen sich hervorragend sowohl zur erstmaligen Aneignung der Materie als auch zur aufgrund der Schuldrechtsreform notwendigen Neustrukturierung bereits vorhandenen Wissens.

Schuldrecht I
Das allgemeine Leistungsstörungsrecht war schon immer äußerst klausurrelevant. Dies hat sich durch die Schuldrechtsreform in erheblichem Maße verstärkt, zumal das Besondere Schuldrecht nun häufig Rückverweisungen auf die §§ 280 ff. BGB vornimmt (z.B. § 437 BGB). Entsprechend der Gesetzessystematik ist das Skript von der Rechtsfolge her aufgebaut: Welche Art des Schadensersatzes verlangt der Gläubiger? Schwerpunkte bilden das Unmöglichkeitsrecht, der allgemeine Anspruch aus § 280 I BGB (auch vorvertragliche Haftung und Schuldnerverzug), die Ansprüche auf Schadensersatz statt der Leistung, Rücktritt und Störung der Geschäftsgrundlage.

0051   *14,80 €*

Examenswissen

Schuldrecht II
Die Klassiker im Examen! Kauf- und Werkvertrag in allen prüfungsrelevanten Varianten. Dies gilt insbesondere beim Kauf, dessen spezielles Gewährleistungsrecht abgeschafft und stattdessen auf die §§ 280 ff. BGB Bezug genommen wurde. Das Skript setzt sich mit den kaufspezifischen Fragestellungen wie Sachmangelbegriff, Nacherfüllung, Rücktritt, Minderung und Schadensersatz, Versendungs- und Verbrauchsgüterkauf auseinander. Ferner wird das - dem Kauf nun weitgehend gleichgeschaltete - Werkvertragsrecht behandelt.

0052   14,80 €

Schuldrecht III
Umfassend werden die klausurrelevanten Probleme der Miete, Pacht, Leihe, des neuen Darlehensrechts (samt Verbraucherwiderruf nach §§ 491 ff. BGB), des Leasing- und Factoringrechts abgehandelt. Die äußerst wichtigen Fragestellungen aus dem Bereich Bürgschaft („Wer bürgt, wird erwürgt"), Reise- und Maklervertrag kommen ebenfalls nicht zu kurz.

0053   14,80 €

Bereicherungsrecht
Die §§ 812 ff. sind regelmäßig die Folge unwirksamer Verträge. Abgrenzungsprobleme gibt es dabei u.a. zum Wegfall der Geschäftsgrundlage (z.B. Rückabwicklung bei der nichtehelichen Lebensgemeinschaft) und §§ 987 ff. Die hemmer-Methode versteht sich als Gebrauchsanweisung für die erfolgreiche Bewältigung des anspruchsvollen Rechtsgebiets Bereicherungsrecht. Ohne Verständnis für dieses Rechtsgebiet bleibt der Zusammenhang im Zivilrecht im Dunkeln.

0008   14,80 €

Verbraucherschutzrecht
Das Verbraucherschutzrecht erlangt im Gesamtgefüge des BGB eine immer stärkere Bedeutung. Kaum ein Bereich, in dem die Besonderheiten des Verbraucherschutzrechtes nicht zu abweichenden Ergebnissen führen, so z.B. bei den §§ 474 ff. BGB, oder bei der Widerrufsproblematik der §§ 355 ff. BGB. Insbesondere die umständliche Verweisungstechnik der §§ 499 ff. BGB stellt den Bearbeiter von Klausuren vor immer neue Herausforderungen. Das Skript liefert eine systematische Einordnung in den Gesamtzusammenhang. Wer den Verbraucher richtig einordnet, schreibt die gute Klausur.

0007   14,80 €

Deliktsrecht I
Eine umfassende Einführung in das deliktische Haftungssystem. Da die deliktische Haftung gegenüber jedermann besteht, können die §§ 823 ff BGB. in jede Klausur problemlos eingebaut werden. Neben einer umfassenden Übersicht über die Haftungstatbestände werden sämtliche klausurrelevanten Problemfelder der §§ 823 ff BGB. umfassend behandelt (z.B. Probleme der haftungsbegründenden und -ausfüllenden Kausalität). § 823 I BGB ist als elementarer, strafrechtsähnlicher Grundtatbestand leicht erlernbar. Auch § 823 II und §§ 824 - 826 BGB sollten nicht vernachlässigt werden. Neben § 831 BGB (Vorsicht beim Entlastungsbeweis!), der Haftung für Verrichtungsgehilfen, befasst sich der erste Band auch mit der Mittäterschaft, Teilnahme und Beteiligung gem. § 830 BGB.

0009   14,80 €

Deliktsrecht II
Deliktsrecht II vervollständigt das deliktische Haftungssystem mit besonderem Schwerpunkt auf der Gefährdungshaftung und der Haftung für vermutetes Verschulden. Zum einen erfolgt eine ausführliche Erörterung der im BGB integrierten Haftungsnormen. Zum anderen vermittelt das Skript ein umfassendes Wissen in den klausurrelevanten Spezialgesetzen wie dem StVG, dem ProdHaftG und dem UmweltHaftG. Abgerundet werden die Darstellungen durch den wichtigen Beseitigungs- und Unterlassungsanspruch des § 1004 BGB.

0010   14,80 €

Examenswissen

Sachenrecht I-III:

> Sachenrecht ist durch immer wiederkehrende examenstypische Problemfelder gut ausrechenbar. Anders als das Schuldrecht ist es ein klar strukturiertes Rechtsgebiet. In der Regel besteht deswegen eine feste Vorstellung, wie der Fall zu lösen ist. Deshalb gilt es gerade hier, mit der hemmer-Methode den Ersteller der Klausur als imaginären Gegner zu erfassen. Es gilt, Begriffe wie z.B. Widerspruch und Vormerkung in ihrer rechtlichen Wirkung zu begreifen und in den Kontext der Klausur einzuordnen.

Sachenrecht I

Zu Beginn werden die allgemeinen Lehren des Sachenrechts (Abstraktionsprinzip, Publizität, numerus clausus etc.) behandelt, die für den Einstieg und ein grundlegendes Verständnis der Materie unabdingbar sind. Im Vordergrund stehen dann das Besitzrecht und das Eigentümer-Besitzer-Verhältnis. Gerade das EBV ist klausurrelevant. Hier dürfen Sie keinesfalls auf Lücke lernen. Schließlich geht es auch um den immer wichtiger werdenden (verschuldensunabhängigen) Beseitigungs- bzw. Unterlassungsanspruch aus § 1004 BGB.

0011   14,80 €

Sachenrecht II

Sachenrecht II behandelt den Erwerb dinglicher Rechte an beweglichen Sachen. Neben dem Erwerb kraft Gesetzes ist Schwerpunkt hier natürlich der rechtsgeschäftliche Erwerb des Eigentums. Bei dem Erwerb vom Berechtigten und den §§ 932 ff. BGB müssen Sie sicher sein, insbesondere, wenn wie im Examensfall regelmäßig Dritte (Besitzdiener, Besitzmittler, Geheißpersonen) in den Übereignungstatbestand eingeschaltet werden. Daneben geht es um die klausurrelevanten Probleme beim Pfandrecht, bei der Sicherungsübereignung und beim Anwartschaftsrecht des Vorbehaltsverkäufers.

0012   14,80 €

Sachenrecht III

Gegenstand des Skripts Sachenrecht III ist das Immobiliarsachenrecht, wobei die Übertragung des Eigentums an Grundstücken im Vordergrund steht. Weitere Schwerpunkte bilden u.a. Erst- und Zweiterwerb der Vormerkung, die Hypothek und Grundschuld -Gemeinsamkeiten und Unterschiede-, Übertragung sowie der Wegerwerb von Einwendungen und Einreden bei diesen.

0012A   14,80 €

Kreditsicherungsrecht

Der Clou! Wettlauf der Sicherungsgeber, Verhältnis Hypothek zur Grundschuld, Verlängerter Eigentumsvorbehalt und Globalzession/Factoring sind häufig Prüfungsgegenstand. Lernen Sie das, was zusammen gehört, als zusammengehörend zu betrachten. Alle examenstypischen Sicherungsmittel im Überblick: Wie sichere ich neben dem bestehenden Rückzahlungsanspruch einen Kredit? Unterschieden werden Personalsicherheiten (z.B. Bürgschaft, Schuldbeitritt), Mobiliarsicherheiten (z.B. Sicherungsübereignung, Sicherungsabtretung, Eigentumsvorbehalt und Pfandrecht) sowie Immobiliarsicherheiten (Grundschuld und Hypothek). Wer die Unterscheidung zwischen akzessorischen und nichtakzessorischen Sicherungsmitteln wirklich verstanden hat, geht unbesorgt in die Prüfung.

0013   14,80 €

Nebengebiete

Familienrecht

Das Familienrecht wird häufig in Verbindung mit anderen Rechtsgebieten geprüft. So sind z.B. §§ 1357, 1365, 1369 BGB Schnittstelle zum BGB-AT und nur in diesem Kontext verständlich. Die sog. Ehestörungsklage hat ihre Bedeutung bei §§ 823 und 1004 BGB. Da nur der geschädigte Ehegatte einen eigenen Schadensersatzanspruch gegen den Schädiger hat, stellen sich Probleme der Vorteilsanrechnung (vgl. § 843 IV BGB) und Fragen beim Regress. Von Bedeutung sind bei der Nichtehelichen Lebensgemeinschaft Bereicherungsrecht und, wie bei Eheleuten auch, familienrechtliche Bestimmungen sowie das Recht der BGB-Gesellschaft. Die typischen Problemkreise des Familienrechts sind berechenbar und leicht erlernbar.

0014   14,80 €

Examenswissen

Erbrecht
„Erben werden geboren, nicht gekoren." oder „Erben werden gezeugt, nicht geschrieben." deuten auf germanischen Einfluß mit seinem Sippengedanken. Das Prinzip der Universalsukzession und die Testamentidee sind römisch-rechtliche Tradition. Die Spannung zwischen individualistischem (der Erbe steht im Vordergrund) und kollektivistischem Ansatz (die Sippe ist privilegiert) ist auch für die Klausur von großer praktischer Relevanz, z.B. gewillkürte oder gesetzliche Erbfolge, Formwirksamkeit des Testaments (auch gemeinschaftliches Testament und Erbvertrag), Widerruf und Anfechtung, Bestimmung durch Dritte, Vor- und Nach- sowie Ersatzerbschaft, Vermächtnis, Pflichtteilsrecht, Erbschaftsbesitz, Miterben, Erbschein. Auch die dingliche Surrogation, z.B. bei § 2019 BGB, und das Verhältnis des Erbrechts zum Gesellschaftsrecht sollte als prüfungsrelevant bekannt sein.

0015   *14,80 €*

Zivilprozessrecht I
Versäumnisurteil, Erledigung, Streitverkündung, Berufung (ZPO I, sog. Erkenntnisverfahren) sind mit der hemmer-Methode leicht verständlich für die Klausuranwendung aufbereitet. Von den vielen Bestimmungen der ZPO sind insbesondere diejenigen, die mit materiellrechtlichen Problemen verknüpft werden können, klausurrelevant. ZPO-Probleme werden nur dann richtig erfasst und damit auch für die Klausur handhabbar, wenn man den praktischen Hintergrund verstanden hat. Dies erleichtert Ihnen die hemmer-Methode. Die klausurrelevanten Neuerungen der ZPO-Reform sind selbstverständlich eingearbeitet.

0016   *14,80 €*

Zivilprozessrecht II
Zwangsvollstreckungsrecht - mit diesem Skript halb so wild: Grundzüge, allgemeine und besondere Vollstreckungsvoraussetzungen, sowie die klausurrelevanten Rechtsbehelfe wie §§ 771 BGB (und die Abgrenzung zu § 805), 766 und 767 BGB werden wie gewohnt übersichtlich und gut verständlich für die Anwendung in der Klausur aufbereitet. Dann werden auch gefürchtete Zwangsvollstreckungsklausuren leicht.

0017   *14,80 €*

Arbeitsrecht
Arbeitsrecht ist stark von Richterrecht geprägt und hat sich auch, wie z.B. im Streikrecht, praeter legem entwickelt. Entsprechend häufig sind die Neuerungen. Gleichwohl ist die Arbeitsrechtsklausur im Regelfall standardisiert: Kündigungsschutz (Feststellungsklage) und Lohnzahlung (Leistungsklage) bilden häufig das Grundgerüst. Eingestreut sind regelmäßig Probleme wie z.B. Gratifikationen, Urlaubsabgeltungsanspruch, faktische Bindung und Anwendbarkeit der Grundrechte. Verständnis entsteht. So macht Arbeitsrecht Spaß. Das Standardwerk! Ausgehend von einem großen Fall wird das gesamte Arbeitsrecht knapp und prägnant erklärt.

0018   *16,80 €*

Handelsrecht
Handelsrecht verschärft wegen der Sonderstellung der Kaufleute viele Bestimmungen des BGB (z.B. §§ 362, 377 HGB). Auch Vertretungsrecht wird modifiziert (z.B. § 15 HGB, Prokura), ebenso die Haftung (§§ 25 ff HGB). So kann eine Klausur ideal gestreckt werden. Deshalb sind Kenntnisse im Handelsrecht unerlässlich, alles in allem aber leicht erlernbar.

0019A   *14,80 €*

Gesellschaftsrecht
Ein Problem mehr in der Klausur: die Gesellschaft, insbesondere BGB-Gesellschaft, OHG, KG und GmbH. Zu unterscheiden ist häufig zwischen Innen- und Außenverhältnis. Die Haftung von Gesellschaft und Gesellschaftern muss jeder kennen. In der examenstypischen Klausur sind immer mehrere Personen vorhanden (Notendifferenzierung!), so dass sich zwangsläufig die typischen Schwierigkeiten der Mehrpersonenverhältnisse stellen (Zurechnung, Gesamtschuld, Ausgleichsansprüche etc.).

0019B   *14,80 €*

Examenswissen

Rechtsfolgeskripten

> Regelmäßig ist die sog. Herausgabeklausur („A verlangt von B Herausgabe. Zu Recht?") Prüfungsgegenstand. Der Rückgriff kann als Zusatzfrage jede Klausur abschließen. Klausurtypisch werden diese Problemkreise im Anspruchsgrundlagenaufbau dargestellt. So schreiben Sie die 18 Punkteklausur. Ein Muss für jeden Examenskandidaten!

Herausgabeansprüche
Der Band setzt das Rechtsfolgesystem bisheriger Skripten fort. Die Anspruchsgrundlagen, die in den verschiedenen Rechtsgebieten verstreut sind, werden in einem eigenen Skript klausurtypisch konzentriert behandelt, §§ 285, 346, 546, 604, 812, 861, 985, 1007 BGB. Die ideale Checkliste für die Herausgabeklausur. Wer konsequent von der Fallfrage aus geht, lernt richtig.

0031   *14,80 €*

Rückgriffsansprüche
Der Regreß ist examenstypisch. Dreiecksbeziehungen sind nicht nur im wirklichen Leben problematisch, sondern auch im Recht. Der Band gibt unsere Erfahrungen mit den verschiedenen Examenskonstellationen wieder. Beispielhaft ist die Begleichung einer Schuld durch einen Dritten und der Regreß beim Schuldner. In Betracht kommen häufig GoA, Gesamtschuld und Bereicherungsrecht.

0032   *14,80 €*

Strafrecht

> Eine zweistellige Punktezahl ist im Strafrecht immer im Bereich des Möglichen. Gerade im Strafrecht ist es wichtig, die Klassiker genau zu kennen. Im Strafrecht/Strafprozessrecht wird Ihre Belastbarkeit getestet: innerhalb relativ kurzer Zeit müssen viele Problemkreise „abgehakt" werden.

Strafrecht AT I
Für das Verständnis im Strafrecht unabdingbar sind vertiefte Kenntnisse des Allgemeinen Teils. Der Aufbau eines vorsätzlichen Begehungsdelikts wird ebenso vermittelt wie der eines vorsätzlichen Unterlassungsdelikts bzw. eines Fahrlässigkeitsdelikts. Darin eingebettet werden die examenstypischen Probleme erläutert und anhand der hemmer-Methode Lernverständis geschaffen. Um die allgemeine Strafrechtssystematik besser zu verstehen, beinhaltet dieses Skript zudem Ausführungen zur Garantiefunktion des Strafrechts, zum Geltungsbereich des deutschen Strafrechts sowie einen Überblick über strafrechtliche Handlungslehren.

0020   *14,80 €*

Strafrecht AT II
Dieses Skript vermittelt Ihnen anwendungsorientiert die Problemkreise Versuch (insbesondere Rücktritt vom Versuch), Täterschaft und Teilnahme (z.B. Täter hinter dem Täter), die Irrtumslehre (z.B. aberratio ictus), sowie das Wichtigste zu den Konkurrenzen. Grundbegriffe werden erläutert und zudem in den klausurtypischen Zusammenhang gebracht. Auch Sonderfälle wie die „actio libera in causa" werden in fallspezifischer Weise erklärt.

0021   *14,80 €*

Strafrecht BT I
Bei den Klassikern wie u.a. Diebstahl, Betrug einschließlich Computerbetrug, Raub, Erpressung, Hehlerei, Untreue (BT I) sollte man sich keine Fehltritte leisten. Mit der hemmer-Methode wird der verständnisvolle Umgang mit Fällen, die im Grenzbereich eines oder mehrerer Tatbestände liegen, eingeübt. Auf klausurtypische Fallkonstellationen wird hingewiesen.

0022   *14,80 €*

Examenswissen

Strafrecht BT II
Immer wieder in Hausarbeit und Klausur: Totschlag, Mord, Körperverletzungsdelikte, Aussagedelikte, Urkundsdelikte, Straßenverkehrsdelikte. In aller Regel werden diese Delikte mit Täterschaftsformen des Allgemeinen Teils kombiniert, und dadurch die Problematik klausurtypisch gestreckt.

0023   14,80 €

Strafprozessordnung
Strafprozessrecht hat auch im Ersten Juristischen Staatsexamen deutlich an Bedeutung gewonnen: In fast jedem Bundesland ist mittlerweile verstärkt mit StPO-Zusatzfragen im Examen zu rechnen. Begriffe wie z.B. Legalitätsprinzip, Opportunitätsprinzip und Akkusationsprinzip dürfen keine Fremdworte bleiben. Lernen Sie spielerisch die Abgrenzung von strafprozessualem und materiellem Tatbegriff. Auf alle klausurtypischen Probleme wird eingegangen.

0030   14,80 €

Definitionen Strafrecht - schnell gemerkt
... durch Techniken vom Gedächtnismeister: Leichter lernen, schneller merken, sicherer erinnern. Das Lernen von Definitionen hat drei große Nachteile: Es ist eintönig, eine exakte Wiedergabe ist gerade bei längeren Definitionen nur schwer möglich und man vergisst viele Definitionen beinahe schneller als man sie gelernt hat.
Dieses Buch zeigt einen anderen Weg: Aus Definitionen werden Reihen von Stichworten, aus Stichworten Bilder und aus den Bildern Geschichten. So finden Techniken, die sonst dazu verwendet werden, sich mehrere hundert Zahlen in fünf Minuten einzuprägen oder ein Kartenspiel in weniger als einer Minute, auf das Recht Anwendung - und sie bleiben effektiv. Nun kann auch der Leser Gewinn daraus ziehen: Weniger Wiederholungen, klareres Behalten, sichere Wiedergabe in der Klausur.

0044   14,80 €

Verwaltungsrecht

Auch die Verwaltungsrechtsskripten sind klausur- und hausarbeitsorientiert und damit als großer Fall zu verstehen. Trainieren Sie Verwaltungsrecht mit uns klausurorientiert. Lernen Sie mit der hemmer-Methode die richtige Einordnung. Im Öffentlichen Recht gilt: **wenig Dogmatik - viel Gesetz.** Gehen Sie deshalb mit dem sicheren Gefühl in die Prüfung, die Dogmatik genau zu kennen und zu wissen, wo Sie was zu prüfen haben.

Verwaltungsrecht I
Wie in einem großen Fall sind im Verwaltungsrecht I die klausurtypischen Probleme der Anfechtungsklage als zentrale Klageart der VwGO dargestellt. Entsprechend der Reihenfolge in einer Klausur werden Fragen der Zulässigkeit, vom Vorliegen eines VA bis zum Vorverfahren, und der Begründetheit, von der Ermächtigungsgrundlage bis zum Widerruf und der Rücknahme von VAen, klausurorientiert aufbereitet.

0024   14,80 €

Verwaltungsrecht II
Die richtige Einordnung der Prüfungspunkte im Rahmen der Zulässigkeit und Begründetheit von Verpflichtungs-, Fortsetzungsfeststellungs-, Leistungs- und Feststellungsklage sowie Normenkontrolle unter gleichzeitiger Darstellung typischer Fragestellungen der Begründetheit sind Gegenstand dieses Skripts. Sie machen es zu einem unentbehrlichen Hilfsmittel zur Vorbereitung auf Zwischenprüfung und Examina.

0025   14,80 €

Verwaltungsrecht III
Profitieren Sie von unserer jahrelangen Erfahrung als Repetitoren und unserer Sachkenntnis von Prüfungsfällen. Widerspruchsverfahren, vorbeugender und vorläufiger Rechtsschutz, Rechtsmittel sowie Sonderprobleme aus dem Verwaltungsprozess- und allgemeinen Verwaltungsrechts sind anschließend für Sie keine Fremdwörter mehr.

0026   14,80 €

Examenswissen

Staatsrecht

> Stoffauswahl und Schwerpunktbildung von Verfassungsrecht (Staatsrecht I) und Staatsorganisationsrecht (Staatsrecht II) orientieren sich am praktischen Bedürfnis von Klausur und Hausarbeit. Da in diesem Bereich häufig nach dem Prinzip „terra incognita" gelernt wurde, gilt es Lücken zu schließen. **Wer Staatsrecht richtig gelernt hat, kann sich jedem Fall stellen.** Es gilt der Wahlspruch der Aufklärung: „sapere aude" (Wage, Dich Deines Verstandes zu bedienen.), Kant, auf ihn Bezug nehmend Karl Popper (Beck´sche Reihe, „Große Denker").

Staatsrecht I
Die Grundrechte sind das Herzstück der Verfassung. Zulässigkeit und Begründetheit der Verfassungsbeschwerde geben jedem Klausurersteller die Möglichkeit, Grundrechtsverständnis abzuprüfen. Die einzelnen Grundrechte werden im Rahmen der Begründetheit der Verfassungsbeschwerde umfassend erklärt. Lernen Sie mit der hemmer-Methode den richtigen Fallaufbau, auf den gerade im Öffentlichen Recht besonders viel Wert gelegt wird.

0027   14,80 €

Staatsrecht II
Speziell hier gilt: Die wenigen Klassiker, die immer wieder in der Klausur eingebaut sind, muss man kennen. Dies sind im Prozessrecht: Organstreitigkeiten, abstrakte und konkrete Normenkontrolle und föderale Streitigkeiten (Bund-/ Länderstreitigkeiten). Das materielle Recht beinhaltet Staatszielbestimmungen (Art. 20 GG), Finanzverfassung, daneben auch oberste Staatsorgane, Gesetzgebungskompetenz und -verfahren, Verwaltungsorganisation und das Recht der politischen Parteien. Mit diesen Problemkreisen sollten Sie sich im Rahmen einer sinnvollen Examensvorbereitung mit den jeweiligen landesrechtlichen Besonderheiten auseinandersetzen. Skripten, die die Problematik „verallgemeinernd" auf Bundesebene darstellen, helfen meist nicht weiter!

0028   14,80 €

Staatshaftungsrecht
Das Staatshaftungsrecht ist eine Querschnittsmaterie aus den Bereichen Verfassungsrecht, Allgemeines und Besonderes Verwaltungsrecht und dem Bürgerlichen Recht. Diese Besonderheit macht es einerseits kompliziert, andererseits interessant für Klausurersteller! In diesem Skript finden Sie alle klausurrelevanten Probleme des Staatshaftungsrechts examenstypisch aufgearbeitet.

0040   14,80 €

Europarecht
Immer auf dem neusten Stand! Unser Europarecht hat sich zum Klassiker entwickelt. In Zeiten unüberschaubarer Normenflut ermöglicht dieses Skript die zum Verständnis notwendige Orientierung und Vereinfachung. Anschaulich und klar strukturiert erspart es Zeit und dient dem Allgemeinverständnis für dieses in Zukunft immer wichtiger werdende Prüfungsgebiet. Zusammen mit der Fallsammlung Europarecht Garant für ein erfolgreiches Abschneiden in der Prüfung! Die hohe Nachfrage gibt dem Skriptum recht.

0029   16,80 €

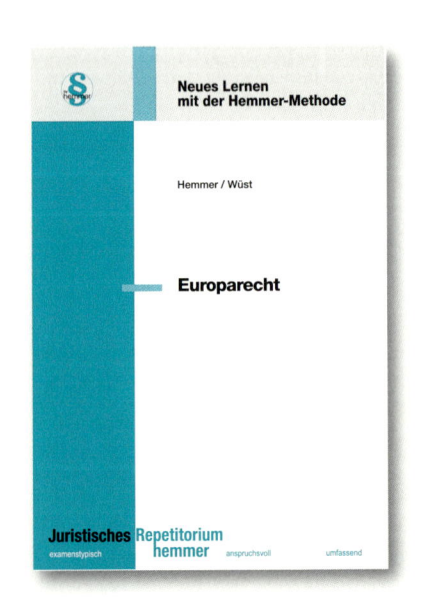

Examenswissen

Intelligentes Lernen mit der hemmer-Methode

Öffentliches Recht - landesspezifische Skripten

> Wesentliche Bereiche des Öffentlichen Rechts - Kommunalrecht, Sicherheitsrecht, Bauordnungsrecht - sind aufgrund der Kompetenzverteilung des Grundgesetzes Landesrecht. Hier müssen Sie sich im Rahmen einer sinnvollen Examensvorbereitung mit den jeweiligen **landesrechtlichen Besonderheiten** auseinandersetzen. Skripten, die die Problematik „verallgemeinernd" auf Bundesebene darstellen, helfen meist nicht weiter!

Baurecht/Bayern
Baurecht/Nordrhein-Westfalen
Baurecht/Baden Württemberg
Baurecht/Saarland
Baurecht/Hessen

Bauplanungs- und Bauordnungsrecht werden in klausurtypischer Aufarbeitung so dargestellt, dass selbst ein Anfänger innerhalb kürzester Zeit die Systematik des Baurechts erlernen kann. Vertieft werden darüber hinaus alle wichtigen Spezialprobleme des Baurechts wie gemeindliches Einvernehmen, Vorbescheid, Erlass von Bebauungsplänen etc. behandelt.

01.0033 BauR Bayern	14,80 €
02.0033 BauR NRW	14,80 €
03.0033 BauR Baden Württ.	14,80 €
06.0033 BauR Saarland	14,80 €
04.0033 BauR Hessen	14,80 €

Polizei- und Sicherheitsrecht/ Bayern
Polizei- und Ordunungsrecht/ Nordrhein-Westfalen
Polizeirecht/Baden Württemberg
Polizeirecht/Saarland

Gerade das Polizei- und/oder Sicherheitsrecht stellt sich von Bundesland zu Bundesland unterschiedlich dar: Hier kommt die Stärke der landesrechtlichen Skripten voll zur Geltung! Lernen Sie im jeweils regionalen Kontext die Begriffe Primär- und Sekundärmaßnahme, Konnexität, Anscheins- und Putativgefahr usw. Der Aufbau des Skripts orientiert sich an der typischen Systematik einer Polizeirechtsklausur.

01.0034 Polizei-/SR Bayern	14,80 €
02.0034 Polizei-/OR NRW	14,80 €
03.0034 PolizeiR/Baden Württ.	14,80 €
06.0034 PolizeiR/Saarland	14,80 €

Kommunalrecht/Bayern
Kommunalrecht/NRW
Kommunalrecht/Baden Württemberg

In vielen Bundesländern ist Kommunalrecht das Herz der verwaltungsrechtlichen Klausur, da es sich mit den meisten anderen Bereichen des Verwaltungsrecht-BT hervorragend kombinieren lässt: Begriffe wie eigener und übertragener Wirkungskreis, Kommunalaufsicht, Verbands- und Organkompetenz, Befangenheit von Gemeinderäten, Kommunale Verfassungsstreitigkeit, gemeindliche Geschäftsordnung und vieles mehr werden in gewohnt fallspezifischer Art dargestellt und erklärt.

01.0035 KomR. Bayern	14,80 €
02.0035 KomR. NRW	14,80 €
03.0035 KomR. Baden Württ.	14,80 €

Examenswissen

Schwerpunktskripten

> Auch im Schwerpunktbereich können Sie auf die gewohnte und bewährte Qualität der Hemmer-Skripten zurückgreifen. Wir ermöglichen Ihnen, ihren Schwerpunktbereich **effektiv** und **examenstypisch** zu erschließen. Die Zusammenstellung der Skripten orientiert sich am examensrelevanten Stoff und den wichtigsten Problemkreisen.

Kriminologie
Das Skript Kriminologie umfasst sämtliche, für den Schwerpunkt relevanten Bereiche: Kriminologie, Jugendstrafrecht und Strafvollzug. Im Mittelpunkt stehen insbesondere die Erscheinungsformen und Ursachen von Kriminalität, der Täter, aber auch das Opfer und die Kontrolle und Behandlung des Straftäters. Durch die Behandlung vieler strafrechtlicher Grundbegriffe ist das Skriptum auch für den Studenten geeignet, der diesen Schwerpunktbereich nicht gewählt hat.

0039   16,80 €

Völkerrecht
Die Probleme im Völkerrecht sind begrenzt. Erschließen Sie sich mit Hilfe dieses Skripts die Problemkreise der völkerrechtlichen Verträge, über die Personalhoheit bis hin zum Interventionsverbot.
Denken Sie daran: Seit das Europarecht Prüfstoff des Ersten und Zweiten Juristischen Staatsexamens geworden ist, hat die Attraktivität des Schwerpunktbereiches Völker-/Europarecht stark zugenommen.

0036   16,80 €

Internationales Privatrecht
In der Praxis wird der Jurist von morgen nicht darum herumkommen, sich mit IPR zu beschäftigen. Internationale Verflechtungen gewinnen an Bedeutung und den nationalen Scheuklappen wird entgegen gewirkt. Das Skript ist fallorientiert und ermöglicht den leichten Einstieg. Die Anwendung des Internationalen Einheitsrechts, staatsvertraglicher Kollisionsnormen sowie des autonomen Kollisionsrechts werden hier erläutert. Auch werden die Rechte der natürlichen Person auf internationaler Ebene vom Vertragsrecht bis hin zum Sachenrecht behandelt.

0037   16,80 €

Kapitalgesellschaftsrecht
Im Skript Kapitalgesellschaftsrecht werden die Gründung der Kapitalgesellschaften und deren Organisationsverfassung dargestellt. Es beinhaltet daneben die Rechtsstellung der Gesellschafter, die Finanzordnung der Gesellschaften und die Stellung der Gesellschaften im Rechtsverkehr. Abschließend erfolgt ein Überblick über das Konzernrecht und Sonderformen der Kapitalgesellschaften.

0055   16,80 €

Rechtsgeschichte I
Gegenstand des Skripts ist die Rechtsgeschicht des frühen Mittelalters bis hin zur Rechtsgeschichte des 20. Jahrhunderts. Inhaltlich deckt es die Bereiche Verfassungsrechtsgeschichte, Privatrechtsgeschichte und Strafrechtsgeschichte ab. Hauptsächlich hilft das Skript bei der Vorbereitung auf die rechtsgeschichtlichen Klausuren. Gleichzeitig ist es auch für „kleine" Grundlagenklausuren und die „großen" Examensklausuren geeignet. Ideal auch zur Vorbereitung auf die mündliche Prüfung.

0058   16,80 €

Rechtsgeschichte II
Das Skript Rechtsgeschichte II befasst sich mit der Römischen Rechtsgeschichte und liefert im Zusammenhang mit dem Skript Rechtsgeschichte I (Deutsche Rechtsgeschichte) den Stoff für den Schwerpunktbereich. Darüber hinaus sollten Grundzüge der Rechtsgeschichte zum Wissen eines jeden Jurastudenten gehören. Mit diesem Skript werden Sie schnell in die Entwicklungen und Einflüsse der Römischen Rechtsgeschichte eingeführt.

0059   16,80 €

Wettbewerbs- und Markenrecht
Im Rahmen des Rechts des unlauteren Wettbewerbs werden die Grundzüge erklärt, die für das Verständnis dieser Materie unerlässlich sind. Aus dem Bereich des Immaterialgüterrechts wird das Markenrecht näher betrachtet, etwa Unterlassungs- und Schadensersatzansprüche wegen Markenverletzung.

0060   16,80 €

Examenswissen

Rechts- und Staatsphilosophie sowie Rechtssoziologie

Ziel des Skriptes ist es, über die Vermittlung des für die Klausur erforderlichen Wissens hinaus den Leser zu befähigen, ein eigenständiges rechtsphilosophisches Denken zu entwickeln und die erforderliche Argumentation auszuprägen. Das Werk führt zunächst gezielt in die Grundlagen und Fragestellungen der Rechtsphilosophie und Rechtssoziologie ein. Dem folgt eine historisch wie thematisch orientierte Auswahl von Philosophen und Soziologen, wobei nach einem festen Gliederungsmuster deren Leben, Vorstellung von Recht und Gerechtigkeit, Gesellschaft und Staat vorgestellt wird. Die Ausführungen schließen mit aktuellen Bezügen zur jeweiligen Theorie als Denkanstoß ab.

0062   16,80 €

Insolvenzrecht

Das Skript umfasst sämtliche relevanten Bereiche: Insolvenzantragsverfahren, vorläufige Insolvenzverwaltung, Anfechtung, Aus- und Absonderung sowie alles rund um das Amt des Insolvenzverwalters. Ebenfalls besprochen werden die Besonderheiten von Arbeitsverhältnissen in der Insolvenz sowie die Besonderheiten des Verbraucherinsolvenzverfahrens. Mit einer Vielzahl von Beispielen aus der Praxis ist das Skriptum geeignet, sich einen groben Überblick über diesen sehr bedeutsamen Bereich zu verschaffen.

0063   16,80 €

Steuererklärung leicht gemacht

Das Skript gibt alle erforderlichen Anleitungen und geldwerte Tipps für die selbstständige Erstellung der Einkommensteuererklärung von Studenten und Referendaren. Zur Verdeutlichung sind Beispielfälle eingebaut, deren Lösungen als Grundlage für eigene Erklärungen dienen können.

0038   14,80 €

Abgabenordnung

Die Abgabenordnung als das Verfahrensrecht zum gesamten Steuerrecht hält viele Besonderheiten bereit, die Sie sowohl im Rahmen der Pflichtfachklausur im 2. Examen, wie auch im Schwerpunktbereich beherrschen müssen. Hierbei hilft zwar Systemverständnis im allgemeinen Verwaltungsrecht, jedoch ist auch eine detaillierte Auseinandersetzung mit abgabenordnungsspezifischen Problemen unverzichtbar. Im 1. und 2. Examen stellen verfahrensrechtliche Fragen regelmäßig zwischen 25 und 30 % des Prüfungsstoffes der Steuerrechtsklausur dar. Hier zeigt sich immer wieder, dass das Verfahrensrecht zu wenig beachtet wurde. Eine gute Klausur kann aber nur dann gelingen, wenn sowohl die einkommensteuerrechtliche als auch die verfahrensrechtliche Problematik erfasst wurde.

0042   16,80 €

Einkommensteuerrecht

Der gesamte examensrelevante Stoff sowohl für den Schwerpunktbereich als auch für die Pflichtklausur im 2. Examen: Angefangen bei den einkommensteuerlichen Grundfragen der subjektiven Steuerpflicht und den Besteuerungstatbeständen der sieben Einkommensarten, über die verschiedenen Gewinnermittlungsmethoden, bis hin zur Berechnung des zu versteuernden Einkommens orientiert sich das Skript streng am Klausuraufbau und stellt so absolut notwendiges Handwerkszeug dar. Das Skript eignet sich sowohl für den Einstieg, als auch für die intensive Auseinandersetzung mit dem Einkommensteuerrecht. Auch für jeden „Steuerzahler" empfehlenswert! Schwerpunkt bleiben die examensrelevanten Problemkreise.

0043   21,80 €

Wasser- und Immissionsschutzrecht

Sowohl das Wasser- als auch das Immissionsschutzrecht bilden die Kernmaterien des öffentlichen Umweltrechts. In den Prüfungsordnungen der Universitäten sind das Wasser- und Immissionsschutzrecht weitestgehend Bestandteil öffentlich-rechtlicher Schwerpunktbereiche, wohingegen im Rahmen der Referendarausbildung die Materien in vielen Ländern dem Pflichtstoff angehören. Der Aufbau des Skripts orientiert sich daher grundsätzlich an der gutachterlichen Prüfungsabfolge. Den Kern bilden dabei die stark formalisierten wasser- und immissionsschutzrechtlichen Zulassungsverfahren.

0064   16,80 €

Die Shorties - Minikarteikarten

Die Shorties - in 20 Stunden zum Erfolg

Die wichtigsten Begriffe und Themenkreise werden anwendungsspezifisch erklärt.
Knapper geht es nicht.
Die „sounds" der Juristerei (super learning) grafisch aufbereitet - in Kürze zum Erfolg.

- **als Checkliste**
zum schnellen Erfassen des jeweiligen Rechtsgebiets.

- **zum Rekapitulieren**
mit dem besonderen Gedächtnistraining schaffen Sie Ihr Wissen ins Langzeitgedächtnis.

- **vor der Klausur zum schnellen Überblick**

- **ideal vor der mündlichen Prüfung**

Die Shorties 1
BGB AT, SchuldR AT (50.10)   21,80 €

Die Shorties 2/I
KaufR, MietV, Leihe, WerkVR,
ReiseV, Verwahrung (50.21)   21,80 €

Die Shorties 2/II
GoA, BerR, DeliktsR,
SchadensersatzR (50.22)   21,80 €

Die Shorties 3
SachenR, ErbR, FamR (50.30)   21,80 €

Die Shorties 4
ZPO I/II, HGB (50.40)   21,80 €

Die Shorties 5
StrafR AT/BT (50.50)   21,80 €

Die Shorties 6
Öffentliches Recht (50.60)   21,80 €
(VerwR, GrundR, BauR, StaatsOrgR, VerfProzR)

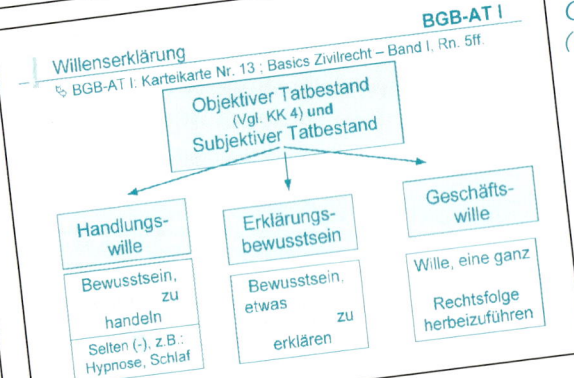

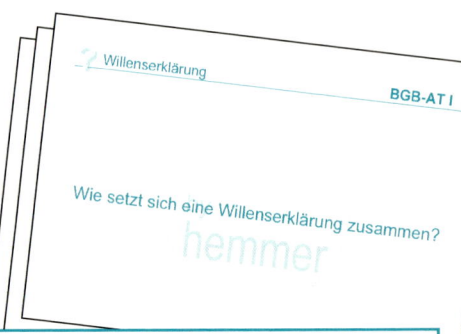

So lernen Sie richtig mit der hemmer-Box (im Preis inklusive):

1. **Verstehen:** Haben Sie den gelesenen Stoff verstanden, wandert die Karte auf Stufe 2., Wiederholen am nächsten Tag.

2. **Wiederholen:** Haben Sie den Stoff behalten, wandert er von Stufe 2. zu Stufe 4.

3. **kleine Strafrunde:** Konnten Sie den Inhalt von 2. nicht exakt wiedergeben, arbeiten Sie die Themen bitte noch einmal durch.

4. **fundiertes Wissen:** Wiederholen Sie die hier einsortierten Karten nach einer Woche noch einmal. Konnten Sie alles wiedergeben? Dann können Sie vorrücken zu Stufe 5.

5. **Langzeitgedächtnis:** Wiederholen Sie auf dieser Stufe das Gelernte im Schnelldurchlauf nach einem Monat. Sollten noch Fragen offen bleiben, gehen sie bitte eine Stufe zurück.

HEMMER Karteikarten - Logisch und durchdacht aufgebaut!

Intelligentes Lernen schnell & effektiv

Einleitung
führt zur Fragestellung hin und verschafft Ihnen den schnellen Überblick über die Problemstellung

Frage oder zu lösender Fall
konkretisiert den jeweiligen Problemkreis

II. Verschulden bei Vertragsverhandlungen — SchR-AT I — Karte 22
Vorvertragliche Sonderverbindung

Die c.i.c. setzt ein vorvertragliches Vertrauensverhältnis voraus. Dieses entsteht nicht durch jeden gesteigerten sozialen Kontakt, sondern nur durch ein Verhalten, das auf den Abschluss eines Vertrages oder die Anbahnung geschäftlicher Kontakte abzielt. Ob es später tatsächlich zu einem Vertragsschluss kommt, ist dagegen unerheblich. Der Vertragsschluss ist nur erheblich für die Abgrenzung zwischen §§ 280 I, 241 II BGB (pVV) und §§ 280 I, 311 II, 241 II BGB (c.i.c.): Fällt die Pflichtverletzung in den Zeitraum vor Vertragsschluss, sind ohne Rücksicht auf den späteren Vertragsschluss die §§ 280 I, 311 II, 241 II BGB richtige Anspruchsgrundlage.

A macht einen Stadtbummel. Aus Neugier betritt er ein neues Geschäft, um das Warensortiment näher kennen zu lernen. Dazu kommt es aber nicht. Er rutscht kurz hinter dem Eingang auf einer Bananenschale aus und bricht sich ein Bein.
Hat A Ansprüche aus c.i.c.?
Abwandlung: A betritt das Geschäft nur, weil es gerade zu regnen angefangen hat. Er hat keinerlei Kaufinteresse.

Juristisches Repetitorium
examenstypisch · anspruchsvoll · umfassend **hemmer**

---

1. Grundfall:
Fraglich ist, ob ein vorvertragliches Schuldverhältnis vorliegt. Dieses entsteht insbesondere erst durch ein Verhalten, das auf die Aufnahme von Vertragsverhandlungen (§ 311 II Nr. 1 BGB), die Anbahnung eines Vertrags (§ 311 II Nr. 2 BGB) oder eines geschäftlichen Kontakts (§ 311 II Nr. 3 BGB) abzielt. Hier betritt A das Geschäft zwar ohne konkrete Kaufabsicht, aber doch als potentieller Kunde in der Absicht, sich über das Warensortiment zu informieren, um später möglicherweise doch etwas zu kaufen. **Sein Verhalten ist somit auf die Anbahnung eines Vertrags gerichtet, bei welchem der A im Hinblick auf eine etwaige rechtsgeschäftliche Beziehung dem Geschäftsinhaber die Möglichkeit zur Einwirkung auf seine Rechte, Rechtsgüter und Interessen gewährt oder ihm diese anvertraut, vgl. § 311 II Nr. 2 BGB.**

Der Geschäftsinhaber hat die Pflicht, alles Zumutbare zu unternehmen, um seine Kunden vor Schäden an Leben und Gesundheit zu schützen. Diese Pflicht wurde hier verletzt. Im Hinblick auf die Darlegungs- und Beweislast zum Vertretenmüssen ist von § 280 I 2 BGB auszugehen. Ausreichend ist daher von Seiten des Geschädigten der Nachweis des objektiv verkehrsunsicheren Zustands im Verantwortungsbereich des Schuldners, hier durch die Bananenschale. Der Schuldner, also der Geschäftsinhaber muss dann nachweisen, dass er und seine Erfüllungsgehilfen alle zumutbaren Maßnahmen zur Vermeidung des Schadens ergriffen haben. Das wird regelmäßig nicht gelingen. **Von Vertretenmüssen ist daher auszugehen,** gegebenenfalls ist dem Geschäftsinhaber das *Verschulden der Erfüllungsgehilfen (z.B. Ladenangestellten)* nach § 278 BGB zuzurechnen. Die **Pflichtverletzung war ursächlich für den Schaden des A. A kann somit Schadensersatz aus §§ 280 I, 311 II, 241 II BGB verlangen** (u.U. gekürzt um einen *Mitverschuldensanteil*).

2. Abwandlung:
In der Abwandlung hat A von vornherein keinerlei Kaufabsicht. Sein **Verhalten ist nicht auf die Anbahnung eines Vertrags gerichtet**. Das bloße Betreten eines Ladens genügt jedoch nicht, um ein gesteigertes Vertrauensverhältnis zu begründen. **Daher scheiden Ansprüche aus §§ 280 I, 311 II Nr. 2, 241 II BGB aus.** *Es kommen lediglich deliktische Schadensersatzansprüche in Betracht.*

hemmer-Methode: Bei dauernden Geschäftsbeziehungen, innerhalb derer sich ein Vertrauensverhältnis herausgebildet hat, ist eine Haftung aus c.i.c. auch für Handlungen, die nicht unmittelbar auf die Anbahnung eines Vertrages gerichtet sind, gerechtfertigt, sofern die Handlung in engem Zusammenhang mit der Geschäftsbeziehung steht.

Antwort
informiert umfassend und in prägnanter Sprache

hemmer-Methode
ein modernes Lernsystem, das letztlich erklärt, was und wie Sie zu lernen haben. Gleichzeitig wird background vermittelt. Die typischen Bewertungskategorien eines Korrektors werden miterklärt. So lernen Sie Ihre imaginären Gegner (Ersteller und Korrektor) besser einzuschätzen und letztlich zu gewinnen. Denken macht Spass und Jura wird leicht.

---

examenstypisch - anspruchsvoll - umfassend

Die Karteikarten

Die Karteikartensätze

Lernen Sie intelligent
mit der 5-Schritt-Methode.

Weniger ist mehr. Das schnelle Frage- und Antwortspiel sich auf dem Markt durchgesetzt. Mit der hemmer-Methode wird der Gesamtzusammenhang leichter verständlich, das Wesentliche vom Unwesentlichen unterschieden. Ideal für die AG und Ihre Lerngruppe: wiederholen Sie die Karteikarten und dem hemmer-Spiel „Jurapolis". Lernen Sie so im Hinblick auf die mündliche Prüfung frühzeitig auf Fragen knapp und präzise zu antworten. Wissenschaftlich ist erwiesen, dass von dem Gelernten in der Regel innerhalb von 24 Stunden bis zu 70% wieder vergessen wird. Daher ist es wichtig, das Gelernte am nächsten Tag zu wiederholen, bevor Sie sich neue Karteikarten vornehmen.
Mit den Karteikarten können Sie leicht kontrollieren, wie viel Sie behalten haben.
Karteikarten bieten die Möglichkeit, knapp, präzise und zweckrational zu lernen. Im Hinblick auf das Examen werden die wichtigsten examenstypischen Problemfelder vermittelt. Das Karteikartensystem entspricht modernen Lernkonzepten und führt zum „learning just in time" (Lernen nach Bedarf). Da sie kurz und klar strukturiert sind, kann mit ihnen in kürzester Zeit der Lernstoff erarbeitet und vertieft werden.

Basics - Zivilrecht
Das absolut notwendige Grundwissen vom Vertragsabschluß bis zum EBV. Alles was Sie im Zivilrecht wissen müssen. Die Grundlagen müssen sitzen.

20.01 *12,80 €*

Basics - Strafrecht
Karteikarten Basics-Strafrecht bieten einen Überblick über die wichtigsten Straftatbestände wie z.B.: Straftaten gegen Leib und Leben sowie Eigentumsdelikte und Straßenverkehrsdelikte, sowie verschiedene Deliktstypen, wichtige Probleme aus dem allgemeinen Teil, z.B. Versuch, Beteiligung Mehrerer, usw.

20.02 *12,80 €*

Basics - Öffentliches Recht
Anhand der Karten Basics-Öffentliches Recht erhalten Sie einen breitgefächerten Überblick über Staatsrecht, Verwaltungs-, und Staatshaftungsrecht. So lassen sich die verschiedenen Rechtsbehelfe optimal in ihrer Zulässigkeits- und Begründetheitsstation auf die Grundlagen hin erlernen.

20.03 *12,80 €*

BGB-AT I
Die BGB-AT I Karteikarten beinhalten das, was zum Wirksamwerden eines Vertrages beiträgt (Wirksamwerden der WE, Geschäftsfähigkeit, Rechtsbindungswille, usw.) bzw. der Wirksamkeit hindernd entgegensteht (Willensvorbehalte, §§ 116 ff., Sittenwidrigkeit, u.v.m.). Die Problemfelder der Geschäftsfähigkeit, insbesondere das Recht des Minderjährigen, dürfen bei dieser Möglichkeit zu lernen nicht fehlen.

22.01 *14,80 €*

BGB-AT II
Die BGB-AT II Karteikarten stellen in bekannt knapper und präziser Weise dar, was auf dem umfangreichen Gebiet der Stellvertretung von Ihnen erwartet wird. Die unerlässlichen Kenntnisse der Probleme der Anfechtung, der AGB-Bestimmungen und des Rechts der Einwendungen und Einreden können hiermit zur Examensvorbereitung wiederholt bzw. vertieft werden.

22.02 *14,80 €*

Die Karteikarten

Schuldrecht AT I
Im bekannten Format werden hier die Grundbegriffe des Schuldrechts dargestellt. Dazu gehören der Inhalt und das Erlöschen des Schuldverhältnisses (z.B. durch Erfüllung, Aufrechnung oder auch Rücktritt). Insbesondere die verschiedenen Probleme in Zusammenhang mit der Haftung im vorvertraglichen Schuldverhältnis nach §§ 280 I, 311 II, 241 II BGB (c.i.c.), das Verhältnis des allgemeinen Leistungsstörungsrechts zu anderen Vorschriften und die Formen und Wirkungen der Unmöglichkeit werden behandelt.

22.031   *14,80 €*

Schuldrecht AT II
Klassiker wie Verzug, Abtretung, Schuldübernahme, Vertrag zugunsten oder mit Schutzwirkung zugunsten Dritter und Drittschadensliquidation gehören hier genauso zum Stoff der Karteikarten wie die Gesamtschuldnerschaft und das Schadensrecht (§§ 249 ff. BGB), das umfassend von Schadenszurechnung bis hin zu Art, Inhalt und Umfang der Ersatzpflicht dargestellt wird.

22.032   *14,80 €*

Schuldrecht BT I
Bei diesen Karteikarten steht das Kaufrecht als examensrelevante Materie im Vordergrund. Die Schwerpunkte bilden aber auch Sachmängelrecht und die Probleme rund um den Werkvertrag.

22.40   *14,80 €*

Schuldrecht BT II
Die Karteikarten Schuldrecht BT II behandeln nach Kaufrecht im Karteikartensatz Schuldrecht BT I, die restlichen Vertragstypen. Dazu gehören vor allem das Mietrecht, der Dienstvertrag, die Bürgschaft und die GoA. Auch Gebiete wie z.B. Schenkung, Leasing, Schuldanerkenntnis und Auftrag kommen nicht zu kurz.

22.41   *14,80 €*

Bereicherungsrecht
Die §§ 812 ff. BGB sind regelmäßig die Folge unwirksamer Verträge. Abgrenzungsprobleme gibt es u.a. zum Wegfall der Geschäftsgrundlage (z.B. Rückabwicklung bei der nichtehelichen Lebensgemeinschaft) und §§ 987 ff. BGB. Der Karteikartensatz versteht sich als Gebrauchsanweisung für die erfolgreiche Bewältigung des anspruchsvollen Rechtsgebiets Bereicherungsrecht. Ohne Verständnis für dieses Rechtsgebiet bleibt der Zusammenhang im Zivilrecht im Dunkeln.

22.08   *14,80 €*

Deliktsrecht
Thematisiert werden im Rahmen dieser Karteikarten schwerpunktmäßig die §§ 823 I und 823 II BGB. Verständlich und präzise wird auch auf die Probleme der §§ 830 ff. eingegangen, wobei besonders auf den Verrichtungsgehilfen und die Gefährdungshaftung geachtet wird. Neben einem Einblick in das Staatshaftungsrecht wird auch die Haftung aus dem StVG, ProdHaftG und die negatorische/quasinegatorische Haftung behandelt.

22.09   *14,80 €*

Sachenrecht I
Mit den Karteikarten zum Sachenrecht können Sie ein so komplexes Gebiet wie dieses optimal wiederholen und Ihr Wissen trainieren.
Das Sachenrecht mit EBV, Anwartschaftsrecht und Pfandrechten ist für jeden Examenskandidaten ein Muss.

22.11   *14,80 €*

Sachenrecht II
Auch auf einem so schwierigen Gebiet wie dem Grundstücksrecht und den damit verbundenen Pfand- und Sicherungsrechten geben die Karteikarten nicht nur eine zügige Wissensvermittlung, sondern reduzieren die Komplexität des Immobiliarsachenrechts auf das Wesentliche und erleichtern somit die eigene Systematik, z.B. des Hypothek- und Grundschuldrechts, zu verstehen. Begriffe wie die Vormerkung und das dingliche Vorkaufsrecht müssen im Examen beherrscht werden.

22.12   *14,80 €*

Kreditsicherungsrecht
Die Karteikarten als Ergänzung zum Skript Kreditsicherungsrecht ermöglichen Ihnen, spielerisch mit den einzelnen Sicherungsmitteln umzugehen, und die Unterschiede zwischen akzessorischen und nichtakzessorischen Sicherungsmitteln genauso wie ihre Besonderheiten zu beherrschen.

22.13   *14,80 €*

Die Karteikarten

Arbeitsrecht
Arbeitsrecht ist stark von Richterrecht geprägt und hat sich auch, wie z.B. im Streikrecht, praeter legem entwickelt. Entsprechend häufig sind die Neuerungen. Gleichwohl ist die Arbeitsrechtsklausur im Regelfall standardisiert: Kündigungsschutz (Feststellungsklage) und Lohnzahlung (Leistungsklage) bilden häufig das Grundgerüst. Eingestreut sind regelmäßig Probleme wie z.B. Gratifikationen, Urlaubsabgeltungsanspruch, faktische Bindung und Anwendbarkeit der Grundrechte.
Verständnis entsteht, so macht Arbeitsrecht Spaß.

22.18   *14,80 €*

Familienrecht
Die wichtigsten Problematiken dieses Gebietes werden hier im Überblick dargestellt und erleichtern Ihnen den Umgang mit Ehe, Sorgerecht, Vormundschaft, aber auch dem Familienprozessrecht.

22.14   *14,80 €*

Erbrecht
Die Grundzüge des Erbrechts mit den einzelnen Problematiken der gewillkürten und gesetzlichen Erbfolge, des Pflichtteilrechts und der Erbenhaftung gehören ebenso zum Examensstoff wie die Annahme und Ausschlagung der Erbschaft und die Problematik mit dem Erbschein. Die Grundlagen zu beherrschen ist wichtiger als einzelne Sonderprobleme.

22.15   *14,80 €*

ZPO I
ZPO taucht zunehmend in den Examensklausuren auf und darf nicht vernachlässigt werden. Nutzen Sie die Möglichkeit, sich durch die knappe und präzise Aufbereitung in den Karteikarten mit dem Prozessrecht vertraut zu machen, um im Examen eine ZPO-Klausur in Ruhe angehen zu können.

22.16   *14,80 €*

ZPO II
Die Karteikarten ZPO II führen Sie quer durch das Recht der Zwangsvollstreckung bis hin zu den verschiedenen Rechtsbehelfen in der Zwangsvollstreckung. Dabei können Rechtsbehelfe wie die Vollstreckungsgegenklage oder die Drittwiderspruchsklage den Einstieg in eine BGB-Klausur bilden.

22.17   *14,80 €*

Handelsrecht
Im Handelsrecht kehren oft bekannte Probleme wieder, die mittels der Karteikarten optimal wiederholt werden können. Auch für das umfassende Schuld- und Sachenrecht des Handels, in dem auch viele Verknüpfungen zum BGB bestehen, bieten die Karteikarten einen guten Überblick.

22.191   *14,80 €*

Gesellschaftsrecht
Die Personengesellschaften, Körperschaften und Vereine haben viele Unterschiede, weisen aber auch Gemeinsamkeiten auf. Um diese mit allen wichtigen Problemen optimal vergleichen zu können, eignen sich besonders die Karteikarten im Überblicksformat.

22.192   *14,80 €*

Strafrecht-AT I
Das vorsätzliche Begehungsdelikt mit all seinen Problemen der Kausalität, der Irrtumslehre bis hin zur Rechtfertigungsproblematik und Schuldfrage ist hier umfassend, aber in bekannt kurzer und übersichtlicher Weise dargestellt.

22.20   *14,80 €*

Strafrecht-AT II
Die Karteikarten Strafrecht AT II decken die restlichen Problemkreise Versuch (insbesondere Rücktritt vom Versuch), Täterschaft und Teilnahme, das Fahrlässigkeitsdelikt und die oft vernachlässigten Konkurrenzen ab.

22.21   *14,80 €*

Die Karteikarten

Strafrecht-BT I
Ergänzend zum Skript werden Ihnen hier die Vermögensdelikte in knapper und übersichtlicher Weise veranschaulicht. Besonders im Strafrecht BT, wo es oft zu Abgrenzungsproblematiken kommt (z.B. Abgrenzung zwischen Raub und räuberischer Erpressung) ist eine Darstellung auf Karteikarten sehr hilfreich.

22.22   14,80 €

Strafrecht-BT II
Die Strafrecht BT II - Karten befassen sich mit den Nichtvermögensdelikten. Besonderes Augenmerk wird hierbei auf die Körperverletzungsdelikte sowie die Urkundendelikte und die Brandstiftungsdelikte gelegt.

22.23   14,80 €

StPO
In fast jeder StPO-Klausur werden Zusatzfragen auf dem Gebiet des Strafprozessrechts gestellt. Es handelt sich hierbei meist um Standardfragen, aber gerade diese sollten Sie sicher beherrschen. Die Karteikarten decken alle Standardprobleme ab, von Prozessmaximen bis hin zu den einzelnen Verfahrensstufen.

22.30   14,80 €

Verwaltungsrecht I
Ob allgemeines oder besonderes Verwaltungsrecht - die einzelnen Probleme der Eröffnung des Verwaltungsrechtsweges werden Ihnen immer wieder begegnen. Wiederholen Sie hier auch Ihr Wissen rund um die Anfechtungsklage, welche die zentrale Klageart in der VwGO darstellt.

22.24   14,80 €

Verwaltungsrecht II
Von der Verpflichtungsklage über die Leistungsklage bis hin zum Normenkontrollantrag sowie weitere Bereiche, mit deren jeweiligen Sonderproblemen werden alle verwaltungsrechtlichen Klagearten dargestellt.

22.25   14,80 €

Verwaltungsrecht III
Mittels Karteikarten können die Spezifika der jeweiligen Rechtsgebiete umfassend aufbereitet und verständlich erklärt werden. Thematisiert werden im Rahmen dieser Karten das Widerspruchsverfahren, der vorläufige sowie der vorbeugende Rechtsschutz und das Erheben von Rechtsmitteln.

22.26   14,80 €

Staats- und Verfassungsrecht
Karteikarten eignen sich besonders gut, die einzelnen Grundrechte, Verfassungsrechtsbehelfe und Staatszielbestimmungen darzustellen, da gerade die einschlägigen Rechtsbehelfe zum Bundesverfassungsgericht sehr klaren und eindeutigen Strukturen folgen, innerhalb derer eine saubere Subsumtion notwendig ist. Das Gesetzgebungsverfahren und die Aufgaben der obersten Staatsorgane können hierbei gut wiederholt werden. Auch wird ein kurzer Einblick in die auswärtigen Beziehungen und die Finanzverfassung gegeben.

22.27   14,80 €

Europarecht
Nutzen Sie die Europarechtskarteikarten, um im weitläufigen Gebiet des Europarechts den Überblick zu behalten. Vom Wesen und den Grundprinzipien des Gemeinschaftsrechts über das Verhältnis von Gemeinschaftsrecht zum mitgliedstaatlichen Recht bis hin zu den Institutionen wird hier übersichtlich alles dargestellt, was Sie als Grundlagenwissen benötigen. Hinzu kommen die klausurrelevanten Bereiche des Rechtsschutzes und der Grundfreiheiten.

22.29   14,80 €

Die Karteikarten

Übersichtskarteikarten

Ihr Begleiter vom 1. Semester bis zum 2. Staatsexamen! Die wichtigsten Problemfelder im Zivil-, Straf- und Öffentlichen Recht sind **knapp, präzise** und **übersichtlich** dargestellt. Sie erfassen effektiv auf einen Blick das Wesentliche. Die grafische Aufbereitung auf der Vorderseite erleichtert den schnellen Zugriff. Die Kommentierung mit der hemmer-Methode auf der Rückseite schafft die Einordnung für die Klausur. Nutzen Sie die Übersichtskarten auch als Checkliste zur Kontrolle.

BGB im Überblick I

Mit den Übersichtskarteikarten verschaffen Sie sich einen schnellen und effizienten Überblick über die wichtigsten zivilrechtlichen Problemkreise des BGB-AT, Schuldrecht AT und BT sowie des Sachenrecht AT und BT.
Knapp und teilweise graphisch aufbereitet vermitteln Ihnen die Übersichtskarten das Wesentliche. Aufbauschemata helfen Ihnen bei der Subsumtion. Für den Examenskandidaten sind die Übersichtskarten eine „Checkliste", für den Anfänger eine Möglichkeit zum ersten Einblick.

25.01   30,00 €

BGB im Überblick II

Diese Karteikarten bieten einen Überblick der Gebiete Erbrecht, Familienrecht, Handelsrecht, Arbeitsrecht und ZPO.
Für den Examenskandidaten sind die Übersichtskarteikarten eine „Checkliste", für den Anfänger eine Möglichkeit zum ersten Einblick.

25.011   30,00 €

Strafrecht im Überblick

Die Übersichtskarten leisten eine Einordnung in den strafrechtlichen Kontext. Im Hinblick auf das Examen werden so die wichtigsten examenstypischen Problemfelder vermittelt. Behandelt werden die Bereiche Strafrecht AT I und II wie auch BT I und II und StPO. Im Strafrecht BT ist bekanntlich fundiertes Wissen der Tatbestandsmerkmale mit ihren Definitionen gefragt, was sich durch Lernen mit den Übersichtskarten gezielt und schnell wiederholen lässt.

25.02   30,00 €

Öffentliches Recht im Überblick

Verschaffen Sie sich knapp einen Überblick über das Wesentliche der Gebiete Staatsrecht und Verwaltungsrecht. Die verwaltungs- und staatsrechtlichen Klagearten, Staatszielbestimmungen und die wichtigsten Vorschriften des Grundgesetzes werden mit den wichtigsten examenstypischen Problemfeldern verknüpft und vermindern in der gezielten Knappheit die Datenflut.

25.03   16,80 €

ÖRecht im Überblick / Bayern
ÖRecht im Überblick / NRW

Mit dem zweiten Satz der Übersichtskarteikarten im Öffentlichen Recht können Sie Ihr Wissen nun auch auf den Gebiete Polizei- und Sicherheitsrecht überprüfen und auffrischen. Die wichtigsten Probleme auf den Gebieten Baurecht und Kommunalrecht werden im klausurspezifischen Kontext dargestellt, z.B. die Besonderheiten von Kommunalverfassungsstreitigkeiten im Kommunalrecht oder Fortsetzungsfeststellungsklagen im Polizeirecht.

25.031 ÖRecht im Überb. / Bayern   16,80 €
25.032 ÖRecht im Überb. / NRW   16,80 €

Europarecht/Völkerrecht im Überblick

Die Übersichtskarten zum Europarecht dienen der schnellen Wiederholung. Gerade in diesem Rechtsgebiet ist es wichtig, einen schnellen Überblick über Institutionen, Klagearten usw. zu bekommen. Klassiker wie Grundfreiheiten und Verknüpfungen zum deutschen Recht werden ebenfalls dargestellt. Komplettiert wird der Satz durch eine Darstellung der Grundzüge des Völkerrechts.

25.04   16,80 €

Assessor-Skripten/-Karteikarten/BWL-Skripten

Skripten Assessor-Basics

Trainieren Sie mit uns genau das, was Sie im 2. Staatsexamen erwartet. Die Themenbereiche der Assessor-Basics sind alle examensrelevant. So günstig erhalten Sie nie wieder eine kleine Bibliothek über das im 2. Staatsexamen relevante Wissen. Die Skripten dienen als Nachschlagewerk, sowie als Anleitung zum Lösen von Examensklausuren.

Theoriebände
Die Zivilrechtliche Anwaltsklausur/Teil 1:
410.0004   18,60 €

Das Zivilurteil
410.0007   18,60 €

Die Strafrechtsklausur im Assessorexamen
410.0008   18,60 €

Die Assessorklausur Öffentliches Recht
410.0009   18,60 €

Klausurentraining (Fallsammlung)
Zivilurteile
410.0001   18,60 €

Arbeitsrecht
410.0003   18,60 €

Strafprozess
410.0002   18,60 €

Zivilrechtliche Anwaltsklausuren/Teil 2:
410.0005   18,60 €

Öffentlichrechtl. u. strafrechtl. Anwaltsklausuren
410.0006   18,60 €

Karteikarten Assessor-Basics

Zivilprozessrecht im Überblick
41.10   19,80 €

Strafprozessrecht im Überblick
41.20   19,80 €

Öffentliches Recht im Überblick
41.30   19,80 €

Familien- und Erbrecht im Überblick
41.40   19,80 €

Skripten für BWL'er, WiWi und Steuerberater

Profitieren Sie von unserem know-how.
Seit 1976 besteht das in Würzburg gegründete Repetitorium hemmer und bildet mit Erfolg aus. Grundwissen im Recht ist auch im Wirtschaftsleben heute eine Selbstverständlichkeit. Die **prüfungstypischen Standards,** die so oder in ähnlicher Weise immer wiederkehren, üben wir anhand unserer Skripten mit Ihnen ein. Durch unsere jahrelange Erfahrung wissen wir, mit welchen Anforderungen zu rechnen sind und welche Aspekte der Ersteller einer juristischen Prüfungsklausur der Falllösung zu Grunde legt. Das prüfungs- und praxisrelevante Wissen wird umfassend und gleichzeitig in der bestmöglichen Kürze dargestellt. Der Zugang zur „Fremdsprache Recht" wird damit erleichtert. Unsere Erfahrung - Ihr Profit. Die richtige Investition in eine gute Ausbildung garantiert den Erfolg.

Privatrecht für BWL'er, WiWi & Steuerberater
18.01   14,80 €

Ö-Recht für BWL'er, WiWi & Steuerberater
18.02   14,80 €

Musterklausuren für's Vordiplom/PrivatR
18.03   14,80 €

Musterklausuren für's Vordiplom/ÖRecht
18.04   14,80 €

Die 74 wichtigsten Fälle:
BGB-AT, Schuldrecht AT/BT für BWL'er
118.01   14,80 €

Die 44 wichtigsten Fälle:
GesR, GoA, BerR für BWL'er
118.02   14,80 €

Intelligentes Lernen/Sonderartikel

Coach dich!
Rationales Effektivitäts-Training zur Überwindung emotionaler Blockaden

70.05   19,80 €

Lebendiges Reden (inkl. CD)
Wie man Redeangst überwindet und die Geheimnisse der Redekunst erlernt.

70.06   21,80 €

NLP für Einsteiger
Sind Sie neugierig und wollen selbstbestimmt neue Wege entdecken und beschreiten?
Dieses Buch stellt Schlüsselfragen, enthält viele Beispiele aus der Praxis und hilft mit Übungen, die Beziehung zwischen Körper und Denken zu nutzen. So stehen Ihnen mehr Kraft und Fähigkeiten im erfolgreichen Umgang mit Menschen zur Verfügung.

71.01   12,80 €

Die praktische Lern-Karteikartenbox
- Maße der Lernbox mit Deckel: je 160 mm x 65 mm x 120 mm
- für alle Karteikarten, auch für die Überichtskarteikarten
- inklusive Lernreiter als Sortierhilfe: In 5 Schritten zum Langzeitgedächtnis

28.01   1,99 €

Der Referendar von Jörg Steinleitner
24 Monate zwischen Genie und Wahnsinn
Das gesamte nicht-examensrelevante Wissen über Trinkversuche, Referendarsstationen, Vorstellungsgespräch... Humorvoll und sprachlich spritzig!
250 Seiten im Taschenbuchformat

70.01   8,90 €

Der Rechtsanwalt von Jörg Steinleitner
Meine größten (Rein-) Fälle
Die im vorliegenden Band überarbeiteten und ergänzten Kolumnen erschienen in der Zeitschrift Life&LAW unter dem Titel: „Voll, der Jurist".
250 Seiten im Taschenbuchformat

70.02   9,90 €

Demnächst erhältlich:
Der Jurist
Ein Leerbuch für Leader von Jörg Steinleitner

Die Gesetzesbox
- stabile Box aus geprägtem Kunstleder mit Magnetverschluss
- für Ihre Gesetzestexte (Schönfelder und Sartorius)
- innen und außen gepolstert

28.05   24,80 €

Klausurenblock
DinA 4, 100 Blatt, Super praktisch
- Wie in der Prüfung wissenschaftlicher Korrekturrand, 1/3 von links
- glattes Papier zum schnellen Schreiben
- Klausur schreiben, rausreißen, fertig

KL 1   1,79 €
S 810   DinA 4, 100 Blatt, 10er Pack   15,00 €

Intelligentes Lernen Wiederholungsmappe
Wiederholungsmappe inklusive Übungsbuch und Mindmapps

75.01   9,90 €

Jurapolis - das hemmer-Spiel
Mit Jurapolis lernen Sie Jura spielerisch.
Die mündliche Prüfungssituation wird spielerisch trainiert. Sie trainieren im Spiel Ihre für die mündliche Prüfung so wichtigen rhetorischen Fähigkeiten. Vergessen Sie nicht, auch im Mündlichen wird entscheidend gepunktet.
Inklusive Karteikartensatz (ohne Übersichtkarteikarten und Shorties) nach Wahl, bitte bei Bestellung angeben!
Lässt sich auch mit eigenen Karteikarten spielen!

40.01   30,00 €

Bestellschein

Intelligentes Lernen mit der hemmer-Methode

Bestellen Sie:
per Fax: 09 31/79 78 240
per e-Shop: www.hemmer-shop.de
per Post: hemmer/wüst Verlagsgesellschaft
Mergentheimer Str. 44, 97082 Würzburg

D					

Kundennummer (falls bekannt)

bitte abtrennen oder kopieren

Absender:

Name: _____ Vorname: _____

Straße: _____ Hausnummer: _____

PLZ: _____ Ort: _____

Telefon: _____ E-Mail-Adresse: _____

Bestell-Nr.:	Titel:	Anzahl:	Einzelpreis:	Gesamtpreis:

+ Versandkostenanteil: 3,30 €
ab 30.- € versandkostenfrei!

Gesamtsumme

Prüfen Sie in Ruhe zuhause!
Alle Produkte dürfen innerhalb von 14 Tagen an den Verlag (Originalzustand) zurückgeschickt werden. Es wird ein uneingeschränktes gesetzliches Rückgaberecht gewährt. Hinweis: Der Besteller trägt bei einem Bestellwert bis 40 € die Kosten der Rücksendung. Über 40 € Bestellwert trägt er ebenfalls die Kosten, wenn zum Zeitpunkt der Rückgabe noch keine (An-) Zahlung geleistet wurde.
Ich weiß, dass meine Bestellung nur erledigt wird, wenn ich in Höhe meiner Bestellungs-Gesamtsumme zzgl. des Versandkostenanteils zum Einzug ermächtige. Bestellungen auf Rechnung können leider nicht erledigt werden. Bei fehlerhaften Angaben oder einer Rücklastschrift wird eine Unkostenpauschale in Höhe von 8 € fällig. Die Lieferung erfolgt unter Eigentumsvorbehalt.

Buchen Sie die Endsumme von meinem Konto ab:

Kontonummer: _____

BLZ: _____

Bank: _____

☐ Schicken Sie mir bitte unverbindlich und kostenlos Informationsmaterial über hemmer-Hauptkurse in _____

Ort, Datum: _____ Unterschrift: _____

hemmer/wüst
Verlagsgesellschaft mbH

Life&Law - die hemmer-Zeitschrift

Die Life&Law ist eine monatlich erscheinende Ausbildungszeitschrift. In jeder Ausgabe werden aktuelle Entscheidungen im Bereich des Zivil-, Straf- und Öffentlichen Rechts für Sie aufbereitet und klausurtypisch gelöst.

Im hemmer.card Magazin wird dem Leser Wissenswertes und Interessantes rund um die Juristerei geboten.

Als hemmer-Kursteilnehmer/in (auch ehemalige) erhalten Sie die Life&LAW zum Vorzugspreis von 5,- € monatlich.

Art.Nr.: AboLL (ehem. Kurs-Teilnehmer) 5,00 €

Art.Nr.: AboLL (nicht Kurs-Teilnehmer) 6,00 €

Life&LAW Jahrgangsband

Art.Nr.: LLJ   1999 - 2008   je 50,00 €
bitte Jahrgang angeben

Art.Nr.: LLJ09   2009   80,00 €

Art.Nr.: LLE   Einband für Life&LAW je 6,00 €
bitte Jahrgang angeben

Juristisches Repetitorium hemmer

Informieren Sie sich auch über unser Hemmer-Programm!

- **Hauptkurse,** in allen drei Rechtsgebieten
- **Klausurenkurse,** mit der Besprechung von examenstypischen Klausuren
- **Crashkurse,** zu den Schwerpunktbereichen
- **Super-Crashkurse,** mit Intensivtraining in Zivilrecht, ÖRecht und Strafrecht
- **Individuelle Betreuung nach Maß**
- **Assessorkurse**
- **Wirtschaftsprüferkurse**
- **Fachanwaltsausbildung**
- **Steuerberaterkurse ...**

... und vieles mehr finden Sie unter: www.hemmer.de
oder kontaktieren Sie uns telefonisch unter: 0931 / 7978230